青浦老城厢

《青浦老城厢》编辑组 编著

学林出版社

图书在版编目(CIP)数据

青浦老城厢 /《青浦老城厢》编辑组编．-- 上海：学林出版社，2025. -- ISBN 978-7-5486-2078-5

Ⅰ. K・254

中国国家版本馆CIP数据核字第2025HU3068号

责任编辑 刘 媛 李晓梅
封面设计 周剑峰

青浦老城厢
《青浦老城厢》编辑组 编著

出　版 学林出版社
（201101 上海市闵行区号景路159弄C座）
发　行 上海人民出版社发行中心
（201101 上海市闵行区号景路159弄C座）
印　刷 上海盛通时代印刷有限公司
开　本 710×1000 1/16
印　张 28.75
字　数 370千
版　次 2025年7月第1版
印　次 2025年7月第1次印刷
ISBN 978-7-5486-2078-5/K·254
定　价 108.00元

《青浦老城厢》编委会

江南老城厢 海派新天地
（代序）

老城厢是上海的城市之根、发展之源和文化之脉。同时，老城厢更是上海人的“乡愁”。

回溯“老城厢”一词，“城”为城邑，即城墙以内的区域。“厢”为城外人口相对集中的区域。青浦，作为拥有六千年历史的崧泽文化发源地、福泉山良渚文化的发祥地，以及古上海最早对外贸易港口青龙镇的所在地，是当之无愧的上海之源。青浦在明嘉靖二十一年（1542年）置县，县治设在青龙镇（位于今青浦区白鹤镇东北部和重固镇北部）。嘉靖三十二年，青浦县被废。万历元年（1573年）复建青浦县。当年，知县石继芳以旧青浦县治青龙镇地处偏僻、港口淤塞、交通不便为由，迁县治于以竹木贸易繁盛、水陆交通便利的唐行镇。

水是青浦老城厢的灵魂。唐行镇在宋代时因百姓聚居成村，名为横溪。东大盈港、西大盈港、漕港河、柘泽塘、横泖泾等江河溪水交汇于此，设有旱城门五座：东门“望海”，北门“拱辰”，南门“观宁”，大西门“永保”，小西门“来苏”。水城门四座，均建有吊桥：北门“充赋关”，南门“跃龙关”，大西门“通漕关”，还有一座小西门为“聚星关”。此地贯通大盈浦、赵屯浦、盘龙浦、顾会浦、崧子浦，是五浦交汇的风水宝地。

青浦地处三泖九峰之间，山清水秀，历史上曾有著名的“青溪十景”，分别是：“九峰环翠”“三泖回澜”“淀湖落照”“海门晴眺”“学潭夜月”“孔宅寻梅”“生春待渡”“漕浦归帆”“夹桥双刹”“东溪秋泛”。其中，与老城厢有关的风景有“海门晴眺”“学潭夜月”“生春待渡”“漕浦归帆”“夹桥双刹”。

青浦老城厢继承了青龙镇作为江南第一大镇、经济强镇、文化重镇的优良基因。筑城墙、掘城河、建街坊、建学堂……在老城厢形成了以县署为中心，南北东西纵横交叉的街巷格局。老城厢内浜溪密布，桥梁纵横，商铺民宅、酒店茶肆、老字号商业林立，河滨船埠栉比，贸易兴旺，万商云集。

“莺歌燕舞常三五，一城烟火半东南。”青浦老城厢的码头街、聚星街、北门街、三元河等地，帆樯如林，水上贸易装卸繁忙，成为南北货物、农副产品和水产品的集散地。兴盛的商业带动了经济的繁华、文化的繁荣，造就了青浦老城厢“物华天宝、人杰地灵”的文化生态。青浦城隍庙和灵园（曲水园），这“庙园合一”的文化空间，不仅是人们心灵寄托之地，还是集文化、商业、娱乐为一体的公共活动空间和青浦重要的文化符号。青溪书院则是王昶[1]编志讲学之处。雄伟的海门桥，不仅是水上交通的要道，更是老城厢的著名景点。老城厢文化不仅有诗性，更有血性。1848年，青浦漕运水手为了抵制洋人的传教，展现了青浦人的烈性和刚性，让“青浦教案”载入史册。太平天国时的“铁青浦”的美誉，让青浦老城厢名动江南。

一方水土养育一方人。富有家国情怀的顾从礼捐资助学；明代知县屠隆扶持昆曲，在老城隍庙的戏台上公演；爱民如子的明代进士、青浦知县韩原善救灾于贫困百姓；江南名士陈继儒曾撰《韩侯遗爱祠碑记》

1 王昶：字德甫，号述庵，又号兰泉。上海青浦朱家角镇人，清代著名学者。博学善文，尤嗜金石之学。有《金石萃编》《春融堂集》等著作传世。

书卷……老城厢的故事源源不绝，涌现了不少像张继斋、金咏榴、董健吾、许其荣、钱学坤、钱静方、沈瘦东、徐熙春、何承志等众多近代才俊，为老城厢增添了文气和灵气，增加了历史的深度和厚度。

“人民城市人民建，人民城市为人民。”如今，老城厢“旧貌换新颜”，实现了新的跨越，呈现出新的面貌。由淀浦河、油墩港、上达河和西大盈港等河道组成的水陆空间，形成了“一环、四纵、八横”的布局，匠心独运地打造了一条老城厢美丽水城的“金腰带”，凸显了生态水景、历史文化、休闲旅游、健身散步的城市景观。老城厢依水而生、因水而兴，展现了人水相亲的灵秀魅力。展望新时代，老城厢还将融入水脉文脉、烟火气息、现代商贸、江南风貌和人文关怀等元素，更新改造而成的“海派新天地”，将成为上海五大新城建设中青浦新城的文化之源和青绿亮点。

展望新时代，青浦老城厢的文化将如古城区的城门一样，是四面来风、江河纵横、包容万象的。老城厢的文化汇聚了中西合璧的文化基因特质。一个“盈”字，何其辽阔，何其博大，容纳了百川和千“浦”。白昼夜晚，千变万化，美轮美奂，魅力无穷，造就了江河奔流、浩瀚宽广的文化盈浦，踏浪奔向大海。它是商贸繁荣与经济繁盛的“码头街”，是追求卓越、精致精巧的“曲水园”，是一条人文荟萃、人才集聚的“聚星街”，更是一条江南文化、海派文化和红色文化交汇的“三元河”。

青浦老城厢，数不尽的风流。它沿袭了江南水乡的肌理，是上海江南文化、海派文化的发源地，承载着人们的历史记忆和乡愁情怀。如今，讲好老城厢故事，挖掘老城厢文化价值，追溯青浦新城的城市起源，从而更好地保护与更新老城厢，对于延续上海的城市文脉，传承城市优秀文化传统，塑造时代精神，建设江南文化、海派文化、红色文化

“品牌”，让崧泽六千年的古文化焕发新生，推进长三角城市群一体化高质量的发展，具有重大的文化价值。在盈浦街道成立二十周年之际，编辑出版《青浦老城厢》一书，更是意义非凡，这也是我作为老城厢居民，有感而发作序的动因所在。

愿“盈盈一水间，浦浦有故事”的青浦老城厢，不断创造令人瞩目的新故事，创造美感，呈现情调；创造诗意，呈现浪漫。让江南老城厢文脉绵长，海派新天地日新月异，成为人们乐于Citywalk（城市漫步），富有“最江南”“高颜值”“创新核”的“温暖家”。

是为序。

曹伟明

甲辰年夏月于浦阳阁

目录

目录

目录

附录

上篇：

赓续文脉

明嘉靖二十一年（1542年），从华亭县划出修竹、华亭两乡，从上海县划出新江、北亭、海隅三乡，设立青浦县，县治设在青龙镇。从此，青浦地区成为一个独立的行政区划。嘉靖三十二年，因倭寇入侵，青龙镇被毁，青浦县建制被撤销。万历元年（1573年），青浦县重建，移县治于唐行镇（今盈浦街道老城区），隶属松江府辖区。由此可见，青浦设县至2025年已有483年，复县至2025年已有452年。在这较长的历史时间里，作为县署所在地的青浦老城厢，是青浦县的政治、经济、文化中心，这里人文璀璨，经济繁荣，市镇兴旺，更由于其地理位置的特殊性，这里发生了许多重大的历史事件，对近现代历史产生了重大影响。上篇“赓续文脉”从城池沿革、城市风物、近代风云三大块内容落笔，展示了青浦老城厢地区历史的发展脉络。

城池沿革

青浦复县

青浦老城厢是指青浦老县城及其周边地区。说到青浦老城厢，首先要了解青浦是如何设县、复县、筑城的。这发生在明代中晚期。

万历元年（1573年）青浦复县，是青浦历史上一次重要的事件。说它重要，一是因为它作为独立的县级行政建制从此固定下来，奠定了青浦县发展的行政基础；二是复县后，青浦县治（县署所在地）从最初的青龙镇迁移到新的唐行镇（即后来的城厢镇、青浦镇），从此唐行镇作为青浦县的政治、经济、文化中心被固定下来。

说起青浦复县，就要回溯青浦建县这一青浦历史上划时代的事件。

在古代，无论是设府还是建县都有严格规定，至少要满足人口、赋税等基本要求。

建县之前，青浦地区长期作为松江府下属的上海、华亭两县管辖地。随着区域经济的发展、人口的增加、赋税的增长，青浦设县分治成为加强行政管理、促进区域发展的必然趋势，也成为当时有识之士和地方贤达的共识和期盼。明嘉靖二十一年（1542年），巡按御史舒汀上奏

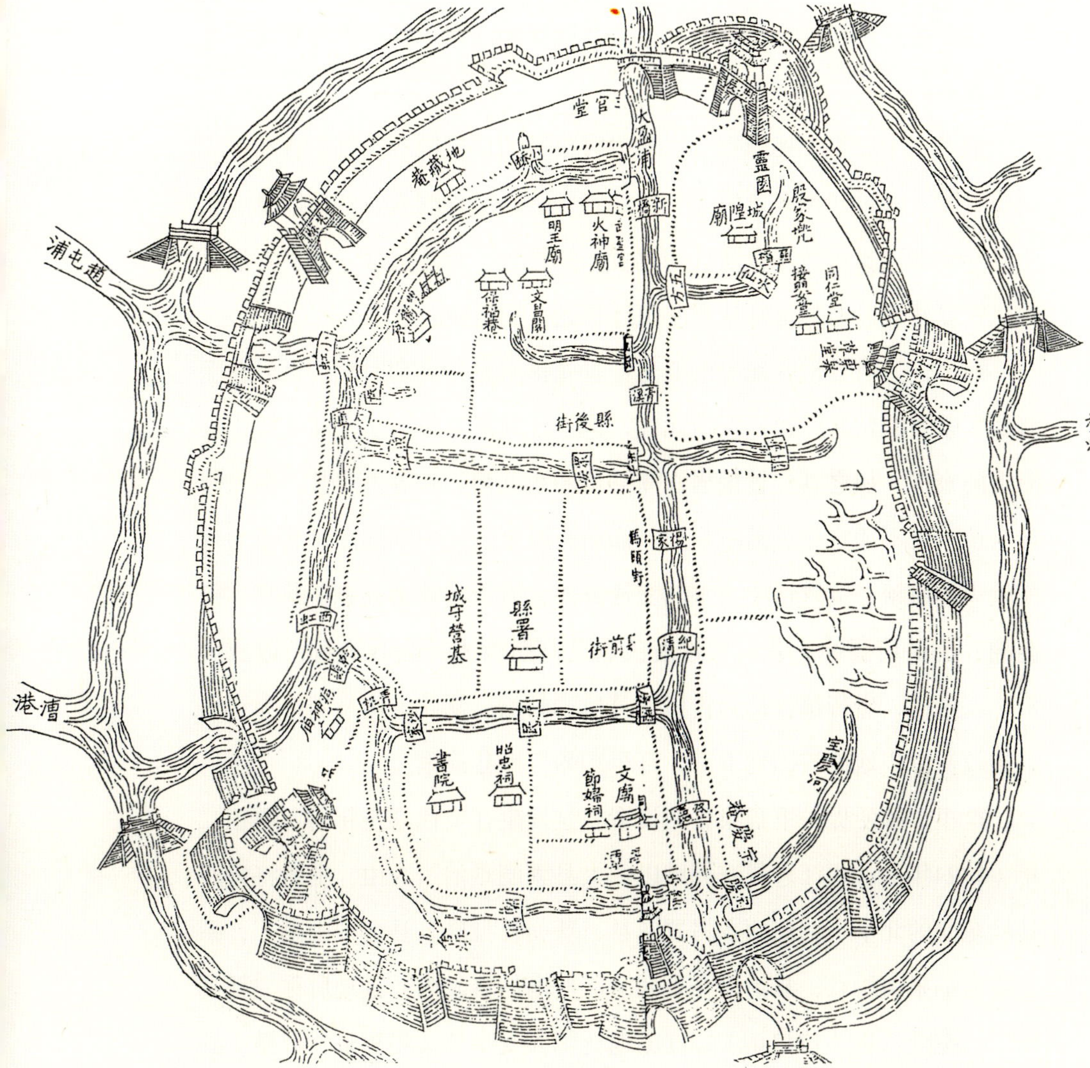

青浦縣治圖

清光绪刊《青浦县志》中的青浦县治图

朝廷，请求割划华亭县西北的修竹、华亭两个乡和上海县西境的新江、北亭及海隅三个乡，共五个乡，建置青浦县，得到了朝廷的批准。从此，青浦县正式建置，与华亭、上海县同属松江府，县治设在县境东北的青龙镇。

嘉靖三十二年（1553年），朝中官员又动议撤销青浦县，青浦县于是建置废。时过20年即万历元年（1573年），经青浦人、礼部给事中蔡汝贤奏请朝廷要求恢复青浦县的建置，又得到了朝廷批准，从而青浦县得以恢复建置，但县治则从青龙镇迁移到了唐行镇。

那么，为何县治驻地发生变化？青龙镇兴盛于唐宋时期，是当时上海地区重要的贸易巨镇，但至元代，由于江河淤塞失去了交通优势，逐渐走向衰落。加之其位置偏居青浦县境的东北角，临界嘉定县，不易管理全境，已不适宜作县治所在地。而唐行镇至明代中期逐渐发展成为规模较大的市镇，位置适中，水陆交通方便，万历《青浦县志》载其“控淀湖，为吴门要冲。昔有大姓唐氏居此商贩竹木，因呼为行，遂成大市”。这样，唐行镇被选为青浦复县后的县治。从此，唐行镇作为青浦县的政治中心地位被固化下来，直至1999年撤县建区。

这里，顺便提一下福泉县的设置。这发生在清代雍正年间。雍正二年（1724年），两江总督查弼纳以“大县繁剧难治”为由，提请将青浦县境东北的北亭、新江两乡另置一县，获朝廷批准。县名“福泉”，系县境有福泉山所致。县治设在青浦县城西南的察院内，其地后称“新县场”。乾隆八年（1743年），江苏巡抚陈大受奉部又将福泉县裁撤，县境地仍归回青浦县管理。此后，县境地域虽有所变动，但青浦县建制一直没有变化，直到撤县建区为止。

（文/王辉）

青浦城池

对于唐行镇这个地名，绝大多数青浦人已经不知道原来就是青浦县城所在地了。

元朝时期，有大姓唐氏在此贩卖竹木，遂成巨市，而名唐行。唐行镇是通过商业贸易发展起来的市镇，原来并没有城墙。而青浦最初的县治所在地青龙镇，也没有构筑城墙。青浦复县后，知县等青浦官员除了组建工作机构、开展行政工作外，其头等大事就是构筑县城，建设县衙门、县学等。

青浦复县后的首任知县为石继芳，他从安徽桐城调任而来。石继芳是一位很有魄力的官员，他与其他官员、乡绅们协商后，选定唐行镇作为县治所在地。他审时度势，认为为防止倭寇侵扰、确保县治安全，必须动员各方资源和力量构筑城墙，建设新的县城，以展现青浦新形象。

唐行镇位于县境中部，为赵屯浦（今西大盈港）、大盈浦（今东大盈港）、漕港三河合流之处，另外南有柘泽塘相接，东有横泖泾相通，是块风水宝地。

万历二年（1574年），就是复县后的第二年，知县石继芳就率领青浦民众开始筑城挖濠。城墙先采用版筑形式用土夯筑，外墙则用定制的青砖砌筑。濠河则利用部分天然河道沿着城墙加以开挖。在大家共同努力下，第二年基本建成。而此时，石继芳升任锦衣卫经历[1]，建城任务则由知县熊汝器、彭以圣接力完成，于万历五年全部竣工。竣工后，身为刑部尚书和工部尚书的上海县人潘恩受邀撰写《青浦建城记》一文，文内记录了青浦建城的过程。

1　锦衣卫经历：此官职为明朝七品官，其主要职责包括管理锦衣卫的军饷、钱粮以及将吏的待遇，同时负责军户的后勤和编制管理。

明万历刊《青浦县志》中的青浦县地图 ▽

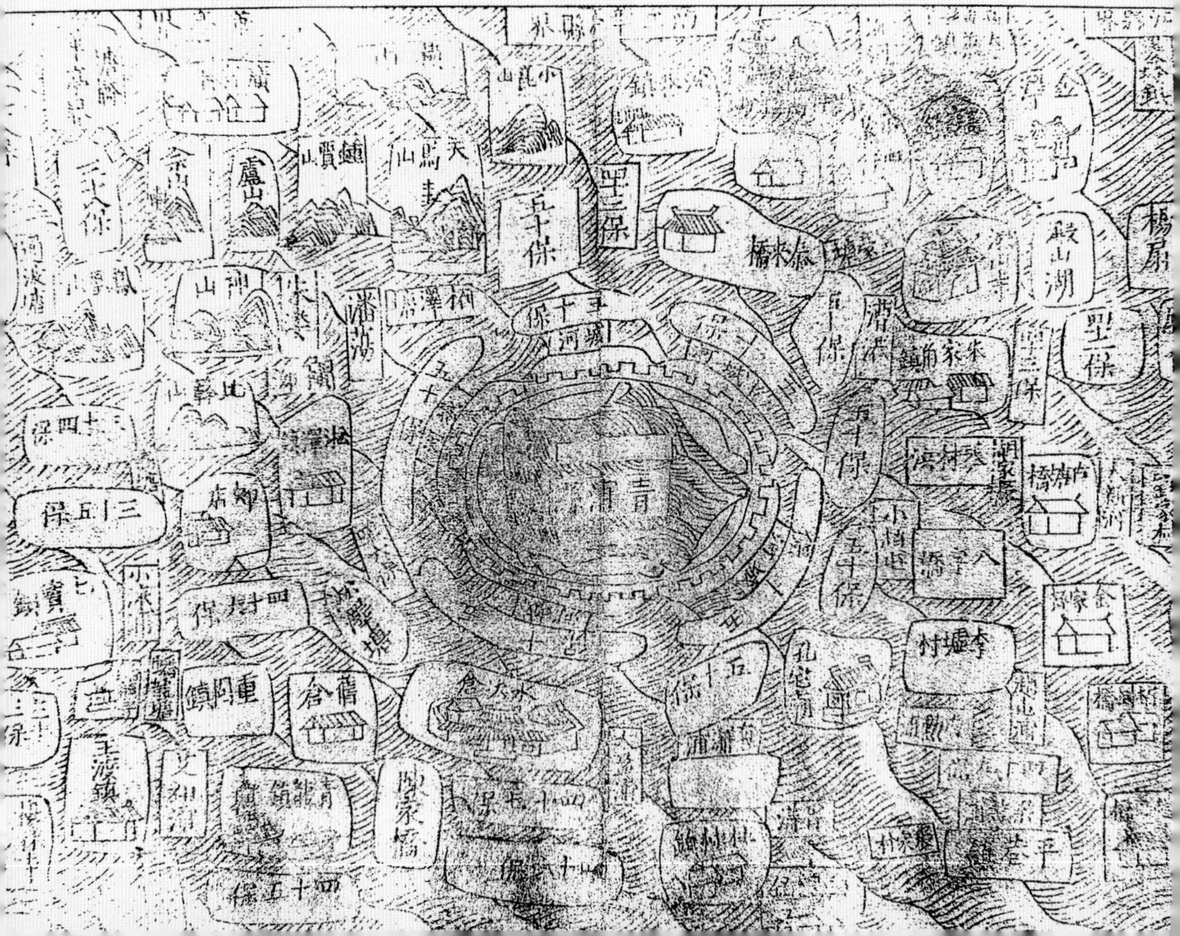

青浦城墙依水而建，气势雄伟，周长1030丈（约3433.33米），高2丈3尺（约7.67米）。城墙上建有箭垛1725个、敌台（向外凸出用以三面防敌的城墙建筑，又称墩台）7个、窝铺（供睡觉的窝棚）48个、门楼6个，旱城门5个、水关（水城门）3个。城濠（护城河）宽3丈（10米）、深2丈（6.67米），周长8里（4000米）。

青浦城墙构筑得非常坚固，所用的城砖都是官员定制督烧的。青浦区博物馆收藏了不少带有督造铭文的城砖，可见当时筑城组织之严密、监管之有力。

青浦县城与其他县城不同，它的平面形状不是常见的正方形或矩形的，而是呈椭圆形，南北长、东西短，形似长寿的乌龟，所以有的人称之为“龟城”，寓意吉祥安宁。

五个旱城门分别称为：东门“望海”（后改称“镇海”），南门“观宁”（后改称“延薰”“文明”“观明”），小西门“来苏”，大西门“永保”，北门“拱宸（辰）”。为了增强防御能力，在北门、南门、大西门增建了向外凸出的弧形瓮城。

此外，除了常见的旱城门外，在护城河与城内河流交汇处还建有3个水城门，分别是南门“跃龙”，大西门“通漕”，北门“充赋”，后来在小西门增设“聚星”，以便于城内外水上交通，体现了江南水乡城市的特点。

旱城门和水城门都有专人管理，一般晨启暮闭，是当时青浦县城治安的重要措施。旱城门架设了木板吊桥，便于人员日常进出。情况紧急时，则用“神仙葫芦”[1]、铁链吊起板桥的一头，起到护卫城池的作用。

整个青浦城池约1平方千米，虽然面积不大，但布局精巧完整，功

---

1 神仙葫芦：“神仙葫芦”是一款经典的轻小型起重设备，它具有体型小、便携性强、操作简单方便、负载量大的特点。

抗战时期难民撤离青浦县城

能齐全。城内建有严整规则的县衙、学校、寺院、庙宇，街市极为热闹，商铺店肆林立。城内十多条大小河流纵横交错，数十座各式桥梁横卧其上，民居粉墙黛瓦，布列于河道两岸，堪称一座景色秀美的江南水城。

后历代对青浦城墙进行修缮，对城濠进行疏浚。例如，清雍正七年（1729年），署知县杨凤然修城179丈（596.67米）；道光二十二年（1842年），署知县王锡九重建南门月城及东南城堞计54丈（180米），城脚筑石岸74丈（246.67米），重铺城面45丈（150米），又建东门炮台1座，新筑石岸174丈（580米），东北门添沿濠护岸135丈（450米），是一次规模较大的修缮；咸丰、同治年间，因上海小刀会起义、太平天国运动，清军在此交战多次，县城遭受重创，街不成市；全民族抗战初期，日军轰炸县城，许多建筑被烧毁，战后曾加以重新修筑。

新中国成立后，因城市发展和交通改善的需要，青浦城墙陆续被拆除，部分改建为马路，而护城河仍然完整地保留了下来。

（文/王辉）

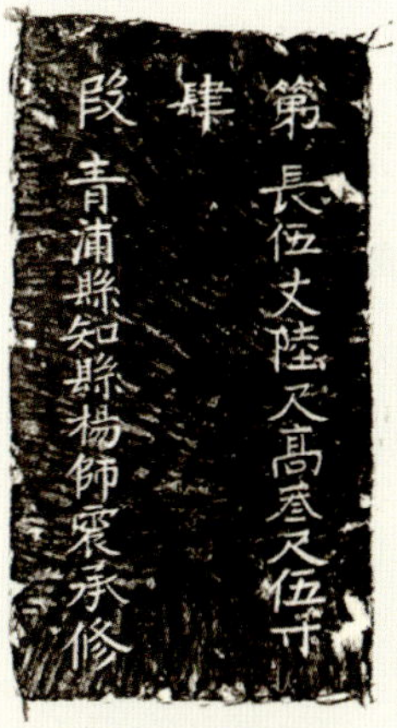

城墙砖铭文

艮成门

通漕水关

青浦老城厢

有了青浦县城，才有了青浦老城厢。

“厢”在古代为军队的编制，也用于城市区划的单位，指近城的区划。如宋真宗时期，由于汴京城外居民颇多，特命置新城外八个厢，以便于城市管理。后来许多古老城市及其周边区域都称作某某老城厢，如上海老县城及其周边被称作“上海老城厢”，青浦也是如此。

作为青浦县城所在地，随着时间的推移，唐行镇在百姓心中逐渐被淡忘，而青浦老城厢这一名字却深深地被铭刻在记忆中。

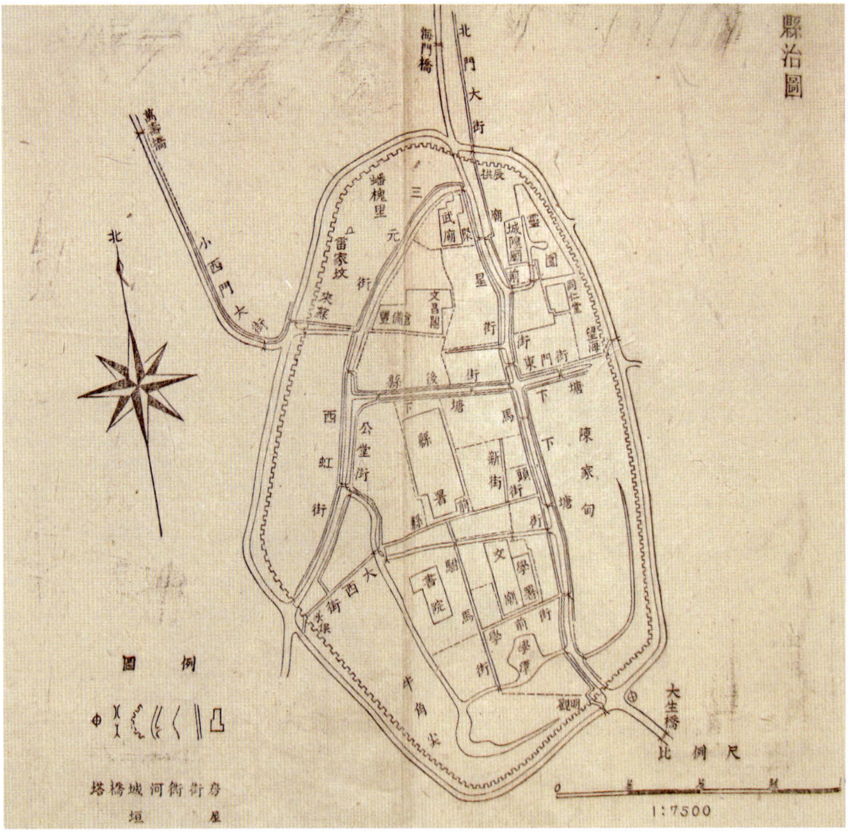

民国时期青浦县治图

20 世纪 70 年代青浦老城厢全景

清宣统元年（1909年），府厅州县地方自治新制得以颁布并实施，翌年青浦县被划分为16个自治区，县城区域亦位列其中，被命名为城厢区。1949年5月14日青浦解放后，青浦县设1区、1市、10个乡镇联合办事处，其中1区即城厢区。1954年，全县行政区划调整为7区64乡镇，城厢区管辖城厢镇、城南乡、城北乡、万寿乡、塘东乡、盈中乡、普光乡等7个乡镇。1955年，全县设立三大镇，其中城厢镇作为青浦县政治、经济、文化中心加以建置。直至1980年全国地名普查时，因同名甚多，遂将城厢镇改名为青浦镇。但在市民百姓心中，习惯将青浦老城区叫作“青浦老城厢”，成为抹不去的文化记忆和乡愁情结。

（文 / 王辉）

“盈浦街道”名称由来

2004年，盈浦街道建立，因地处原盈中乡和青浦镇老城区，故各取一字，命名为盈浦街道。

青浦镇老城区，宋代时为一小村，“以控淀湖及吴门要冲”。其地位于横泖岸边，古称横溪。元代时，有大姓唐氏在此贩卖竹木，逐渐发展成大市，遂称唐行镇。

明万历元年复置青浦县时，因位置适中，县治由青龙镇移此，建造县署翌年开始修筑城墙，自此成为青浦县县城，现为青浦区。

清康熙年间（1662—1722年），商业街太平桥以北曾遭大火，延烧数十家。咸丰十年（1860年）太平军东征，曾占领县城两年之久。同治元年（1862年），清军与洋枪队攻城，城内被大炮轰击，废墟连片、街不成市。宣统二年（1910年），划自治区时，该镇属城厢区。

新中国成立后，该地区仍称城厢区，后改为城厢镇。

青浦老城厢地区行政区划沿革如下：

1958年，建城厢人民公社；同年，撤销新桥人民公社建制，所辖的区域分别并入赵屯人民公社、城厢人民公社；1962年，析出城厢人民公社所辖的部分区域，建城东人民公社、城西人民公社、香花人民公社；同年，城厢人民公社（老城厢地区）恢复为（青浦）城厢镇，为青浦县县属镇；2000年，撤销青浦镇、环城镇建制和上海青浦工业园区农村工作委员会机构，所辖区域建立新的青浦镇；2004年，撤销青浦镇建制，新建夏阳街道、盈浦街道，青浦老城厢地区隶属于盈浦街道。

（文/沈大钧）

20 世纪 90 年代青浦老城厢全景

盈浦街道办事处

城市风物

青浦县署

县署，俗称县衙、县衙门，为古代县级行政机构，是知县等官员办公、住宿的地方。

青浦县署位于今甜甜乐幼儿园、青浦实验小学本部区域，知县石继芳于万历元年开始营建，万历三年（1575年）建成。当时青浦县初建，经费紧张，崧泽人、光禄寺少卿顾从礼捐地二十八亩余（超18666.67平方米），并撤除青龙旧衙门，新添了建筑材料，方得建成。

县署具有较大规模，功能完善，布局合理，满足了办理行政事务之需。进入县署，最外面是三柱大门，上面建有谯楼（望楼），后面是仪门。仪门右侧为迎宾馆，左侧为土地祠。仪门内为戒石亭，亭的北面为厅事，厅事后为退食堂。退食堂右侧为库房，左侧为书房。退食堂后面是正署，即知县办公之处；堂左侧为县丞署，县丞署前面为县尉署，堂右侧为主簿署。

另外，县衙大门外建有申明亭、旌善亭，分列于左右；衙门内建有关押犯人的监狱，官员及其家属的宿舍和其他附属用房，如仪卫库、架阁库、迎宾馆等。

一般县级官员名称及其职责如下。

知县：一县的最高行政长官，负责全县的政令、军事、文化、财政等大事，亲自审理民事和刑事案件，为正七品官员。

县丞：知县的辅佐官员，主管全县的文书、档案、仓库、粮马、征税等事务，为正八品官员。

主簿：负责记录众事，审核签发文书等县衙内的簿籍事务，有时也作为知县的佐杂官。

典史：掌管缉捕、稽查狱囚、治安等事宜，官品为未入流。

县尉：主管一县的军事和治安，有时也参与管理驿站、邮传等交通事务，确保政令畅通。

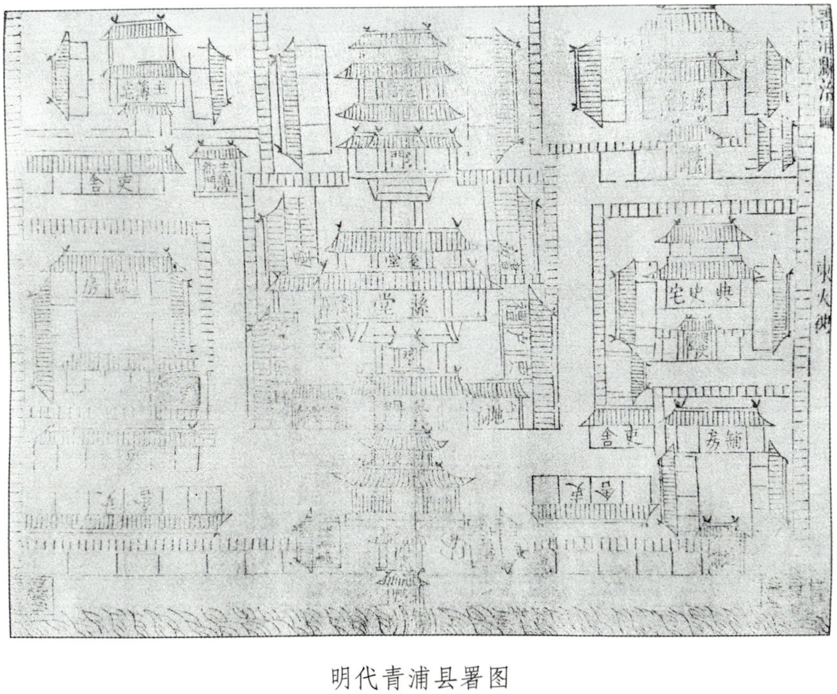

明代青浦县署图

清光绪年间青浦县署图 ▽

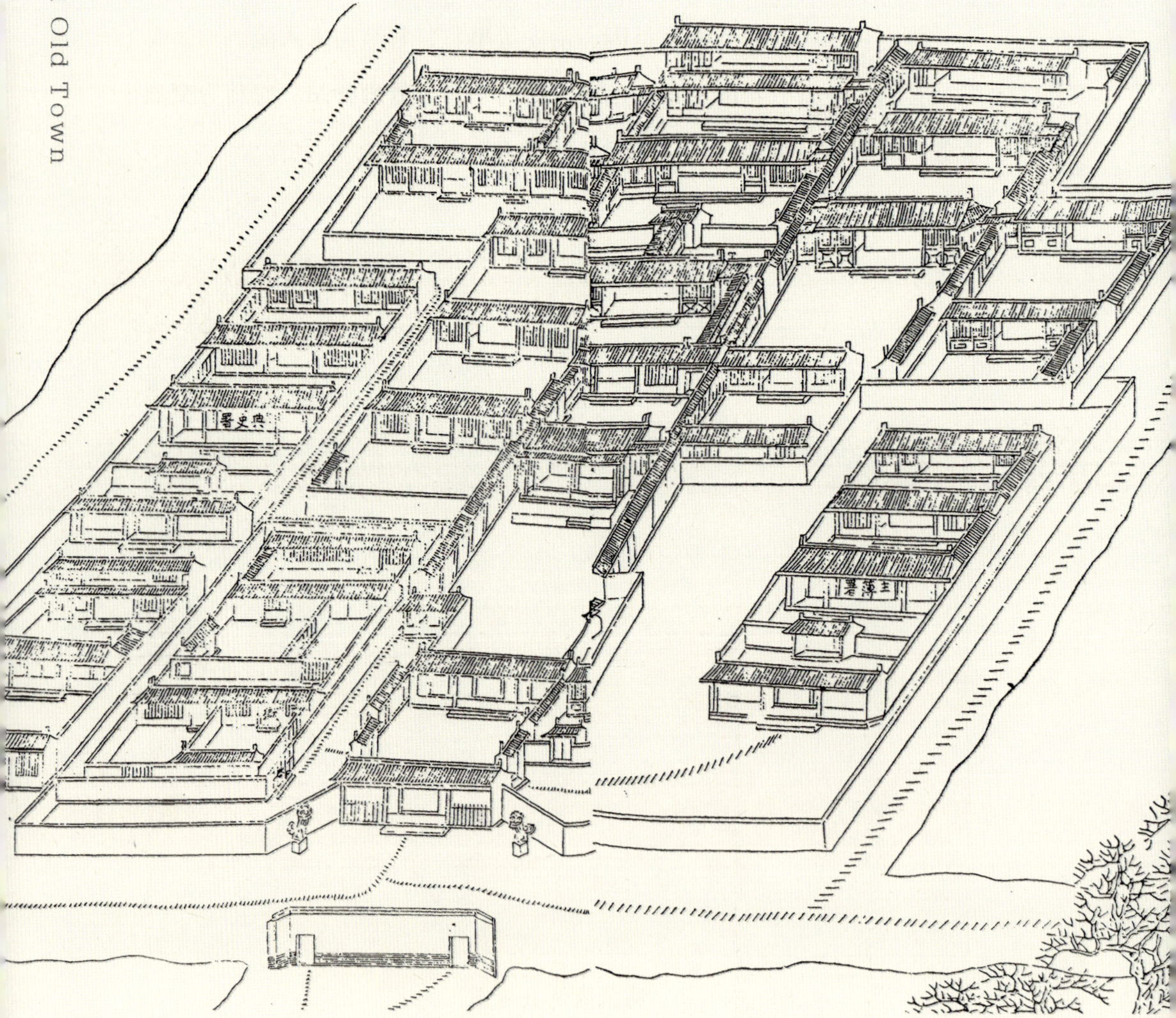

巡检：设置在关津要冲之地，掌缉捕盗贼，协助典史处理其他行政事务。

此外，县衙还有各种吏员和衙役，如门子、皂隶、仵作、民快、禁卒、库子、斗级等，负责站堂、缉捕、催差、征粮、押送等事务。

青浦县署建成后，历代多次修缮、扩建。明万历十年（1582年）增建署后书斋，万历二十四年（1596年）修缮两廊吏舍和重葺正厅。崇祯元年（1628年），重建石侯、屠侯、罗侯、郑侯、贺侯、徐侯等去思碑亭，后陆续建皇华亭、太平仓、济农仓、养济院等建筑。清康熙五年（1666年）重建谯楼等设施。

清咸丰十年（1860年），县署建筑大多毁于太平天国战事。同治元年（1862年），租赁大西门的顾从礼遗宅作为衙署，同治十三年（1874年）知县汪祖绶筹建未果。直至光绪五年（1879年），知县吴康寿才在原县衙处开工复建成功。此时的衙门，外面为照壁，左右各设辕门，东为“泖峰挹秀”，西为“吴越分疆”；后为三柱大门，左为迎宾馆，馆之北为土地祠，中间为甬道、戒石坊；进为大堂基地，左为文移房，右为库房；再后面是二堂，堂左为厅事，右为幕僚办事室、签押房；厅事后东侧为庖湢（厨房），西侧为大仙殿、上房。后修复监狱。光绪十五年（1889年），知县钱志澄重建了大堂和官员宿舍。可惜，青浦县署在新中国成立前后陆续被拆除。

另外，察院作为监察机关，与青浦县署同建于明万历元年，地址位于县署西南、今福泉街南侧、原青浦二中北部区域，当时由顾从礼捐地八亩余（超5333.33平方米）而建成。雍正二年置福泉县，利用察院改为福泉县衙。

（文/王辉）

青浦县学

县学是一县的最高学府，是推行教化、培养人才的地方。

在青浦老县城东南部有一条学前街，青浦县学就位于学前街北侧。虽然县学没有保留下来，但历代县志对其有详细记载，使得后人知道其由来和面貌。

青浦县学又称青浦学宫，建于明万历元年（1573年）。青浦建县时，县治青龙镇建有县学。复县后，知县石继芳在顾氏义塾的基础上改建，顾从礼、金栋两位乡贤捐地二十余亩（超13333.33平方米）土地，合力建成。

青浦县学与其他县学建筑规制相同，功能齐全。外为宫墙，前建有棂星门，门内开挖为泮池。池北为先师殿，殿东西两侧有庑（厢房），两庑南侧为名宦乡贤祠。先师殿后为明伦堂，堂的东西两侧为两斋，西斋南面是敬一亭，堂东北是启圣公祠。棂星门左侧建有仪门，为师生出入之处；仪门内依次为训导衙、训导宅、教谕宅，教谕斋右侧为教谕衙。

先师殿后改称大成殿，俗称文庙，内悬“万世师表”四字，供奉孔子塑像，两侧为颜回等多位孔子弟子画塑像。名宦乡贤祠供奉陆机、袁山松等青浦先贤。启圣公祠则供奉肇圣王木金父公——孔子的五世祖。东西两庑供奉董仲舒等先儒。后来增建的尊经阁则安放“四书五经”、唐诗宋词文集、《史记》等书籍，供学子学习。

县学设有专门的教谕和训导来管理，分别主持文庙祭祀、宣扬儒家经典和皇帝的训诫教诲及管束所属生徒，协助教谕管理所属生员。

县学学生是经科举制度童试录取后的士子，以备参加高一级之考试，称作“进学”“入学”或“入泮”，士子称“庠生”“生员”，俗称“秀才”。秀才，一般每月朔望两集，听教官讲学或会文。明代建县

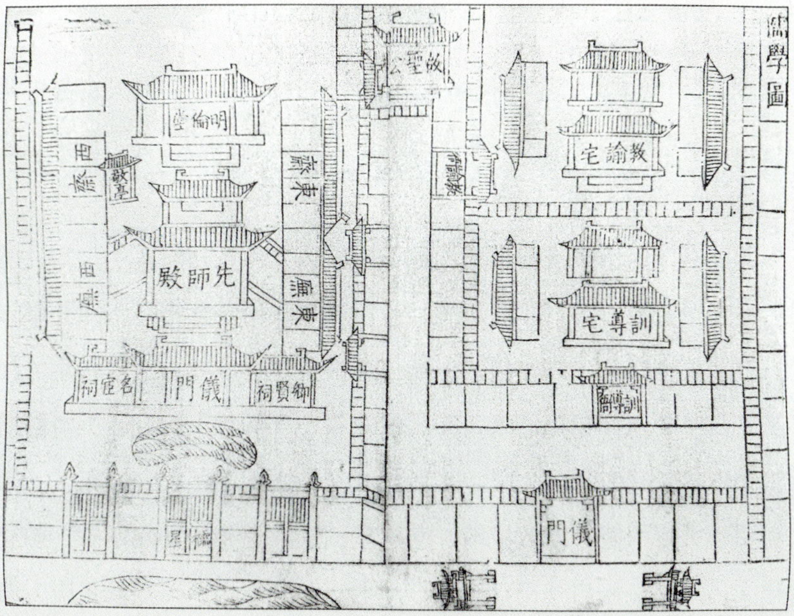

明晚期青浦《县学图》

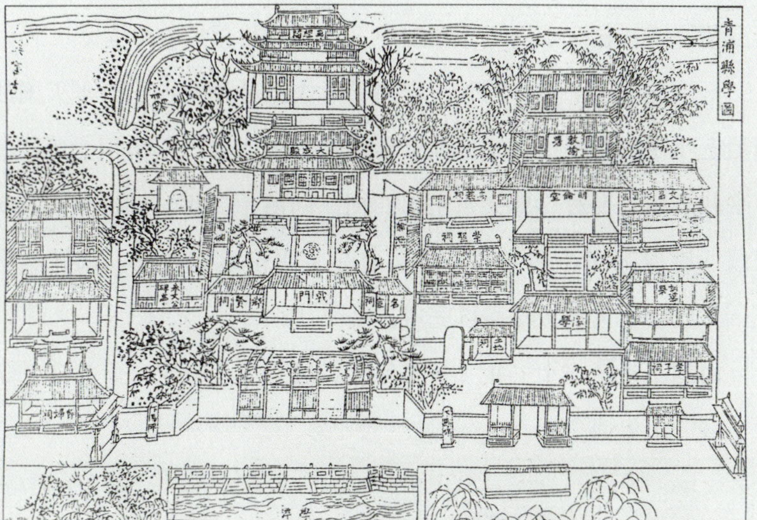

清晚期《青浦县学图》

初，青浦县招收学生数十名。

青浦县学也为国家培养和输送了许多人才。明、清两代，青浦县考取进士共155人，其中明代86人，清代69人；举人共386人，其中明代191人，清代195人。另外，明代有武进士1人，武举人2人，清代有武进士1人，武举人23人。

青浦县学经历多次修缮与增建：明万历九年（1581年），知县屠隆建名宦乡贤祠；万历二十五年（1597年），久雨，学宫坏，知县卓钿修之；万历三十三年（1605年），知县金玉节建尊经阁；天启六年（1626年），知县郑友元捐俸修缮；清顺治六年（1649年），知县王嶙修缮；顺治十四年（1657年），提学张能鳞修缮；康熙四年（1665年），知府张羽明建九峰书院，修大成殿、明伦堂；康熙七年（1668年），知县魏球建文昌书院，修启圣祠；康熙二十七年（1688年），知县张庚大修学宫并修尊经阁；乾隆十三年（1748年），知县万方极重建大成殿；乾隆四十九年（1784年），教谕王希伊建忠义祠；嘉庆八年（1803年），知县温恭修缮；嘉庆十四年（1809年），教谕吕星垣修学舍。

至咸丰十年（1860年），青浦县学大部分建筑毁于太平天国战乱。同治七年（1868年），知县钱宝传重建了大成殿、崇圣祠、尊经阁、敬一亭和名宦、乡贤、忠义、孝弟四祠。同治十二年（1873年），知县汪祖绶、教谕郑淦、训导祁文藻又重建了明伦堂和教谕、训导两署。至此，青浦县学重建工作得以完成。

而到了光绪三十一年（1905年），废科举，办学堂，青浦县学也完成了它的历史使命。

（文/王辉）

青浦城隍庙

青浦城隍庙[1]距今已有四百多年的历史，不仅是青浦县建置的历史见证，更是青浦老城厢四百多年来沐浴江南风雨的宗教名胜。

明嘉靖二十一年（1542年），青浦始建县时即建有城隍庙。当时县治在青龙镇，县城隍庙利用镇北的隆平寺舍（今旧青浦小学所在地）改建而成。嘉靖三十二年（1553年）青浦县被废；万历元年（1573年）青浦县复建，迁址于唐行镇（今青浦区盈浦街道），并将城隍庙道观移建于现在的位置；崇祯六年（1633年），沈恩被封为城隍神；崇祯十一年（1638年），城隍庙进行了重修；崇祯十七年（1644年），又进行了增修。

青浦城隍庙是青浦县两度建置的重要县治建设工程，不仅在县城里修建了颇具规模的城隍庙，甚至在所辖的朱家角、白鹤、章堰、商榻、金泽、沈巷等多地为城隍神修建了行宫。城隍庙由头门、戏台、大殿、后殿、寝宫等建筑构成。清乾隆十年（1745年）起，由青浦知县乔式祖于庙东大殿东侧募资修建了有觉堂、得月轩、歌熏楼等，供香客憩息。

乾隆四十五年（1780年），由青浦士绅发起集款扩建园林，初具规模，取名“灵园”，成为城隍庙的附属园林。乾隆五十二年（1787年），青浦知县孙凤鸣再次增修，城隍庙逐步完善，有了一定的规模。嘉庆年间（1796—1820年），“灵园”易名“曲水园”，城隍庙联曲水园乃成青浦一邑之胜境。

道光二十八年（1848年），“青浦教案”就发生在青浦城隍庙。

咸丰十年（1860年），太平天国攻占了青浦城，城隍庙内大部分建筑遭战火所毁。光绪十年（1884年），城隍庙与曲水园次第修复。新中

1　青浦城隍庙：道教庙宇，在青浦区城东北隅公园路，供奉江南府青浦县城隍福佑显灵伯沈恩。

国成立后，因诸多历史原因，城隍庙被改作他用。1981年，成为青浦县博物馆的馆舍。1986年，青浦县博物馆翻建了陈列大楼，为两层歇山顶仿古建筑，即现在城隍庙的大殿主体建筑，侧庑也为两层，一楼做库房，二楼则为办公区域。2003年，青浦博物馆新馆落成后，原址归宗教部门管理。

2006年，占地面积2361平方米的城隍庙修葺一新，重新对信众开放，香火再续。庙内建筑整体相连，楼上各殿廊庑相通，环环相扣；殿宇飞檐凌空，斗拱交错；楼阁高低错落，布局疏密有致，气势雄伟。细雨霏霏时，团团薄雾笼罩其上，烟雨楼台宛如仙境。

在如今的城隍庙里，文物建筑只有位于前端的戏台和大殿东侧的娘娘殿。明清两代，青浦盛行朝觐城隍神，“尝演剧以迓神”，朝觐每三年一次，所演剧目分昆曲、徽剧，文武皆有，就在城隍庙的戏台举行。戏台娱神也娱人，教化生民“诸恶莫作，众善奉行”。戏台至今保存完好，戏台下拱券形的石柱基是进入城隍庙的必经门洞。娘娘殿，顾名思

20世纪80年代的青浦博物馆

沈恩像

义，是供奉城隍神夫人的地方，位于大殿的东侧。建筑主体均为原物，单层，梁架很是高大，面阔三开间。

青浦的城隍神沈恩（1472—1533年），上海县人，明弘治九年（1496年）进士。他任刑部员外郎时，曾因反对宦官刘瑾而被罢官，刘瑾伏法后重被起用，任云南按察使，后任刑部主事，官至四川布政司左布政使。沈恩为官清廉，颇有政绩，体恤百姓，深得民心，生前就多次受到正德帝（1596—1521年）和嘉靖帝（1522—1566年）的嘉奖。

虽然沈恩被封为城隍神的时间比其他地方晚，但在青浦百姓心中，他不仅是“守护神”，更是赏善罚恶的正义化身，所以当地常常聚资修理沈恩的墓地和墓园。

青浦朱家角的城隍庙的大殿正梁下方悬挂着“福佑显灵伯”的匾额，相传是乾隆皇帝下江南时赐给青浦城隍的。传说乾隆下江南时龙舟途经淀山湖，突遇暴风雨，龙舟顿时摇摇晃晃地迷失了方向。正在此时，龙舟前忽现两盏明灯引路，灯笼上隐约可见“显灵伯”三个字。龙舟顺着灯笼指引的方向得以安全进港，乾隆皇帝也安全登岸。次日，乾

青浦城隍庙今貌

隆皇帝派人四处打听，方知“显灵伯”为青浦县城隍的爵号。乾隆进入青浦的城隍庙中一看，只见那城隍老爷官袍上还在往下滴水，果真就是青浦的城隍为他的龙舟指明了航向。为奖励青浦城隍保驾有功，乾隆帝于是下旨敕封青浦城隍为“福佑显灵伯”。

在朱家角镇，有的上了年岁的老人提起日军轰炸朱家角的事来，还会讲出一段神奇的故事。据说，1937年11月3日，一架日军飞机盘旋在朱家角城隍庙上空，扔下了一枚炸弹。炸弹眼看将要落在庙里时，又奇怪地拐了一个弯，落在了几十米开外的空地上爆炸。那些在城隍庙附近躲避空袭的人们都安然无恙，倒是城隍老爷的手臂被烧焦了一块。人们认为一定是城隍老爷显灵，用身体挡住了炸弹，救了朱家角老百姓的性命。从此之后，青浦老百姓越发相信城隍神了，青浦每个城隍庙里的香火也越发旺盛。

（文/张力华）

曲水园

曲水园是上海五大古典园林之一，以小巧玲珑、典雅古朴著称。它坐落于青浦老城厢东北隅，东临护城河，西接城隍庙，占地约20000平方米。

曲水园始建于清乾隆十年（1745年），作为城隍庙的庙园。起初规模并不大，仅在庙之东建了有觉堂、得月轩、歌熏楼、迎晖阁，供香客游览休憩。城隍庙向来有“一文愿”的庙捐，用于修缮园庙，故本地人又把曲水园称为“一文园”。乾隆四十九年（1784年），王希伊任青浦教谕，把园子向东扩大。嘉庆三年（1798年），知县杨东屏在园中宴请江苏学使刘云房，见其水曲景佳，又东依大盈浦，就借东晋王羲之《兰亭集序》中曲水流觞的典故，将灵园易名为“曲水园”。太平天国活动

曲水园大门

中，庙园毁于战乱。清末陆续修建，园中新旧景点共二十四处，分别是凝和堂、夕阳红半楼、环碧楼、迎曦亭、玉字廊、二桥、有觉堂、舟居非水、得月轩、镜心庐、坡仙阁、花神堂、恍对飞来、小濠梁、喜雨桥、米拜亭、冰壶、清虚景泰、天光云影、迎仙阁、虬龙洞、白云坞、清籁山房等，成为青浦城里最适合悠游休闲的地方。但几经战事和修理，园中景致变化很大，其中清虚景泰、米拜亭和白云坞三景已不复存在，有的建筑也已非原有古貌。

园中的喜雨桥，造于清乾隆年间，石材为花岗岩，精雕细凿。游人立在桥上观荷赏鱼，园中幽景尽收眼底。二桥为六曲桥和三曲桥，合则为九曲桥，被人们比作三国里的“大乔”和“小乔”两位美女，秀美脱俗，曲径通幽。

辛亥革命后，青浦光复，城隍庙不再祀典。青浦的乡绅建议将庙园改为公园，曲水园从此成为民众赏景、游览、休闲、聚会的好去处。1926年3月12日，适值孙中山先生逝世一周年纪念，青浦各团体联合发起纪念大会，大会地点即设在公园凝和堂。当时，各地纷纷以“中山”命名道路或公园以纪念孙中山先生，青浦亦将曲水园改名为“中山公园”，以便民众景仰。凝和堂则改建为“中山纪念堂”。1926年5月，吴开先与陈云、高尔松、高尔柏等24人在上海成立青浦旅沪学友会，部分成员在青浦曲水园合影留念。

1927年，青浦富商张绍联耗资1200元，在园内已倒塌的环碧楼原址上建了三层四方形亭，以此纪念其父张景周，命名为“景周亭”。此楼为当时青浦镇上最高建筑，因登临此楼可观云间九峰之景，故改名为“九峰一览亭”。

1937年全民族抗日战争全面爆发，中山公园受损巨大。抗战胜利后，中山公园设管理委员会，对园内各处重新整顿、修缮。时任上海特别市社会局局长的青浦练塘人吴开先与眷属同游中山公园，当他见到得月轩仅存栋梁且有倾颓之危时，立即表示愿捐法币5000万元，作为重修之需，以尽桑梓之情。

1952年青浦城墙拆除后，公园东界和北界扩至护城河。1980年，公园恢复了“曲水园”的旧名。1983年至1986年间，全园重新修整，并勒石以记，“整修曲水园记碑”嵌于涌翠亭壁。2005年至2007年间，市、区两级政府拨款1500万元再次进行全面整修。东面临护城河而建的绿波长廊，蜿蜒曲折，起伏错落；西面使整个园林与城隍庙、桥梓湾商城融为一体，更加意趣盎然。

历经270多年的沧桑兴废，如今的曲水园终趋完善。园内一年四季各种文娱活动不断，成为青浦老城厢里老百姓休闲、娱乐的最佳场所。

曲水园荷花池

自民国以来，曲水园举办书画展的传统一直未变，茶室饮茶的休闲风气依旧。园内曾先后举办过武进钱彤夫书法展、松江汤义方画展等。青浦水彩画家岑振平于1989年5月创办了“青浦美术界画廊”，画廊即开辟于宽敞的得月轩，并由著名画家程十发题名。画廊里为本地书画家打造的展览长年不断，为地方文化的兴盛繁荣做出了持续的贡献。

到园中探春赏秋，歇歇脚、喝喝茶是必不可少的。民国年间，园子里设有新团月茶社以供游客饮茶之需。抗战胜利后，《新青浦报》上长期登载有新团月茶社的广告。如今茶室依旧，这些传统风气也得以保留至今。炎炎夏日，品茗其间，足以消暑，真可谓“茗谈小憩午风轻，夏日炎炎花木荣。一阵荷香来水际，山前山后乱蝉鸣”。

曲水园里的石鼓碑刻古朴厚重，匾额楹联诗文书艺蔚为大观。2005年至2007年园林整修期间，园林部门组织人员为园内的景点撰写了30副

曲水园碧波长廊

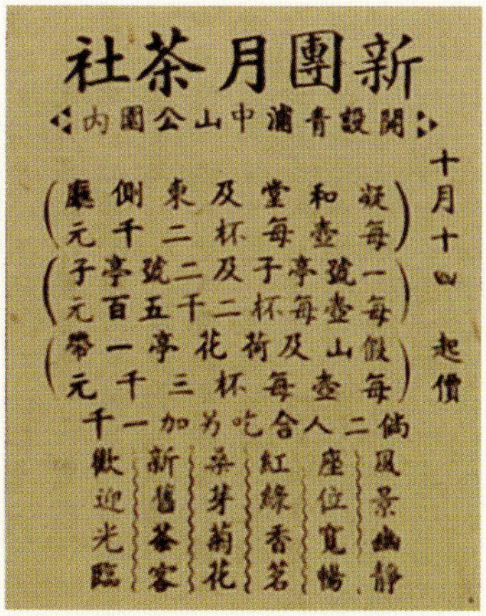

《新青浦报》上登载的新团月茶社广告

楹联，并补写和新增了20余块匾额，这些均由江浙沪地区的著名书法家书丹，书体涵盖正、草、隶、篆，应有尽有。在复旦大学中国文人书法暨石鼓文研究中心的帮助下，观寿园中新添了10个仿制的先秦石鼓文石，清泉廊壁内镶嵌了80多幅书法碑刻，被称为“石鼓文书艺苑”。这些楹联和碑刻给游园的书法爱好者提供了一场书法的视觉盛宴。

曲水园是上海古树名木数量最多、最集中的公园。园中仅挂牌的古树名木尚有53棵，它们与亭台楼阁、池塘古桥互相掩映，各自成趣，却又浑然一体。园中东面接景廊北侧，有一棵清乾隆年间栽种的紫藤，树龄已有200多年，树干根部中空已如枯木，但每年初夏依然花开繁盛，宛如漫天紫霞。小飞来假山之上，有四棵超过200岁的桧柏，有三棵树龄百年以上的青枫，几棵古树冠宛如华盖，将假山顶上居高临下的九峰一览阁掩映在浓荫翠绿之中，远观只露出一顶，增加了几分威仪和神秘。

曲水园里四时花卉中最为著名的是牡丹和菊花。园内有200多株牡丹，品种繁多，每年春季，满园富丽。每年秋季的菊花展则是曲水园自民国以来的传统花卉园艺展示项目，近万盆菊花布置在园中各处，引得无数游人游园赏秋。

2007年，曲水园被评为上海市四星级公园。2022年8月1日，该园向公众免费开放。这座百年古园以其独特的风景吸引着越来越多游客和市民。

（文/张力华）

附：曲水园有个石鼓苑

复旦大学唐金海教授对石鼓文兴趣浓厚，赴日本大阪教学之余，一直临摹石鼓文书法。一个颇有书法造诣的日本教授看了临摹，连连称奇，并建议在日本大阪举行石鼓文书法展。书展在日本首次露面，产生了意外的轰动效应，此事对唐教授刺激很深。回国后，他专心于石鼓文书艺的临摹和学习，心心念念想搞一个石鼓文书艺苑。建书艺苑要有合适的地方，更要有可观的资金支撑……青浦曲水园，这座江南古园向唐教授张开了双臂。唐教授喜出望外，立马去北京故宫联系仿制事宜，去江浙地区联系石鼓制作单位，对十只仿古石鼓上的刻字，他一个字一个字地对照，顶真到近乎苛刻，这种态度，让刻石师傅也为之感动。

2015年春夏之交，青浦曲水园里举行新落成的石鼓文书艺苑揭牌仪式。应邀前来的有美国、日本以及中国的香港客人还有来自上海名牌大学的教授和学者，大家对石鼓文落户古园表现出极大的兴奋和赞美。珍稀国宝世人难得一见，尽管这是仿制品，但也是得到故宫大力支持才得以仿制成功。从陕西凤翔到北京故宫，再到江南古园落户，石鼓从遥远的唐代走来，这简直是个传奇。

石鼓，又称陈仓石鼓，是战国时期秦国的刻石，中国九大镇国之宝之一。公元627年发现于凤翔府陈仓境内的陈仓山（今陕西省宝鸡市石鼓山）。石鼓文是先秦刻石文字，因其刻石外形似鼓而得名。石鼓共计十枚，高约三尺（1米），径约二尺（0.667米），分别刻有大篆四言诗一首，共计718字。内容最早被认为是记叙周宣王出猎的场面，故又称“猎碣”。石鼓上的文字为史籀所创大篆，也称籀文，其字风骨嶙峋，古茂雄秀，被誉为“石刻之祖”。石鼓刻石文字多残，北宋欧阳修录时存465字，明代范氏天一阁藏本仅462字。石鼓国宝，历经风雨侵蚀和战火劫掠，行踪无定，聚散由命，直至抗战胜利后才被运回北京故宫博物院石鼓馆收藏。

曲水园内，石鼓文书艺苑周围有一条长廊，长廊被打造成为石鼓文书艺廊，收集并展出了古往今来学者关于石鼓文的诗词、评述以及有价值的片言只语。

石鼓文书艺苑

宋代苏东坡的《石鼓歌》摘句："旧闻石鼓今见之，文字郁律蛟也走。漂流百战偶然存，独立千载与谁友？"

元代张养浩的《石鼓诗》诗句："贞坚不堕劫火灰，苍古犹含太初气。世间钟鼎瓦砾如，只辞千金未为贵。"

元代周伯温的《石鼓赋》摘句："惟斯文为至贵，实终古之罕偶。"

明代李东阳的《石鼓歌》："我思古人不可见，健笔雄词两超卓。骤看笔势寻风骨，细剔苔痕认斑驳。"

清高宗《题石鼓》诗句："石鼓韩歌掘臼科，弗知其意所云何。言行国学历珍异，重道崇文功不磨。"

当代学者贾植芳读石鼓文后题词："铁骨龙形。"

郭沫若论及石鼓文时说："从文学史的观点来看，石鼓诗不仅直接提供了一部分古代文学作品的宝贵资料，而且更重要的贡献是保证了民族古典文学的一部极丰富的宝藏。"

学者马叙伦说："故国子监所存周代十碣，世谓之石鼓者也，其辞

《石鼓之魅》书影

与诗小雅、六月、采芑、车攻、吉日相类，而文字多同于诸商周金器刻识。”

这些摘录，让人们进一步认识了石鼓文的非凡价值。

“石鼓文书艺苑”由王元化（清园）题额，他是国内外享有盛誉的当代著名学者、思想家、文艺理论家。为推动石鼓文及其书艺的研究，古园成立了石鼓文研究中心。2015年夏秋之际，青浦区作家协会组织会员采访石鼓文书艺苑，编成《石鼓之魅——石鼓文书艺苑诗词散文书画作品集》，内含诗词27首、散文14篇、书法作品14幅、美术作品6幅。其中部分作品在得月轩展出。

（文/凌耕）

万寿塔

万寿塔位于现在青浦城区内淀浦河的南边，即原青浦老城厢西南端护城河的南岸，与老城厢南门隔水相望，所以俗称“南门塔”。

万寿塔是上海地区塔龄最小的一座古塔，塔为方形，七级四面，砖木结构，始建于清乾隆八年（1743年）。乾隆朝初期，因赋税过重，青浦地方官吏奏请朝廷减赋税、轻徭役，得到批准，使本地地方士绅得益不小。为表达感恩之情并歌颂当朝的太平盛世，士绅们便借为皇帝祝寿之名在民间筹资造塔。于是，他们在大盈浦南岸开辟了一处塔院，造起了这座万寿塔。塔院占地三十余亩（20000平方米），原来塔的周围还建有殿、堂、庑等建筑，其中三座大殿气势雄伟。据清人汪德馨《塔院记》记载：“士大夫与里之父老子弟输金钱，仿浮图象教，岿然建瓴级于南门之外，丹黄璀璨，上耸云霄。工竣，而奉以嘉名，谓之万寿……邑之人望云稽首，感百年修养保聚之泽，效万岁歌呼颂祷之声，而藉是以仰报国恩，非徒辉耀文明如雁塔故事，为俊髦题名之地而已。”

万寿塔虽不是一座宗教建筑，与佛教无关，但历史传说有点神秘色彩。据青浦县志记载，乾隆十三年（1748年）二三月间，青浦县城河水突然变咸如卤，唯独城南万寿塔前的河水未变，供全城人饮用。

由于万寿塔“近城壕，地卑势峻，雨旸风露”，损坏较为严重，乾隆三十九年（1774年），时为浙江盐驿道的青浦白鹤人徐恕发起重修，重修后的万寿塔“完善如旧”。乾隆四十三年（1778年），万寿塔遭雷劈，损毁严重，“塔心栏柱，碎如斧劈”。嘉庆五年（1800年），塔院右侧建起了青溪书院。当时，王昶已辞去京师刑部右侍郎之职，回乡养老，他不顾77岁高龄，仍受邀在青溪书院主讲，塔院、书院终日书声琅琅。

其后，万寿塔多年失修，院毁塔存，颓败不堪。光绪九年（1883

万寿塔旧影

年），一名冶工携带炉鞴潜入塔内，企图盗熔塔顶锡器，但在熔锡时不慎失火，大火焚烧三天三夜不止，塔身木结构大部分焚毁，栏楯梯级尽失，塔顶、腰檐俱无，仅存一个光秃秃无顶的四方砖体塔身，在风雨中孤独站立了一百多年。

1959年，万寿塔被公布为青浦县首批文物保护单位。1982年，青浦县在塔基临河处修筑了石驳岸，四周建起龙背花窗围墙，墙内植树绿化。1993年，对塔身予以维修加固。2009年，对塔身进行了全面的复原修缮，恢复了原先的木结构。昔日只剩下青砖塔身的万寿塔得以重生，翘角飞檐、神采昂扬地伫立在淀浦河南岸，朝迎晨风，暮送斜阳，檐下风铃摇曳，响声清悦悠远，仿佛在为塔的新生而轻声吟唱。

2020年，青浦区在万寿塔东侧营造了仿古小园青溪园，作为环城水系公园组成部分。同时，利用青溪书院旧址建设了知道书院，并利用书院建筑开辟了青浦名人馆，为青浦这座江南水城增添了文化元素，提升了城市品质，也传承和弘扬了青浦名人文化，为市民增加了公共文化空间和旅游看点。

（文/张力华）

万寿塔今貌

青溪书院

青溪是古代文人对青浦的雅称。书院是中国古代教育机构，有别于官学的教育系统，是私人或官府所设的聚徒讲授、研究学问的场所。

书院最早出现在唐玄宗时期，开元六年（718年）设丽正修书院。至宋代，书院发展而兴，延续至元，普及于明清。北宋时期，河南商丘的睢阳（应天）书院、湖南长沙的岳麓书院、江西庐山的白鹿洞书院、河南登封的嵩阳书院，并称为四大书院，成为当时的学术中心。书院一般由富商、学者自行筹款，于山林僻静之处建学舍，聘请学问大家主持。书院的主要建筑为讲堂、祭堂、藏书楼，体现出其讲学、祭祀、藏书的三大文化功能。青浦地区历史上先后建有12座书院，最早的书院是元代的清忠书院，为上海地区较早的书院。清代时，书院达到鼎盛。

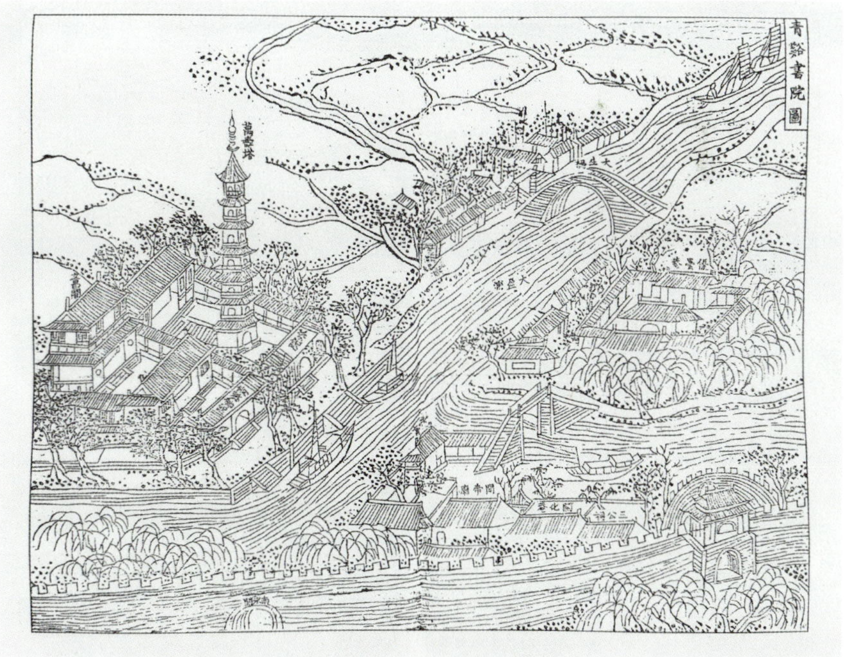

清乾隆年间《青溪书院图》

青溪书院最初位于青浦南门外的万寿塔东侧，创建于清嘉庆五年（1800年），由松江知府赵宜喜、青浦知县庐焌、温恭发起捐建，聘请著名学者、朱家角镇人王昶担任主讲，每月向士子授课。书院设有讲堂、藏书阁、祭堂。因位置偏僻，地势低洼，嘉庆十八年（1813年），知县马绍援将青溪书院移建至县城内的察院场。道光九年（1829年），知县张敦道在书院东侧增建厅堂、文昌宫、奎星阁，正殿两庑改为县试考场。同治六年（1867年），知县钱宝传捐俸重修。光绪三十一年（1905年），学堂兴办，青溪书院废止。

青溪书院是青浦县城中唯一一家书院，曾经延请德清人俞樾、仁和人樊恭煦等知名学者为山长（院长），起到"翼学校、广教化、总善类、厚民俗"的作用，所培养的材德之才"成倍于往昔"。

2020年年底，在万寿塔东侧的青溪书院旧址上建了"知道书院暨青

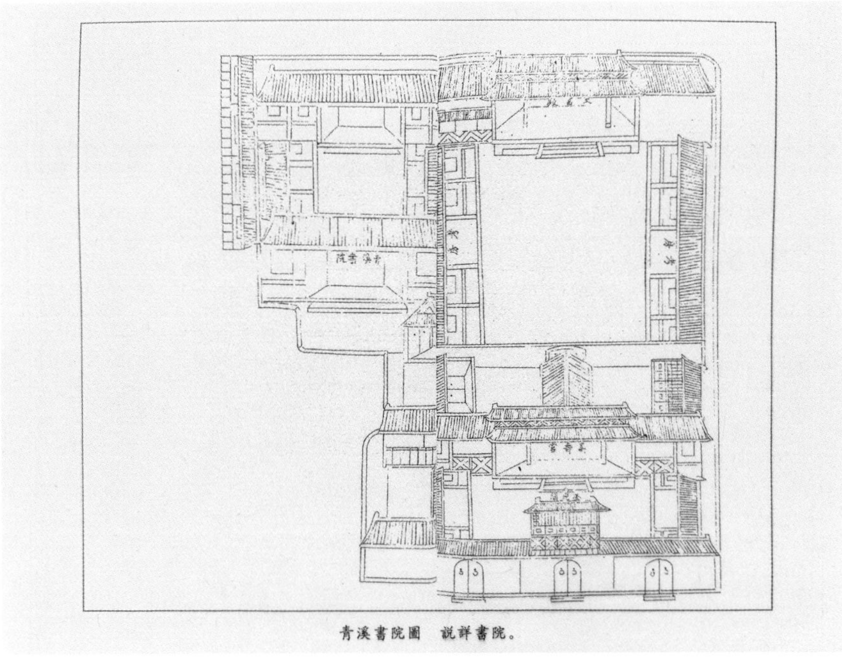

光绪《青浦县志》所载《青溪书院图》

赵丽宏书写的知道书院匾额

浦名人馆”，作为青浦环城水系公园中的文化亮点工程予以开放。该书院于2019年6月动工兴建，占地面积约4000平方米，建筑面积1354平方米，由上海市社会科学界联合会第七届委员会主席王战题名，市作家协会副主席赵丽宏书写匾额。书院沿袭传统书院风格，以山门、师觉堂、文昌阁为中轴线，两侧为厢庑。师觉堂为讲学之所，文昌阁、东侧两厢庑为青浦名人馆，共展出陆机、夏瑞芳、陈云等45位历代名人的生平事迹。自开放以来，知道书院每年接待市民游客超过三万人次，举办文化名家江南文化讲座十余次和其他文化活动数十场，成为提升市民人文修养、开展江南文化学术交流的场所，也成为广大市民文化休闲的网红打卡地。

（文/王辉）

古代青浦书院一览表

序号	名称	创建时间	创建者	其他
1	清忠书院	元至正五年（1345年）	彰德路总管府同知、章堰人章元泽	由章元泽之父章梦贤创设的义塾改建而成，取宋仁宗赐其祖章得象“清忠”二字而名。后废
2	孔宅书院	元至正年间（1341–1368年）	章堰人章弼	章弼立学规十六则。后在书院故址上建万卷堂
3	九峰书院	清康熙八年（1669年）	松江知府张羽明	
4	德宁书院	清康熙年间（1662–1722年）		
5	文昌书院	清康熙年间（1662–1722年）	青浦知县魏球	
6	惠来书院	清康熙年间（1662–1722年）	邑人	
7	淀湖书院	清康熙三十二年（1693年）	里人	
8	青溪书院	清嘉庆五年（1800年）	松江知府赵宜喜、青浦知县庐焌、温恭	嘉庆十八年（1813年），青浦知县马绍院移建至察院场。光绪三十一年（1905年），废
9	珠溪书院	清咸丰元年（1851年）	青浦知县林德泉、邑人张钟杰、陆日爱等	聘举人陈渊泰主讲席。同治七年（1868年），知县钱宝传重建；光绪三十一年，改为初等小学堂，改办为公立珠溪两等小学堂

（续表）

序号	名称	创建时间	创建者	其他
10	庭闻书院	始建年代不详		清光绪九年（1883年）青浦知县吴康寿修；光绪三十一年，改为初等小学堂
11	金溪书院	清光绪八年（1882年）	邑人陈伯骥、吴江举人凌淦、贡生陆古鼎	光绪三十二年（1906年），改办为学堂
12	颜安书院	清光绪十五年（1889年）	本镇乡绅陈世基等	光绪三十一年，改办为学堂，为颜安小学前身。

宝庆寺

宝庆寺位于盈浦街道南门街100号，是青浦老城厢内现存唯一的一座历史悠久的佛教寺院。宝庆寺始称“宝庆庵”，也曾因供奉伽蓝菩萨（关羽像）而被俗称为“关帝庙”。后因毗邻宝庆街、宝庆桥，故而最终定名为“宝庆寺”。

旧时的青浦城厢内有一条南北走向的市河，宝庆寺就在市河边。进城的香客坐船登岸，到寺里礼佛敬香，修养身心，交通十分便利。宝庆寺所在区域历史上曾是一处商业密集的街区，从周边的“县前街”“学前街”“文庙街”“泮池路”“码头街”这些充满人间烟火气的街道名称中，也不难窥见以前老城厢的繁华。

2010年7月，宝庆寺被正式批准为佛教活动固定场所。全国政协委员、中国佛教协会会长传印法师为宝庆寺题写了匾额。宝庆寺也是青浦

宝庆寺

宝庆寺供奉的释迦牟尼像

区佛教协会办公所在地。2017年2月，宝庆寺被青浦区文物管理委员会公布为青浦区文物保护点。

宝庆寺的历史可追溯到明万历年间，后于清咸丰年间塌毁。同治七年（1868年）寺庙又在原址重建。据史料记载，当年计有山门、大殿、念佛堂等建筑。在历史发展和时局动荡中，寺庙建筑曾屡经毁损、修葺。直至2009年年初，为了满足周边信众礼佛的需求，青浦区佛教协会在上海市、青浦区政府有关部门的指导和支持下，在十方善信的相助下，筹资对寺院建筑按历史遗迹进行了一次较为彻底的保护性修缮，使修复后的宝庆寺重现昔日风采。

宝庆寺的山门面东临街，闹中取静。寺内建有大雄宝殿、偏殿、山门等建筑。建筑沿袭明代风格，结构精巧，殿宇崇宏，四角飞檐，布局严谨，主次分明，庄严肃穆。寺院虽整体规模较小，建筑很新，但不失其庄严、古朴与雅致。寺内环境和周围偏殿的布局，处处透露出古朴清雅，充满禅意。

寺中供奉释迦牟尼、观世音菩萨、伽蓝菩萨、地藏菩萨、普贤菩萨、文殊菩萨、药师菩萨、弥勒和韦驮菩萨等佛像。全堂佛像皆为香樟木精雕细刻而成，妙相庄严，慈祥威仪。

维修后重新开放的宝庆寺，每逢宗教节日都会举办隆重的法事活动，前来进香的香客络绎不绝，香火鼎盛。

在宝庆寺的发展历史中，也不乏文化修养深厚的僧侣文人。青浦区博物馆收藏的一组《水墨竹石图》四条屏，便是寺僧志禅仿照元代大画家吴镇的画法所作。画面简洁明快，竹青石峻，劲拔挺秀，深受方内和方外的人们赞赏。

宝庆寺的僧众多年来始终坚持爱国爱教，依法依规开展各种形式的宗教活动。他们通过每月举办佛学讲座、念佛共修等活动，对教义教规做符合时代进步的阐释，引导广大信众正信正行。寺院僧众严谨持戒、弘法利生，积极参与公益慈善和文明和谐寺观教堂创建活动，并被评选为上海市的四星级寺院。

今天的宝庆寺不仅是上海地区重要的佛教文化遗址之一，承载着宗教传承的功能，对研究中国古代佛教文化和艺术具有一定的价值，还对研究青浦的历史、文化和老城厢的社会发展史同样具有重要的意义。

（文/李叔年）

“青溪十景”有其半

青浦地处三泖九峰之间，山清水秀，历史上有著名的“青溪十景”，分别是“九峰环翠”“三泖回澜”“淀湖落照”“海门晴眺”“学潭夜月”“孔宅寻梅”“生春待渡”“漕浦归帆”“夹桥双刹”“东溪秋泛”。其中，与老城厢有关的风景竟然占了一半，有“海门晴眺”“学潭夜月”“生春待渡”“漕浦归帆”“夹桥双刹”。

“海门晴眺”指的是海门桥及其周边风景。海门桥，在北门外，横跨大盈浦（今东大盈港），由青浦县人、监生诸从礼于明万历二年（1574年）兴建，后在清嘉庆十四年（1809年）重建，为单孔石拱桥。1984年，该桥拆除后改为水泥桥。清代青浦人邵嗣原曾作《登海门桥》一诗：“落虹如带绕清溪，溪上烟云望不迷。城郭万家疑画里，旗亭灯火夕阳西。”

“学潭夜月”描绘的是青浦县学中夜月下的泮池景色。泮池即学潭，一般在棂星门后开挖成小溪或半圆形的池，名泮水，学校即称“泮宫”。在明、清两朝，州、县考试新进生员须入学宫拜谒孔子，因此称入学为“入泮”或“游泮”。入学满六十年称“重游泮水”，这是专为曾充秀才且享高寿者举行的庆典。清代邑人屠文漪有诗云：“水阁人家隐暮烟，一潭澄碧学宫前。波心仙桂尤相近，且喜当头玉镜悬。”

“生春待渡”指的是生春庵渡口景色。生春庵，又名“彼岸庵”，在北门外，由僧人善定和尚于元至正年间（1341—1368年）所建。屠文漪有诗曰：“拱辰门外水悠悠，祇树春云古渡头。客意不如僧意懒，惯来沙觜觅轻舟。”

“漕浦归帆”描述的是青浦城西漕港河千帆归航的景色，反映了青浦水上交通繁忙的景象。屠文漪有诗曰：“漕浦春流涨绿醅，乱帆都带夕阳回。时平水郭门迟掩，说与行舟只缓来。”

“夹桥双刹”描绘的是青浦县城北门内二佛寺夹桥相望的景致。此桥指生春桥，“双刹”指颐丰禅院和宝月庵。颐丰禅院即千佛阁，由僧人广本于明万历二十二年（1594年）所建，诗人、书法家陆应旸书额，后于天启元年（1621年）由僧人大彻重修；宝月庵，则由僧人善定于元至正年间所建，元代文学家邵亨贞曾为其做诗文，其后更有梅花林胜景。屠文漪有诗云：“双刹巍峨映碧虚，尘襟到此合消除。赤栏桥上从君听，南北钟声杂梵鱼。”

（文/王辉）

青浦愿学学堂

1898年戊戌变法失败后，在申报馆当主笔的张继斋征得亲人同意后，从上海乘轮船前往英国考察。英国之行，让他感觉到，弱小国家要强盛起来，必须从基础教育抓起。于是，1901年从伦敦回国后，他回到家乡青浦，决心以教育救国，在家乡试办一所新式学堂。

张继斋在亲属以及同科举人叶其骧和张雄伯的支持下，1902年春，他在青浦县城办起了第一所新式学堂——愿学学堂。张继斋将海外学到的分科办学方法付诸实践，亲自教英语、西洋史地和数理化课程；黄神甫虽已五十多岁，精力旺盛，教英文；叶、张两位举人教国文和中国史

愿学学堂旧影

地；张继斋有两位堂兄分别担任总务主任和教导主任。当年，学堂即招收了二百多名学员。

一年后，张继斋发现培养人才是重要的，但效果甚慢。在申报馆工作的亲戚钱光祖对他说："中国现在军阀混战，清廷腐败，民众苦难深重。你在青浦办一所学堂，旨在培养人，意义虽大，但是穷人仍上不了学。如果能办好一份有影响的报纸，或许能唤醒民众，对国家更有利。"

钱光祖一番话让张继斋决意重返申报馆。但愿学学堂他为之花去了一年的时间，现在已初具规模。于是，他找来担任教务主任的堂兄，跟他推心置腹地谈了话，将继续办好愿学学堂的重任托付给了他。

1903年春节过后，张继斋重返申报馆，仍任《申报》主笔。作为一个爱国报人、"江南的一支笔"，张继斋时而抨击时事，时而大声疾呼，撰写了《论男女平等》《鸦片之害》等大量文章。他与于右任合办《南方日报》并自任主笔五年，在上海报坛第一个建立了专用电话线联系海内外的通讯网，配设了速记人员。清宣统元年（1909年）春，他前往北京、天津两地创办《京津时报》。民国三年（1914年），他重返《新闻报》。民国六年（1917年），他被派任驻北京记者站主任，在职期间他锐意改革，增辟副刊《新园林》（后改为《快活林》），加强连载小说专栏，以及创设经济新闻的新栏目，以报道金融、实业、股市和国际行情等动态。他口诛笔伐袁世凯，在北京任《新闻报》驻京办事处主任时更是抨击曹锟贿选，结果遭诱捕。出狱后，他继续写檄文抨击时政。九一八事变发生后，他代表《新闻报》率领由上海各报二十二名记者组成的"慰问东北抗日义勇军（指马占山所部）代表团"，深入东北，亲临战场采访，赢得社会各界赞扬。

张继斋传奇般的人生经历，对曾经亲聆教诲的孙女、作家阮波始终具有极大的魅力。她千方百计搜集相关材料，寻找当事人询问核实情况，跑图书馆翻阅资料，终于撰写出《百年正气——张继斋先生传》一书，对张继斋的一生进行了全面的回顾总结。

对祖父创办的愿学学堂，阮波更是情有独钟。她晚年回到家乡，多次与有关人士联系，力图将愿学学堂（原青浦二中）办成一所更好的学校。

原青浦二中建筑面积有一万多平方米，教学设施齐全且先进，是一所公立全日制高级中学。学校环境幽静，绿树成荫，四季花香，是一所花园学校。学校内立有张继斋铜像，由阮波出资设立奖学金，以奖励品学兼优的学生。

在任中共青浦区委书记巢卫林的关心下，经区教育局局长顾峰具体落实，在青浦二中（愿学学堂原址）内建成了张继斋纪念室。

2012年是愿学学堂成立110周年。10月31日，青浦区召开了纪念

愿学学堂成立110周年纪念会

阮波在纪念会上

会，推出了《愿学学堂110周年纪念专辑》。原中宣部副部长龚心瀚出席了会议，沈蕴新、张应魁、顾峰等区领导，阮波及其家族有关人员也参加了会议。会议对张继斋的一生和他创办愿学学堂的事迹给予了高度的评价。

（文/凌耕）

中国红十字会青浦分会

中国红十字会青浦分会成立于1924年9月，创始人为徐熙春，他于1925年担任首任会长。徐熙春出生于青浦城厢镇八十弄（今属盈浦街道），年轻时在上海从事印刷业。

民国时期，连年的军阀混战、战火不停，加上旱涝灾害，民不聊生，哀鸿遍地。1924年9月，江浙战争爆发，大量难民逃往青浦。徐熙春组织中国红十字会青浦分会，一面进行收容，一面又建救护队，抢救伤残，消防灭火，掩埋尸体。1932年一·二八淞沪抗战以及1937年八一三淞沪抗战期间，中国红十字会青浦分会秉承人道主义精神，组织救护伤员，救济灾民，并设立妇孺所和建疗养院。战后，还积极参与募购种子、疏通河道、建造桥梁的活动。1948年，徐熙春出资创办了中国红十字会青浦分会医院（中山医院青浦分院的前身），医院位于青浦县城公堂街95号，为当地民众提供了医疗服务。新中国成立之后，尽管国家经济一度困难，但红十字会仍开展了不少工作，尤其是在消灭血吸虫病，全力投入“送瘟神”群众运动发挥了重要作用。1965年，徐熙春因病逝世，享年80岁。

1981年9月，时任青浦县人大常委会副主任的张瑞钟受命恢复组建中国红十字会青浦分会理事会，并于1982年担任第二任中国红十字会青浦分会会长。在1982年6月举行的第一次理事会上，张瑞钟深情地表示，作为首任分会会长的徐熙春先生生前做的大量好事，绝大部分是在战火中开展，没有特殊的献身精神是办不到的。就在这次会议上，他建议有条件时在县红十字会分会医院内为熙春老先生塑像，永远纪念他。按照张瑞钟的建议，县红十字会分会和县红十字会分会医院于1989年12月在青浦县红十字会医院内为徐熙春塑造了铜像。时任上海市红十字会会长王希孟亲自来青浦参加铜像落成典礼并致辞，青浦县人民政府、

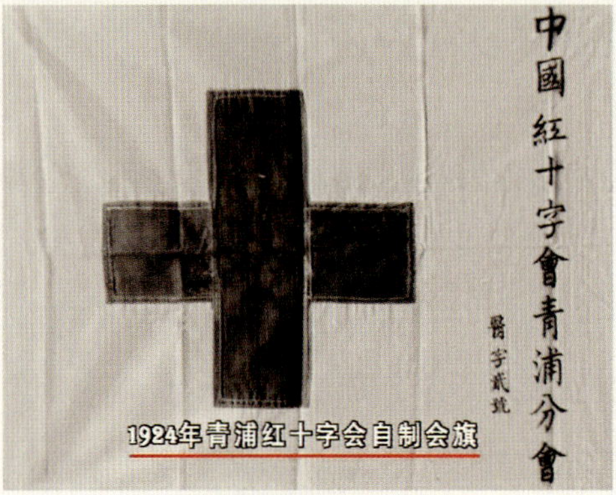

1924 年中国红十字会青浦分会自制会旗

中国红十字会青浦分会医院旧影

1948 年，上海医师参加中国红十字会青浦分会医院开业开幕式

中国红十字会青浦分会、青浦县卫生局、青浦县红十字会医院等领导以及徐熙春先生的亲族代表等参加了落成典礼。

张瑞钟在青浦红十字会任会长8年，任名誉会长4年。在这12年里，红十字会的宗旨“人道、博爱、奉献”已逐步深入人心。在每年的敬老节、儿童节、护士节，县红十字会分会都会组织会员单位开展各种活动和义诊，特别是在灾难救援、医疗救助、健康教育等方面发挥了重要作用。

1985年，县红十字会分会率先提出关心孤老、孤儿“两孤”的计划，通过定时、定人、定方案的“三定”上门服务来提供帮助。1989年10月，由县红十字会分会集资40万元，县政府拨款50万元，共同建成青浦儿童乐园。1992年，以院中办院形式，县红十字会分会还开办了赵巷红十字老年护理院，受到社会欢迎。同年在赵巷参与筹备建设“上海市红十字备灾救灾中心”。自1987年起，县红十字会分会在十二年间帮助中国台湾同胞寻亲160余人次，顺应了海峡两岸形势的需求，并得到了红十字会与红新月会国际联合会官员的认可赞许。此后，还有美国、韩国红十字会人员相继到青浦参观。1994年，县红十字会分会副会长陆寿鼎随上海市红十字会代表团访问了美国、加拿大，与国际红十字会成员交流。此外，县红十字会分会还会同县民政局、县教育局、县卫生局、县妇联、县团委对全县孤儿开展“助养、助医、助教”活动，这一做法得到了市红十字会和全国红十字会的肯定和推广。同时，县红十字会分会还集资成立了一个基金会，用于支付关锁在屋内的精神病患者的医药费，维护了社会安宁，体现了人道主义精神。

为巩固壮大县红十字会分会队伍，张瑞钟还十分重视吸收新生力量，让优秀的医务人员参与进来。他组织志愿者开展急救演习、遗体捐献等活动，并涌现了一大批热爱红十字会、参与红十字会活动的人士。他们中间有该组织的领导，包括担任青浦红十字会分会副秘书长的徐福

中国红十字会青浦分会公益活动

洲、中山医院青浦分院儿科主治医生周士俊、救护大队急救科主任黄之中……他们数年如一日积极组织并参与培训急救人员，辅导心肺复苏技巧、发生意外后的急救搬运技巧，参加志愿者义诊等公益活动。可贵的是，他们还与红十字会签下了遗体捐献的协议。

青浦区红十字会分会不断加强自身建设，曾多次获得荣誉，他们为提高服务和管理效能，致力于打造一支高素质、专业化的红十字工作队伍。

（文/戴仁毅）

青浦县立民众教育馆

青浦县立民众教育馆（简称“民教馆”），是民国时期青浦设立的文化和社会教育专业机构。始建于民国16年（1927年），原址设在青浦镇北门的在明女校旧址。1929年后迁入中山公园（即曲水园）。

民教馆是由县教育行政部门管理的社会教育专门机构，先后由郭钦甫、许玄谷、陈孟怡等担任馆长。从1929年始，以青浦民众教育馆为中心馆，白鹤、重固、金泽、朱家角、练塘等乡镇地民教馆和杜村农民教育馆相继成立。1937年，日军入侵时，县民教馆馆舍遭到损毁，工作停顿。1939年，熊葆文任馆长，借城内熊姓民房为馆舍，逐步恢复了民教活动。次年，陆续迁回原址，先后由熊葆文、吕发音、朱耀行等任馆长。然而，因战事不断，社会动荡，至抗战胜利后，民教馆已形同虚设了。1948年4月1日，民教馆再次开馆，由曹修仪任馆长。到1949年5月

曹修仪

青浦解放时，民教馆只剩下一个图书室和几个年老体弱的工作人员。

全民族抗战全面爆发前，青浦民教馆以“激发民族意识，培养民众力量，增进民众智慧，改善民众生活，以促进地方之政治、经济、文化，而完成社会建设”为宗旨，工作范围广，内设总务、教导、生计、艺术等组，对广大民众进行生计、语文、公民、健康、休闲等方面的教育。建馆后，除了书报阅览、图书借阅等阵地活动外，还曾组建民众剧社、平剧研究社和青莲书画社等文化艺术社团。

1935年8月，青浦召开第一次全县社教会议，通过加强对社会教育原理和实施的研讨、成立乡土展览室、统一图书分类、实施渔民民众教育等十多项议案。召开这样的专业会议，在江苏全省各县中属首创。省立俞塘民教馆的负责人曾多次来青浦视察指导工作，对杜村农民教育馆的语文、生计、公民教育等给予颇多赞勉。

1935年，民教馆与国民党县党部合办了青浦民众图书馆，设在城内育婴所内。全民族抗日战争前夕，推行省颁民众教育法，以公民训练、民众补习教育

许玄谷《梅花清芬图》

为中心工作，直至全民族抗日战争全面爆发。日伪时期，县民教馆还在青浦城四周设立了四块阅报牌，在施教区的交通要道装置了130块通俗教育格言标语牌等。

抗战胜利后重建的县民教馆曾设有13个活动阵地，举办过三次全县性的文体活动，组建了两个文化社团，开办了一个有80人参加的失学儿童识字班，并在《青浦民众》报上刊发《民教半月刊》。13个活动阵地包括书报阅览室、弈棋室、时事图片展览室、音乐室、儿童阅览室、资料室、图书室、乒乓室、民间问讯代笔处、图案广告酬世文件供应处、民众茶社、儿童乐园、书报巡回供应站等。

举办的三次文体活动是书画展览会、小学生国语演讲比赛和象棋比赛。书画展览会展出珍贵书画200余幅，其中包括清代萧尺木的《拔宅飞升图》，陆廉夫、倪墨耕、金山兰的《岁寒三友图》手卷，"扬州八怪"之一黄慎的《白妇吟诗图》等。当时的上海市社会局局长吴开先（青浦章练塘人）送来国民党元老唱和诗卷一幅参展。两个业余文化社团是丝竹班和读书会。读书会以介绍进步书刊、切磋学术、增长知识为目的，内设学术和康乐两组。一年内，会员从十余人增至403人，由馆员吴木君（共产党员）主持。吴木君以此为掩护，在会员中秘密开展迎接解放的革命活动，发展了一批中国新民主主义青年团团员，并建立了团支部。

新中国成立以后，在民众教育馆的基础上，青浦建立了县文化馆。

（文/张力华）

青莲书画社

20世纪30年代，由青浦县民众教育馆馆长许玄谷发起，成立了在青浦历史上颇有影响的青莲书画社，一时传为文坛佳话，他们的书画作品至今仍散发着熠熠光辉。

许玄谷是青浦镇人，其父许其荣是留日同盟会会员，1911年领导了青浦光复运动。许玄谷幼承家学，酷爱绘画篆刻艺术，曾入上海美专学习西洋画，后师从刘海粟学习国画，画竹画梅苍劲有力，形神兼备。

毕业后，许玄谷曾任县立小学、师范、中学的美术教师，是青浦美术教育的重要传人。1938年全民族抗战期间，他前往四川重庆巴蜀中学执教美术，创作了《江上思归图》等作品，表达了期望抗战早日胜利的心愿。加入国民党后，他在国民党政府文化、艺术、规划、救济等部门工作。1946年回青后曾任救济院院长、青沪汽车公司副经理、县参议员等职。1933年，他发起成立了青莲书画社，主要成员包括许藻飞、朱馨谷、方雅琴、金咏棠等，都是青浦知名的书画家。其中，许玄谷的梅花、许藻飞的芦雁、朱馨谷的山水和篆刻、方雅琴的仕女和花卉、金咏棠的书法深受群众喜爱。虽然大多作品因战乱、迁徙而散失，令人扼腕，但尚有少数珍品历经辗转而仍得保存。

对联“此地有高山流水，何时无明月清风”是青莲书画社创始人之一的金咏棠所撰。此联用篆体书就，看去浑厚苍劲，别有趣味。金咏棠，字柏生，号松奴。其兄金咏榴，即金剑花，是《申报》主笔。其侄金咏柏（又名金雄白）是上海著名报人，也是汪伪政权中的重要成员，著有《汪政权的开场与收场》一书，以知情人的身份揭露出许多内幕，在海外引起反响。其子金冲及，为中共中央文献研究室常务副主任，中共党史专家。而金咏棠一生靠鬻字和教读蒙学为生。他书法古拙，含蓄深情，篆刻老辣怪僻。此外，他还能诗文，著有《松奴诗抄》一卷。据

金咏棠书联“此地有高山流水，
何时无明月清风”

许藻飞《芦雁图》

说，此联是在青浦沦陷时期所撰，是金咏棠写给姻兄梦生的，联中“此地有高山流水”是赞颂家乡美景，而“何时无明月清风”一语，显然是别有所喻。

国画《芦雁图》为青莲书画社画家许藻飞所作。许藻飞何许人也？他是青浦白鹤镇人，民国初曾任县督学三年，专工书画，尤擅画芦与雁，故时人称为“许雁飞”而不呼其真名。所画芦草泼墨粗犷，雁鸟栩栩如生。遗憾的是，此画原图已残。同为白鹤镇人的铁禅先生（王岩），时年九五，特为之题识于额，识曰：“《芦雁图》是许藻飞先生之真迹也，许先生青浦白鹤镇人，专长画芦雁，不论大幅小品，人皆喜爱，名噪一时，得之者如获至宝。可惜传世不多，难得见一纸半角。此芦雁残卷遗失久废之物，只剩一角飞雁，小云轩主周泓发见之喜极，爱不择（释）手，特精工装裱成轴收藏之。”一纸残卷，历经岁月，见之令人生出唏嘘之叹：纸犹如此，人何以堪？许藻飞保存作品亦少，其生卒年月也不详。

篆刻作品《峰泖渔樵》是青莲书画社吴元亭先生所刻。吴元亭生于清光绪十四年（1888年），名士毅，字涤凡，号元亭，别号延陵仲子，是青浦朱家角人。他生性淡泊，爱书成癖，庭前屋后种满花草，闲来置身花丛，一卷在手，虽无隔宿之粮，也会乐而忘忧。他曾有“但求种德在心田，不羡荣华不羡仙”和“宜栽千个竹陶情，爱种四时花荫浓”的诗句表达自己的志趣。他的诗文书法远近闻名，金石篆刻更为名家所重，得到吴昌硕等前辈赏识，并联名为他修订润例。他的卧室书天书地，可以说是生活在书堆中。他从小好学，在练塘烟纸店谋营生当学徒时，勤奋刻苦，常常挑灯夜读。为不影响他人休息，他每晚待诸伙计熄灯上床，鼻息浓浓之后，才取出床下一空箱置于床前小桌上，箱内点一矿烛小灯，或默写，或习字，直至五更鸡啼才吹灯休息。他一生以教书为业，待人至诚至恕，望重乡邦。抗战期间，几番有人上门以高薪请

吴元亭像

他出任伪职，他拒绝说："在日本人胁下乞讨，非我平生所愿……"为了维持生计，他学会了修理钟表，妻子则给人家做针线活，以此微小收入，苦度清淡生活。或许是家学渊源，吴元亭之孙吴友琳，现为中国书法家协会会员，书法篆刻深得乃祖父神韵，作品屡屡得奖，出版《耕玉斋印存》一书，受到世人赞许。

青莲书画社至2025年已有92年历史。创始人许玄谷1981年被聘为青浦县第五届政协委员。1989年9月逝世。方雅琴于1959年5月逝世，终年81岁。吴元亭于1966年9月去世。

斯人已逝，然他们的部分作品还流传民间。曲水园在得月轩内曾经辟出一半空间陈列他们的珍品佳作，让后人追怀如烟往事，一睹诸前辈艺苑风采，亦青浦文坛一大幸事矣。

（文/凌耕）

张宅

在青浦老城厢东南菜场路南侧，耸立着一幢高大的宅院。远远望去，其北墙由清一色的青砖砌成高高的封火墙，格外醒目，别具一格，这就是张宅。

据老者回忆，张宅的主人名叫张桂联，是民国年间青浦城内的富商。发财致富后，他于20世纪30年代买地建造了这幢中西合璧的豪宅。

张宅坐北朝南，共有二层，由主楼和东翼楼构成L形布局。主楼三开间，为砖木结构，外加水泥柱，面阔达19.2米，进深9.2米；两层各有2米宽的内走廊，房屋顶部开设四扇老虎窗。东翼楼面阔17.3米，设有内楼梯，进深11.9米，有2米宽的内走廊；北侧顶部开有一扇老虎窗，

张宅

张宅鸟瞰图

南侧顶部为露台。整幢建筑与传统江南民居风格截然不同，具有显著的海派风格，体现近代青浦人思想观念在建筑方面的巨大变化。

1937年八一三淞沪抗战爆发后，地方上一片混乱，地痞流氓沉渣泛起，抢劫偷盗之事屡屡发生。为了维持地方治安，保护市民和商家的生命财产安全，张桂联联合地方上的士绅，组织自卫队日夜进行巡逻。此举有效保障了地方治安，受到城厢人民的欢迎和拥护。青浦沦陷后，日寇闻知张桂联在地方上的名望，欲请他出任伪维持会长。张桂联虽然是一个商人，但受过高等教育，深知出任此职意味着成了万人唾弃的汉奸，所以婉言拒绝。但日寇纠缠不放，张桂联就趁着夜色逃走了之。日寇得知消息，勃然大怒，扬言“跑了和尚跑不了庙”，随后又将张宅占了下来，作为日寇宪兵队的司令部。

青浦解放后，张宅被政府收没，一度作为上海市建工集团下属的建筑培训学校。2019年，青浦新城公司出资按原貌予以修缮。

张宅是青浦老城厢保存最好的民国时期民居建筑。鉴于其独特的历史和建筑价值，2017年被公布为青浦区文物保护点。

（文/王辉）

国民党军统青浦特训班旧址

2009年4月，电视剧《潜伏》在各大电视台热播。电视剧中的主角余则成曾参加国民政府军事委员会调查统计局（简称“军统”）在青浦举办的特训班接受培训，后来加入共产党，长期潜伏在军统。余则成参加的第一期特训班就是在青浦西溪小学内举办的。

1937年8月淞沪会战爆发，戴笠为了在上海周边地区化整为零、在日寇占领区进行游击战而培养中层军事指挥人员，在苏浙行动委员会成立之后，征得蒋介石同意，成立了“青浦特训班”。11月初，“青浦特训班”在青浦县城小西门的西溪小学（原为丰备仓旧址）内正式开班，这也是热播剧《潜伏》中余则成的“母校”——“青浦班”的原型。当

军统青浦特训班旧址

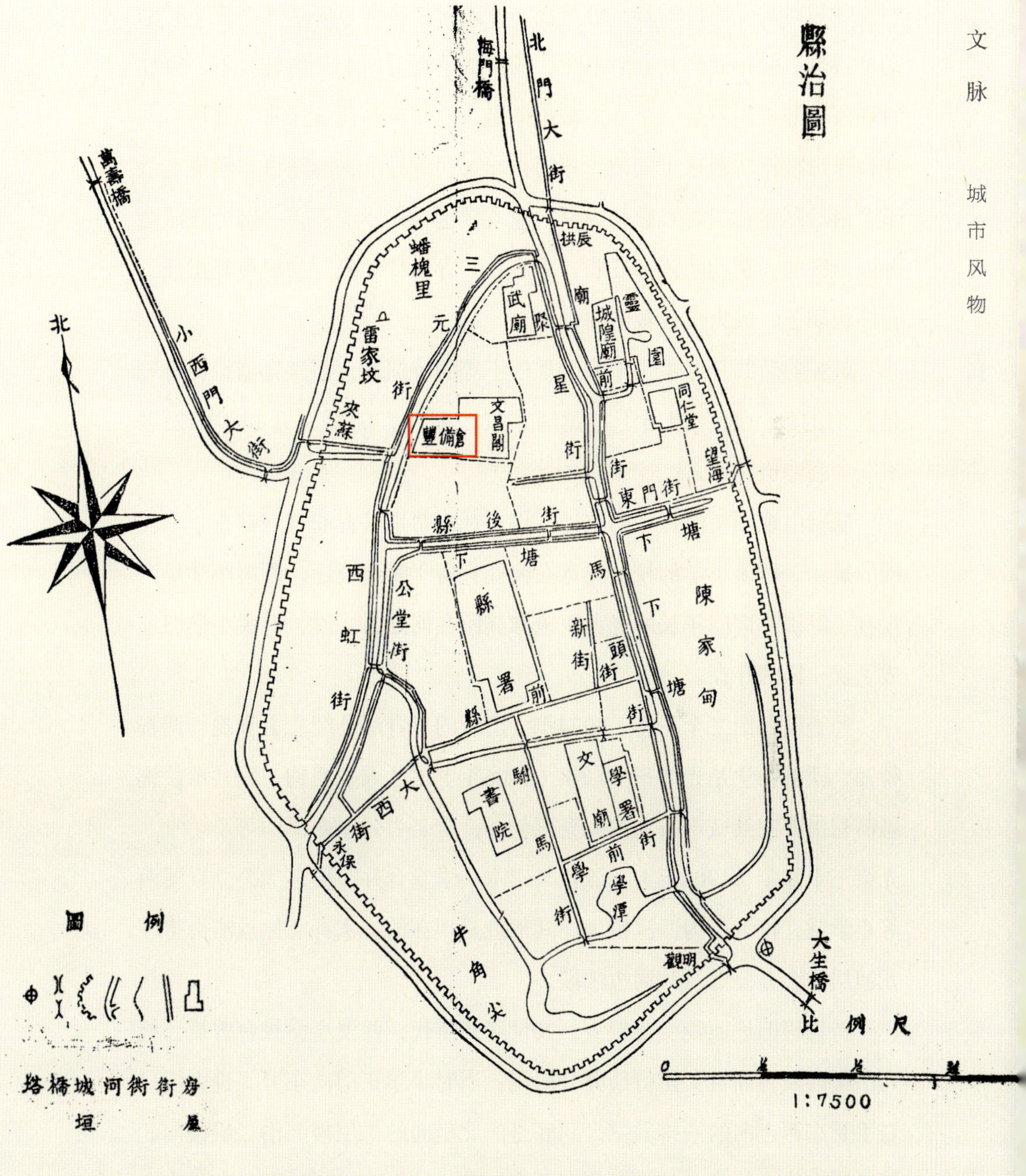

《青浦县续志》记载的丰备仓西溪小学位置

时很多青年学生怀着抗日救国理想而加入“青浦班”，学员有400人左右。戴笠对这一期特训班十分重视，开班时亲自前来做了一个多小时的动员报告。但特训班开办后不久，淞沪战争爆发，形势急转直下，青浦特训班“开班还不足一个月，被迫撤退，他们经苏州、溧水、繁昌、九江，于12月辗转到达了安徽省祁门县。”兵荒马乱，沿途许多学员走散了，最后到达祁门时人数约为百人左右。这些人毕业后，一部分被派往苏浙地区的各别动队残部任职，大多数“青浦特训班”的成员都担任了营连级职务，成为抗日救国的骨干。

戴笠前后共开办了八十余个规模不等的特训班，而“青浦特训班”是其中的第一期，相当于“黄埔军校一期”，随后又开办了“松训班”“临澧班”等。

随着电视剧《潜伏》的热播，许多观众特别是青浦观众都有一个相同的疑问，西溪小学的校址究竟在何处？由于时过境迁，西溪小学早已没有了踪影，询问年长的老者也未知其所在何处。一时，西溪小学旧址成了谜一样的存在。

经查阅民国二十三年（1934年）出版的《青浦县续志》和现场调查得知，西溪小学是光绪三十二年（1906年）由邑人王鸿钧、程其章、施恩需租借青浦县城丰备仓32间仓廒创办，全名为公立西溪两等小学堂。光绪三十四年（1908年），该校与崇本小学堂合并，更名为公立崇溪两等小学堂，校舍仍为西溪校址。其地址是现在的支家弄北侧盈浦街道三元河居委会办公处及其周边区域。

特训班旧址面貌变化较大。20世纪50年代，西溪小学校舍曾被公检司法部门及青浦机关招待所办公所用。当时小学正门向东开，进大门口右手是东西走向的一排教室，到底是南北坐向的二层楼。沿二层楼向北第二进东为大礼堂，礼堂西侧东西走向有一排教室，再后则是南北走向的楼房与教室。所有房屋四面相围的中心地带即为一个大操场。1997年建设青浦宾馆时，大多数建筑被拆除，仅保留南侧第一排教室与二层楼房。二层楼房除屋面改为琉璃瓦外，其他部分基本保持了原来风貌和格局。该建筑坐西朝东，五架梁、五开间，现为盈浦街道三元河居委会，应是国民党军统青浦特训班唯一保存的建筑物，可能为培训班教工楼或教学楼。

在老城厢区域内，颇有历史意义的国民党军统青浦特训班旧址——西溪小学，可作为民国文物建筑而加以保护。

（文/张建明）

青浦一中的“状元楼”

走进青安路上的青浦一中的大门，就看到一栋坐北朝南的老式二层教学楼。原来这里有东西并排的两栋红瓦白墙大楼，它们建于1953年，曾是青浦县中学的前身——青浦简易乡村师范学校、青浦师范所在地，后来并入青浦县中，成为初、高中俱全的青浦中学。随着青浦教育事业的发展，1999年，青浦中学高中部迁入新校舍，同年，青浦区第一中学在此创立。虽然青浦一中经历了多次改建和大规模扩建，但一直保留着这两座大楼，因为它见证了青浦基础教育的发展历史，已作为政府认定的文物保护点，受到保护。

在这座教学楼里，先后培养出一批批优秀学子，如《文汇报》高级记者潘四根，华南理工大学教授汪国强，《上海文学》常务副主编、作家周介人，上海舞蹈学校校长凌桂明，上海理工大学教授吴兆林，中国

原青浦中学校门

工程院外籍院士、澳大利亚“两院”院士顾敏，三维光学成像理论的国际权威顾大为、金建秋博士，沈慧敏研究员等，他们都曾在这栋教学楼里伏案苦读，毕业后再继续深造的。因此，老城厢居民喜欢这座富有灵气的大楼，称它为“状元楼”。

青浦县中的初中校舍原来在老城厢和睦街，就是原青浦二中的校址。1964年，县中初中要全部迁入青安路校舍。各班级教师负责带领自己班级学生，搬运自己的桌椅。于是，从老城厢城中南路拐到公园路，一直到青安路新校园，一路上出现了大迁徙的景象：孩子们两人一组，抬着课桌椅，排着长队，鱼贯前行。大家兴高采烈，走走停停。路上车辆行人都为孩子们让路，也有市民踏着黄鱼车来帮助学生们搬运。

当孩子们进入青浦县中学大门，最先映入眼帘的，就是这两栋红瓦白墙的二层大楼，它们在当时显得是那么伟岸、整洁。教室就在大楼里，面对着宽阔平坦的操场。大楼两层都是一间间教室，每一间都窗明

今“状元楼”

状元楼旧影

几净，阳光充足。中间设有教师办公室，大楼尽头还有宽敞的乒乓球活动室。后来，随着青浦县中学扩大招生，北面又造起设计新颖的教学大楼，高中班全部迁入。学校增设了条件完善的化学、物理实验室和图书馆。北面还建有大礼堂兼学生食堂和学生宿舍。另有一排黑瓦白墙的矮平房，是上海籍和外地教师的宿舍。学生们就在这样优越的学习环境里努力并快乐地成长。

当时的学生大部分来自各乡镇的农村，是通过考试择优录取的，因此他们倍加珍惜这样优越的学校生活。学校除了正常上课和活动，每天都有早自习、晚自修。教师的作息时间是跟着学生走的。在“状元楼”里，无论是早、晚自修课，都能听到琅琅读书声，看到教师辅导的身影。学生还常常把住宿的任课老师请到教室来答疑。学生学习非常刻苦，在晚上熄灯铃后，老师常催促还在苦读的学生，赶快回宿舍休息。一些有潜力的孩子，如顾敏、金建秋博士，在初中阶段就已经崭露出学习的主动性和自律性。已故的张祉瑠老师回忆说，后来成为作家的周介人在初二时就学会了写稿组稿，还常常在大楼走廊里凝视天空，构思诗歌。“状元楼”曾是他们成长的摇篮。

“状元楼”里也有丰富多彩的活动。学校邀请先进人物进校园和学生交流；学生当小记者，在教室里学习排版、刻印蜡纸出快报；听完雷锋故事后，学生们做好事不留名；有班级把食堂每天浪费的粮食通过“算一算”活动，警示全校节约粮食……这些活动不但锻炼了学生的组织能力和动手能力，更在潜移默化中促进了学生道德思想的健康成长。

“状元楼”之所以能为国家各行各业输送高素质人才，结出桃李满天下的硕果，是因为青浦中学一直秉承“崇德务实、育才成才”的初心，教师恪守“团结、严谨、创新”的校风，学生践行“勤奋、踏实、主动”的学风。

（文/钱昌萍）

青浦区青少年活动中心

青浦区青少年活动中心，其前身是青浦县少年之家和青浦县少年宫，创建于1964年6月1日。现有两个校区：华科路校区、城中北路校区。

自成立以来，青浦区青少年活动中心秉持“活动中开发潜能，全面中凸显个性，引导中促进发展”的办学理念，以努力办学生喜欢的校外活动为办学目标，对本区青少年科技、艺术、群众文艺和少先队等校外活动进行指导、协调和服务。其基本工作职责包括：一是策划组织青少年科技、艺术、群文和少先队等校外活动；二是对创新潜质突出的拔尖学生进行培养；三是通过各种培训活动指导和服务基层学校科技、艺术等课外活动；四是对社会教育资源进行开发与利用。

20世纪80年代的青浦县少年宫

目前，青少年活动中心已开设各类科技、艺术兴趣培训班和社团150多个，为青少年提供全面发展的教育服务；策划各类大型活动，涉及舞蹈、器乐、声乐、模型、科技创新等多个领域，为青少年提供展示自我、锻炼能力的平台；积极与中小学、社区等建立合作关系，共同开展青少年实践活动，引导广大青少年在实践中锻炼能力、增长见识，同时培养他们团队协作精神和社会责任感；积极开展礼仪教育，引导青少年树立正确的道德观念和行为习惯，致力于为青少年提供一个健康、快乐有益的成长环境。

（文/沈大钧）

青浦区青少年活动中心华科路校区

老城厢文化三馆
——青浦文化馆、青浦博物馆、青浦图书馆

公园路上的曲水园以前叫中山公园。新中国成立后，公园沿街就是最早的县文化馆，文博、图书工作都由文化馆兼管。1958年以后，文化馆分成文化馆、博物馆、图书三馆，实行“三块牌子，一套班子”管理。工作人员有了分工，三个馆就像孪生兄弟在一起工作。直到1978年，“三馆一园”才开始独立建制。

青浦文化馆

青浦解放后，在原民众教育馆基础上重建新馆，配备五名工作人员。1954年，按国家统一规定，改称青浦县文化馆，馆舍在中山公园内。文化馆的主要任务包括时政宣传、科学普及、图书流通和文化娱乐等，同时还兼管文物博物等工作。1958年，博物馆、图书馆单独命名，但三馆仍在一起办公，归文化馆统一管理。直到1978年，三馆才各自独立建制，博物馆、图书馆陆续迁出。

1953年2月，文化馆举办首届民间音乐舞蹈会演，挖掘并整理了青浦田歌等一批优秀节目，其中赵巷田歌被选送至北京演出。

1974年，公园大门两侧平房被拆除，次年沿街建成四层文化大楼，共776平方米。文化馆独立建制后，设创作、文艺、美术摄影、后勤四组室和朱家角、练塘两个分馆。文化馆还负责各乡镇文化站的业务辅导工作，以辅导群众文艺创作和文艺活动为主，组织乡间的交流演出，承办全县大型的节庆文艺演出。此外，文化馆还举办文艺创作、戏剧、音乐、美术、摄影等学习班，文艺创作和演出水平逐年提高，新人新作不断涌现。青浦享有“故事之乡”的美誉，小戏创作和演出也在市郊名列前茅。文化馆还编辑出版了《淀山湖》油印刊物和《青浦文艺》铅印小

报，给业余作者搭建发表平台，促进文化信息交流。同时，文化馆在公园路的人行道上建成了约60米长的灯光画廊——“青浦美术界画廊”，定期编辑布展摄影、美术作品。这不仅是青浦宣传中心任务的窗口，也是业余摄影美术爱好者的创作园地，成为公园路上的一道风景。

“文化大革命”结束后，为了满足广大群众的文化需求，文化馆从全县招收了一批有才艺的青年男女共二十多人，开办了“青浦文艺青年训练班”（简称“艺训班”）。学员们的学习、排练、住宿都在大楼里。文化大楼里常常传出的丝竹声，吸引行人驻足聆听。“艺训班”排练了多出京剧样板戏和业余作者创作的小戏和曲艺节目，并组成小分队到各乡镇巡回演出，深受群众欢迎。“艺训班”的年轻人锻炼出了一专多能的本领，他们演出都是自己搭台、制景，乐队也是自己的。1979年，“艺训班”结束。在文化大楼里成长的他们，有的进了专业剧团，有的升学、就业，大部分回乡后在乡镇文化站从事群文工作。这批群文骨干现在虽已年过花甲，却仍活跃在青浦的文艺舞台上。

20世纪80年代，为满足广大群众的文化生活需求，文化馆紧缩办公用房，挖掘潜力，强化群众参与的阵地活动，并增设文化书场、音乐茶

20 世纪 70 年代的文艺游行

民间舞狮队
在游行表演

座、录像放映、卡拉OK厅等有偿服务项目。每天自由进出文化馆大楼参与娱乐活动的有本镇居民、上街农民、外来务工者等，据统计每天可达上千人次。

为抢救青浦县民间文化艺术遗产，1987年，在县委、县政府和上级有关部门的指导下，文化馆承担起全县23个乡镇的民间文艺普查工作。先后办班培训140名普查人员，走访了293个行政村，专访千余人次。经过两年多努力，陆续编纂成民间故事、歌谣、谚语、器乐曲、舞蹈五套《中国民间文学·上海卷·青浦分卷》资料本，为青浦保留了珍贵的民间文艺瑰宝。

曲水园花墙和大门外，正是文化大楼东侧，这里自然形成平坦的广场。每逢重大节日，文化馆都会在这里搭台，邀请各乡镇的优秀节目在这里展演，有时是日夜两场。每年炎夏，文化馆还会举办广场纳凉晚会，每次演出都有数百名观众围观。1996年举办的“青浦县乡镇企业文化节”，除了沿街设摊展出企业产品介绍，文化馆还在公园路城中北路交汇处的广场搭建了简易舞台进行演出，两处广场的演出活动相得益

青浦区文化馆外貌

彰。广场演出是群众文化的大舞台，各乡镇文化站也纷纷效仿。重大节庆期间，广场文艺活动成为文化馆工作的一个组成部分。

永远充满活力的文化馆，直到2001年才迁址到公园路80号“青浦科技文化大楼”，开启了服务于青浦人民文化生活的新篇章。

青浦博物馆

1958年10月，青浦县政府配备两名专职干部进入博物馆工作。当时条件虽然简陋，但博物馆仍完成了两项重要工作：一是对全县文物古迹进行了三次普查，先后公布了三批共32个文物保护单位；二是1960年，青浦县博物馆会同上海市文物管理委员会的专家，对崧泽古文化遗址进行了两年的发掘，出土了大批珍贵文物，震惊中外考古界。

1978年11月，博物馆独立建制，并于1980年迁入县城隍庙，自此，大量珍贵文物得到了恒温、防潮的安置库房。1982年起，博物馆对重固福泉山古文化遗址多次进行发掘工作。1984年，陈云同志为博物馆亲题

20世纪50年代的青浦博物馆

门额，青浦县博物馆于1985年1月21日举行揭匾仪式，正式对外开放，同时举办福泉山出土文物展览，部分珍贵文物被送北京参展。

1986年，经批准，青浦全县文物保护单位25处，其中9处为县级保护单位。1987年12月，博物馆新建一幢仿古两层陈列大楼，建筑面积2247平方米，其中陈列面积1000多平方米。楼上展出崧泽、福泉山等遗址出土的文物，楼下则为地方史陈列，介绍青浦历史沿革和历史名人。

青浦被誉为上海之源，博物馆建成后名声大振，不但吸引本县各界人士，也吸引了外省市和国际友人前来参观。1988年博物馆被列为县青少年教育基地，也是了解青浦古文化的教育基地。

博物馆直到2004年迁址青浦新城东部的崧泽广场，才结束老馆使命。现在的新馆占地14700平方米，设施一流，成为新青浦的一张文化名片。

青浦图书馆

青浦图书馆于1958年成立，附属于文化馆，当时只有一名干部管理图书阅览工作。书报阅览室和图书外借处设在中山公园（今曲水园）

青浦区博物馆今影

陈云同志题词揭匾

的凝和堂东、西厢房。1960年，在公园路人行道边，建了一间简易无梁房，作为开放式的书报、杂志阅览室，阅览室大受市民欢迎，读者络绎不绝。随后，工作人员增至五人。1975年，四层文化大楼建成后，底楼和二楼为图书馆使用。1978年图书馆实现独立建制后，专职干部增至11人，工作分工更完善，开始按照采编、资料、外借、阅览、辅导进行分工。图书馆还对全县农村图书室进行辅导，建立图书集体外借网点，并设置一百多个流动图书箱。1982年，图书馆添置“流动图书车”一辆，定期下乡送书和对乡镇图书室进行辅导。

1987年，图书馆搬入城中北路大桥北桥堍的新建馆舍。新馆占地4000平方米，四层大楼东面为书库，西部底层是报刊阅览室，二层是图书阅览室，底层门厅中间是图书外借处，四楼则设有可容纳百余人的演

青浦区图书馆今影

讲厅。1988年，在大楼南面又建成一栋854平方米的三层楼房，作为少年儿童图书馆，暂由图书馆管理。

图书馆积极开展各种读书活动，包括举办征文演讲比赛、讲故事活动、智力竞赛、家庭读书知识竞赛等；同时举办业务培训、绘画书法辅导班等；还编印关于农业、水产业的科技小报，为科技兴农提供服务。

1990年，青浦图书馆受国家文化部表彰，并派员参加全国交流会。

2007年，青杏科技图书馆并入青浦图书馆，青浦图书馆随之迁入夏阳湖畔犹如水上宫殿般的新馆。

（文/钱昌萍）

老城厢电影院
——中苏友谊馆、青浦剧院、青溪电影院

老百姓爱看电影，新中国成立初，老城厢曾在“解放篮球场”“溜冰场”等广场放映电影，这一场景至今仍让老人们记忆犹新。青浦电影放映事业随着城镇的发展而逐步完善。

中苏友谊馆（青浦电影院　青浦会场）

公园路上的东原大厦，是中苏友谊馆的旧址，俗称小电影院。1951年，在青浦中苏友好协会会长张瑞钟的倡议下，由社会集资兴建了这座专业剧场，并于1952年秋落成，冠名“中苏友谊馆”。这里设有舞台，可供小型剧团演出，场内设木条靠背长椅，可容纳八百余人。1954年，彩色戏剧片《梁山伯与祝英台》在此上映，轰动一时，场场爆满。同时，该影院还开了引进国外译制片的先河。

1965年，中苏友谊馆划归电影管理站管理，并更名为“青浦电影院”，场内长条凳改为连排翻板单椅；舞台配备了演出灯光设备，成为县里集放映、演出、会议三用的场所。老城厢从此有了室内的电影院和

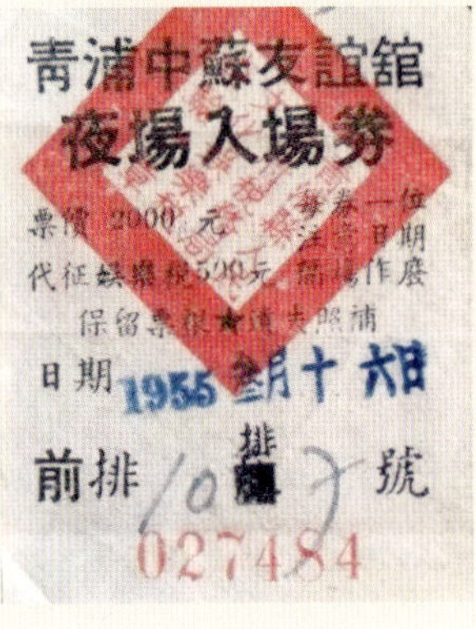

1955 年中苏友谊馆夜场入场券

文艺演出的正式舞台，城厢老百姓对此欢欣鼓舞。1973年，因为“青浦剧院”建成，这里又更名为“青浦会场”。

随着城厢文化建设的不断完善，古老的“青浦会场”已经完成了它的历史使命，于1993年被拆除，原地建起了由外商投资的青浦第一高楼“东原大厦”。

青浦剧院（青浦电影院）

为满足城厢居民的需求，城厢镇人民政府于1959年初在城中南路建成了一座大礼堂。当时，作为县城所在地的城厢镇，竟没有能供专业剧团演出的剧院。后经县政府批准，此大礼堂由县文化科接管，并整修成为专业剧场。改建后的剧院，观众厅长35米、宽25米，有木质翻板座椅1414只；舞台高6米，宽11米；后台设有150平方米的化妆间，另有食堂

1952年，青浦县中苏友好协会创建本县第一个电影放映队
图为放映船下乡

和可容纳60人的演员宿舍。同年5月1日，剧院邀请上海新华京剧团前来开院演出，名角王少楼率团参加。后来上海歌舞剧团、上海芭蕾舞《白毛女》剧组、上海沪剧院等，沪、越、滑稽、木偶等各种戏曲团体都曾在此有演出活动。青浦锡剧团排演的《江姐》等剧目也都曾在此公演。剧院还配备了电影放映设备，所以剧院也兼放电影。

1973年，青浦剧院由县电影管理站接管，并更名为青浦电影院。电影院安装了新座机，添置了宽银幕放映设备。1985年，又安装了立体放映设备，翻新剧场沙发座椅，从此青浦人看电影又上一档次。电影院不仅兼容各种剧团来青浦演出和群众文艺演出，也是县里重大会议的主会场。后又经三次重大翻修，还安装了冷气设备。

青浦电影院设施虽然日趋完善，但随着家庭电视机的普及、港台影视碟片风靡和小型录像厅的涌现，大型电影院终究抗不住电影放映业务的滑坡。无奈之下，青浦电影院于1992年租赁给上海万国证券公司，成为证券交易所。

青溪电影院

青溪电影院坐落在城中北路海盈路口，始建于1986年10月，占地面积2016平方米。东侧另有商业用房。电影院观众厅是全封闭的，院内装有抽风冷气设备，共有1020只软座。门前有水池景观，晚上开放灯光喷泉；周围有两米宽的绿化带，沿马路有防护围栏。这是青浦改革开放后新建的一座设施完善的专业电影院，于1988年9月29日举行典礼并正式对外开放。青溪电影院位于城中，影院设备完善，周边空间环境宽敞优美，旁边商店林立，曾一度成为老城厢的娱乐中心。

进入21世纪以后，随着经济发展，人们对文化娱乐生活的要求更高。国内电影和引进的影片片源丰富，市区大电影院已经开始改造成多间小型放映室，可以同时放映多部电影，任观众有选择观赏。2010年，青浦工人俱乐部率先改建成这样的新型电影院。随着城厢区域扩大，大型商业网点建成，并增设多室并存的新式影院，这无疑冲击着大型影院。

青溪电影院已经完成它的历史使命。影院拆除后，根据城市规划，在原址新建“盈浦街道文化体育中心大楼”，并于2018年揭牌开馆。这座现代化、多功能的活动中心正富有活力地焕发着青春。

（文/钱昌萍）

青杏科技图书馆

青浦县青杏科技图书馆于1984年初在县前街落成，同年6月14日举行开馆典礼。上海市政协副主席、市委统战部部长张承宗以及专程从香港赶来的熊知行等参加了开馆典礼并剪彩。

该馆的筹建从1980年开始。当时，熊知行博士与上海市委统战部部长张承宗联系，由上海市委书记汪道涵批示同意而定案。1982年开工，1984年落成开馆。老一辈无产阶级革命家陈云同志题写了馆名。

图书馆占地面积2000多平方米，建筑面积1400多平方米，由一座三层主楼、两座单层建筑物和开放式围墙组成。整个建筑设计新颖，结构别具一格，环境舒适。

主楼底层为宽敞明亮的大厅、报刊阅览室、期刊库、书库、咨询服务室；二楼是图书资料室、图书外借室、书库、采编室、计算机管理中心；三楼设有电化放映室、讲座室、小型阅览室等。

青杏科技图书馆

青杏科技图书馆奠基仪式

青杏科技图书馆藏书丰富，7万余册藏书几乎都是科技图书，其中尤以港台版科技图书见长，达6千余册，居全市各区县图书馆之首。馆内藏有《世界百科全书》《大英科技百科全书》《牛顿现代科技大百科》等珍贵书籍，为沪上罕见。以后，又新增加各类科技图书3万多册，包括电子计算机技术、无线电电信技术、医药卫生知识、中学教学参考书等系列特色藏书。

馆内设报纸、期刊、书籍三个阅览室，一个专业研究室和配有电视、录音等设备的电化室，还有可藏书10万册的书库。

为丰富藏书量，青杏科技图书馆和青浦区图书馆联手，作为上海市中心图书馆分馆，与上海图书馆及各区县图书馆实现联网，通借通还，资源互补。除书刊借阅外，还提供数字资源浏览、多媒体文献欣赏、读书活动、教育培训以及电子剪报、专题检索、定题跟踪等信息服务。

以报告厅为基地，青杏科技图书馆还开设了“青溪讲坛”，面向普通大众，贴近市民生活，受到市民的关注。

青浦图书馆始建于1958年12月，经历过两次搬迁后，于2007年7月迁入夏阳湖上的浦阳阁。8月28日新馆正式开馆。12月28日，青杏科技图书馆与青浦图书馆合并，搬迁到新馆。

浦阳阁由著名设计师马清运设计，其形态仿佛两条波浪由湖岸延伸至湖心。在开放式的楼顶花园与夏阳湖水景、环湖园林的交相映衬下，这座被誉为“水上图书馆”的建筑成为上海地区最具特色、环境最优雅的图书馆之一，让读者在体验阅读的乐趣之余再添一份精神上的享受。

青浦区图书馆（青杏科技图书馆）拥有馆藏纸质文献近40万册涵盖古籍、现代图书、期刊、多媒体、特种文献、电子资源等文献资源优势，并形成了一系列的专藏体系。新馆依托丰富的馆藏文献、先进的计算机网络技术及专业技术人员，为企事业单位和个人提供咨询、检索多种文献服务。

此外，新馆还可提供定题跟踪服务，依托图书馆和互联网海量资源，为国家机关、企事业单位开展信息咨询、媒体监测和报送等服务，提供多样化、服务个性化的便捷的资讯服务。

（文/沈大钧）

青浦广播站

广播、电视历来是党的重要宣传工具，是党和政府的喉舌，也是联系人民群众的桥梁和纽带。广播电视在宣传党的路线、方针、政策，普及法律知识和科技知识，反映人民群众的需求和呼声，以及活跃人民群众的精神文化生活方面，起到了十分重要的作用。

青浦广播站位于青浦镇庙前街，起步于1950年。那时，它被称为青浦广播收音站，站内只有一名工作人员，全站的设备也只是一台五灯直流收音机。收音站的主要任务是收抄当天的气象预报和重要新闻，供县领导部署工作和布置生产时参考。第二年县政府购置了一台50瓦扩大机，在中山公园（现曲水园）和县文化馆门前装了2只高音喇叭，每天傍晚转播电台节目和口播县内新闻。

1955年底，青浦开始筹建县有线广播站。当时全站有4名工作人员，即站负责人、机务员、播音员和外线员各1人。全县重固、朱家角、练塘等5个区9个乡通了广播，安装了59只喇叭。1956年1月12日（春节），青浦有线广播站正式对外播音，这是青浦人民的一件特大喜事。然而，由于缺少资金和材料，当时广播只能借用电话线传送节目，因此每天下午5时半到晚上7时半播音时，电话服务只得停止使用。

1956年底，广播站借用邮电和供电杆子附挂广播线。1959年底开始，青浦镇至朱家角镇架起了第一条自立杆子、自己架线、自送广播讯号的广播专用线。此后，随着有线广播事业发展，逐步形成了县、乡（镇）、村三级广播杆线网络。

据李训义《广播电视并蒂花，绚丽多姿共相妍》一文记载，据统计，1956年底全县喇叭数仅为420只；而到了1959年，喇叭数发展到13500多只，平均每5户农民有1只喇叭。全县实现乡乡建转播站、村村通广播喇叭的目标。进入80年代，全县广播喇叭数增加到10万多只，喇

1956年2月10日，青浦县第一只有线喇叭在里浜村播音

叭的入户率和通响率也分别在85%和95%以上。

1989年10月15日，青浦开始筹建电视转播台（后改为青浦电视台）、有线电视台和调频广播台。1990年春节，有线电视开始对外试播，青浦成为上海郊县最早建有线电视的地区之一。由于电视节目图像清晰，收看效果明显改善，有线电视迅速普及到全县20个镇。市、县、镇三级有线电视联网后，有线电视的节目增加到25套，全县有线电视用户超过42000多户。

1990年11月8日，青浦电视转播台筹建成功并正式开播，高达121米的铁塔上架起了无线电视发射天线和一套调频广播天线阵面，从此青浦人有了自己的无线电波。青浦电视台建立后更名为青浦县广播电视台。

1991年7月1日，调频广播对外试播成功，从此改变了青浦县单一靠有线广播传输广播信号的状况，青浦的广播电视向多种传媒手段发展迈出了重要一步。县广播电视台每天广播3档节目，电视播放1档节目。电视除了转播有关电视台节目外，还自办了一些新闻节目。广播内容除转播中央台、市台新闻外，还自办青浦新闻，设置多个专题栏目，曾播出《雷锋精神又回来了》《回顾三年历程》《劳动者之歌》《青浦夜市》《青浦风采》等节目。

1992年7月1日，青浦电视台正式宣告成立。

1998年1月18日，青浦镇上的标志性建筑——青浦广电中心建成。广播电视发射塔高168米，塔身高在92～104米之间建有旋转平台一座，面积266平方米，每55分钟旋转一周。塔上安装红、绿、蓝三色组成的照明彩灯，并设有自动程序变换。每逢节日夜晚，华灯初上时，中心电

青浦广播电视中心 ▽

视塔便成为青浦镇的一大景观。青浦广播电视中心的建成并正式投入使用标志着青浦的广播电视事业从此跃上了一个新台阶。

（文/凌耕）[1]

1 本文凌耕根据李训义《广播电视并蒂花，绚丽多姿共相妍》一文辑录。

青浦中医医院

青浦中医医院建于1981年12月，当时院址为青浦车站路的原环城镇卫生院，后在此基础上改建而成。2006年11月，医院搬迁到青安路95号新址。它从一家上海中医药大学实习医院逐步发展成复旦大学中西医结合研究院临床基地、长三角一体化发展示范区中医联合体中医医联体单位，并于2023年创建市红十字会医疗机构。

中医院首任院长为何承志，他是一位德高望重的上海市名中医，他出身于中医世家，为竿山何氏中医第27代传人。何承志对一些比较难治的肝胆病有较为丰富的临床经验，他运用自己总结研发的“金胆排石汤”治愈了难以计数的急慢性胆囊炎、胆结石患者，受到了社会和业界的好评。后来，上海国家制药厂根据他的处方制成中成药“金胆片”，销往全国和世界各地，获得上海市科技成果三等奖。

青浦区中医医院

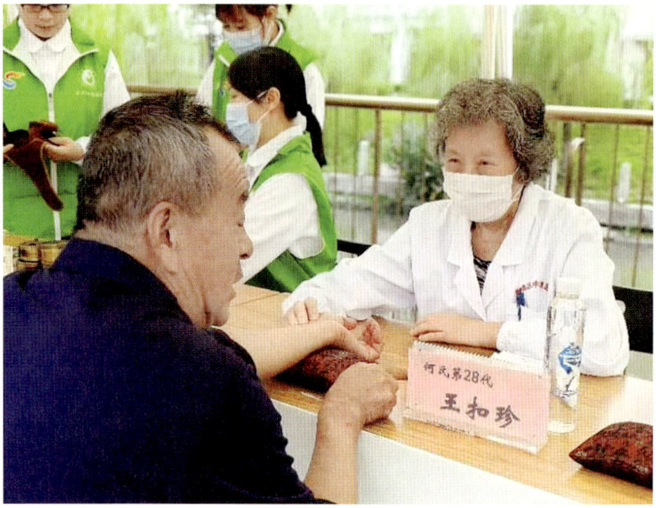

中医院医生在为病人治疗

中医院秉承“传承、发展、厚德、济世”的院训，为中医院的健康发展做出了贡献。在历届中医院领导和医院医务人员共同努力下，医院于1994年通过了国家中医药管理局二级甲等医院等级评审，2013年又通过等级复评审。此外，医院还在2005至2012年连续4次荣获“上海市卫生系统文明单位”称号，2013年至今连续荣获“上海市文明单位”称号。

经过多年发展，中医院设施设置逐步齐全，已配备彩超、胃肠镜、腹腔镜、CT（计算机断层扫描）、DR（数字化X线摄影）等先进设备，并将于2025年内引进MRI（核磁共振 ）设备。有了先进的检测诊断设备，医院更注重中医的特色治疗，运用针灸、推拿、康复等中医治疗方法，结合中药敷贴、熏蒸、塌渍、艾灸、拔罐、电针等多种手段治疗。尤其是针对老慢支、气喘、慢阻肺等一些冬令易发的慢性病，采取“冬病夏治”的传统方法，从大伏天开始，运用本院研发特制的中药敷贴进行治疗，疗程一般为半个月，受到了病家的好评。到了冬令季节，医院又由本院主任专家进行膏方调理，收到良好效果。

目前，中医院已形成针灸科、肛肠科两个“十一五”国家级农村医疗机构中医特色专科，其中针灸科为区领先学科，肿瘤专科为区重点学科。医院常年定期聘请上海华山医院、上海中医药大学附属龙华医院、上海市中医医院、上海第六人民医院、上海第一人民医院等多家三甲医院的主任级医生开展诊疗带教工作。

医院积极推广名老中医工作室的传承模式，建立了中老名医工作室，以实施中医药的继承、发展、创新工作。目前，中医院有全国基层名老中医工作室、上海市名中医工作室等共计4个。

经过四十多年发展，中医院核定床位300张，实际开放床位308张，科室以及服务项目日趋增加。医院运用中西医结合方法，对常见心脑血管疾病、恶性肿瘤、呼吸内科疾病、内分泌疾病、消化系统疾病、肾病等治疗取得了显著疗效。近年来，年门急诊量达60万人次左右，年出院患者8000人次左右，年手术量3000人次左右。

作为上海市红十字会医疗机构，青浦中医院在市场经济大潮中，秉承和坚持“救死扶伤，发扬革命的人道主义精神”，在社会上获得了良好的声誉。急诊室的医务人员面对突发事故送来医院的急救患者，采取第一时间先抢救治疗，然后再联系家属或相关部门结算抢救所用医疗费用。这种人性化服务的举措得到了社会各阶层的一致好评。

坚持正确的办院方向离不开党建引领和院党委的坚强领导。近年来，中医院把改善医疗服务与深入推进党史学习、“我为群众办实事”实践活动相结合，以高质量发展为目标，打造“三优三展现”举措见实效。“三优”即优质服务、优质秩序、优质环境，“三展现”即展示文明形象、中医药文化、人文关怀。为落到实处，院领导班子下沉到各科室进行座谈调研，收集到职工对医院发展的意见和建议88项，然后一一得到改进与落实。

针对提升学科内涵和更好地为市民服务的目标，新一届领导班子制定了一系列措施，加强中医人才传承培养，提高专病专科能力。目前，

中医医院内何氏世医资料陈列馆

医院开设了老年科、疼痛科、康复科、睡眠科等7个专病专科门诊。根据区卫健委第五轮学科建设和人才培养计划项目，医院通过培养和遴选，推出2个名医项目、1个名中医项目、 8个学科带头人项目、3个特色专科项目、5个重点学科项目、14个医苑新星项目等，并参加了区级评审。为提升临床救治能力，年内又开设肺病科、脑病科、心病科等特需门诊服务，聘请上海各大医院专家来院定期坐诊，以满足患者对诊疗服务的需求。

在高温季节，中医院组织医务人员配合中铁上海工程局集团为一线工人提供防暑降温和急救的科普指导。面对上海示范区线5标项目部的紧张施工情况，医院积极为地铁朱家角站到西岑站的高架区间以及涉及河道改造、钻孔桩、承台墩身、连续梁的施工工作提供医疗支持，配合中铁集团严格落实各级防暑降温、防汛防台等应急举措，确保工程如期竣工，安全完成各项目标。

中医院始终把“救死扶伤，实现革命的人道主义”精神放在首位，以“中西医结合”的诊疗方式，在青浦以及长三角地区赢得了良好的口碑。由于国家财政拨款有限，有的工作尚在酝酿之中。坚信困难终将突破，前景无限美好。

（文/戴仁毅）

庆华新村

庆华新村是青浦老城厢的第一个新型社区，位于青浦青安路西侧。该社区于1978年由上海六泉房地产开发有限公司承建，总建筑面积26000平方米，总占地面积24000平方米，共计房屋2310户，户型面积为介于40.32至77.98平方米之间，建筑为砖混结构。

庆华新村所在地原是“叫化浜”和农田，开始只有一个片区，名字就叫庆华新村。随着不断发展，新村越长越大，一直向北发展到新泾港新村。为了便于管理，庆华新村分为一、二、三、四，四个村。

一村竣工入住时，还被和上海“棚户区”相仿的“叫化浜”[1]破旧草房（也有少许瓦房）所包围。一村北面，现在的庆华菜场是一个池

庆华二三村

1　叫化浜：“叫化浜”的意思来自“叫化子”即乞丐。解放前有外地难民逃荒、逃难来到青浦城厢安生，部分人汇聚在城厢北门街后面的空地，搭棚居住，那里有个较大的池塘，时间久了，都叫“叫化浜”。

塘，池塘东、北、西都是乱搭乱建的破旧草房和瓦房，一家要住七八人。现在的庆华幼儿园原来也是成片的草房。而幼儿园南面有一幢明清建筑，相比那些草棚显得比较高大，里面的住户自然都有一定的社会地位。

紧挨一村南面的是公交系统的几栋两层瓦房，被称为“17间”，因可住17户而得名，这是公交系统最好的住宅区。再过去就是青浦唯一的轮船码头和公交局机关了。

庆华一村东面是青浦县人民医院（现为青浦中医院，中山医院青浦分院的前身）。有人说，庆华新村是青浦的南京路黄金地段。庆华新村确实是好地方：医院、幼儿园、庆华小学、青浦一中、车站、公园都在旁边，生活非常方便。

庆华新村户型比较小，和后来的住房不好比了，但在当时是唯一的有水电和抽水马桶的新房，住着感觉也蛮大了。那时住房实行分配制，需交房租。能在庆华新村分到一套住房是相当不容易的。庆华一村里面曾住过副县长沈全福、工商局局长董金荣等，还有人民医院的“主刀”医生和各科资深医生，以及众多教师。

县文化局只分到一套，在9号楼。要房的人很多，但剧团人并不知道。很偶然，剧团在商榻演出，剧团成员看见县委书记井继金和一个干部模样的同志在走廊孵（晒）太阳。就叫他：“老井——”老井是个很亲民的县委书记，他就过来和大家聊天，大约聊了一小时，听一个演员说住在12平方的柴间里，三代同堂。书记看了他一会说：庆华新村已经在分配了，你先去跟局里要。那演员就给当时的局领导写了分房申请，陈述住房困难。过了几天局长就找他，叫他去拿钥匙。

这位演员直到现在40多年没换过房，他说没钱买房，但感觉陋室虽小，地段不错，还有些纪念意味。

几十年弹指一挥间，庆华新村一晃老了，成了老旧小区。房子的墙面因年代久远痕迹斑驳；水管、电线都已经老化；下水道经常堵塞，有时还停电。没有规划机动车位，环境可谓脏乱差。

2018年3月，庆华新村被列为青浦区“美丽家园”老旧小区综合改造试点，改造内容有以下五方面：

一是“平改坡”。上海是最早实行“平改坡”策略的城市，有非常强的实用主义导向。1960至1980年，为缓解住宅紧缺，上海曾建设了一批外形类似“火柴盒”的老式公房。但由于建造年代较久、建设标准偏低，保温隔热性能较差，冬冷夏热，居民苦不堪言。于是给楼顶“戴帽”加房顶，解决了冬冷夏热的大问题。

庆华新村内景

二是“整容”，称为“老被面上绣花”：墙面涂脂抹粉，道路整容，停车位改造，绿化景观升级等。

三是进水管、下水道、煤气管全部更新。

四是改两次供水为直接供水，取消了楼顶水箱。

五是道路、环境整治。现在的庆华一村环境整洁，焕然一新。

整个小区经过整改，宛若新生，令人倍感整洁舒适。每天清晨，居民在傍晚走出家门就能赏景，跑步、健身，生活品质明显改善。

庆华新村是青浦城厢最早的新村。经历也最丰富。起初，这里是小孩多；后来结婚喜事多，三天两头有嫁娶喜事；再后来，新上海人多，每户已经换了七八乃至十来批户主，最终多数房屋都变出租房，现在居住的大多是本地老人和外来建设者。

（文/龚建国）

白玉兰广场

随着城市化进程的加速和社会的发展，城市建设和改造也在经历着重大变革。城市化的快速推进使得城市空间变得日趋紧张，传统的“大拆大建”式的城市更新早已不适合这个时代，取而代之的是城市微更新。相比于大刀阔斧式的拆建更新方式，城市微更新就显得温和许多，更加满足市民的“公园就在家门口”的需求。其中，“口袋公园”就是城市微更新的产物。

“口袋公园”，也称袖珍公园，是一种规模不大，直接为附近的居民提供一种美化环境、公共交往、休闲娱乐、文化展示等功能的城市开

民防工程改建利用前的白玉兰广场原貌

白玉兰广场里的祖孙两代

青浦白玉兰广场导游图

放空间。小、精、美是“口袋公园”的特点。作为小规模的绿色公共空间，“口袋公园”完全适应城市建设发展趋势的绿色生活理念，因而备受群众欢迎。

青浦白玉兰广场就是一座充分利用城市的民防工程和城市的边角空间，为市民提供休闲娱乐场地的“口袋公园”，也是在盈浦街道辖区内众多的“口袋公园”中最受好评的一座。

白玉兰广场位于青浦老城厢中心，北接公园路，西临城中南路，东靠聚星街，南接城中东路，占地面积15332平方米。这里在建成广场之前，仅是一处占地3846平方米的闲置多年的民防工程。

民防工程，即人民防空工程的简称，也叫人防工事，是战时掩蔽人员、物资，保护人民生命和财产安全的重要场所，也是实施人民防空最重要的物质基础。不具备防护功能的地下建筑不能称作民防工程，只能统称为普通地下室。

2000年，在旧城更新、新区建设中，白玉兰广场因地制宜，在不影响民防工程的使用和民防工程的防护能力的同时，利用了原有的民防工程加以改造，做到地尽其用，见缝插绿，最大化地利用现有空间资源。

青浦白玉兰广场的落成，为附近居民提供了一处休憩交往场地，不仅增加了城市的绿化覆盖率，提高了城市居民的生活质量，还彰显了民防造福人民的理念。

广场里的植物以上海市花白玉兰为主，广场上植被茂密，绿树成荫。高低错落，品种丰富的植物形成的绿化空间，如同一个隐藏在闹市中的天然氧吧，成为市民购物之余最喜爱驻足的休憩场所。每年春季，广场上白玉兰和各种花卉次第绽放，争奇斗艳。这里浓情绿意的满园春色也吸引了许多市民乘车前来寻香赏花、拍照打卡。公园里还建有儿童活动乐园、象棋角等，可满足不同群体使用需求的设施。

随着市民生活水平的不断提高，近年来青浦区私家车保有量持续增长，出现停车设施供不应求的紧张局面。为缓解群众停车难的问题，进一步发挥民防工程平战结合的最大效益，提升民防工程利用率，2021年，青浦区民防办在“推进民防工程公益化使用”的精神指导下，对闲置的地下民防设施实施进一步改造。此次改造内容包括修补民防工程结构裂缝、修缮防护门、墙面和地面重新装饰、完善消防系统、重新设计安装管线设备等，并依据现行规范中停车库的通风及防排烟要求，补充并完善进、排风系统设备及管道，既满足战时防护要求，又满足平时防火的要求。改造后，闲置地下民防工程增加了30余个固定停车位。该改造工程当年施工、当年竣工，并成为2021年区民防利用的精品工程。

改造后的青浦白玉兰广场园内的游道硬质面积达到2200平方米；在公园中又增添了新的健身设施，灯光设施也更完善；园内高矮各异的乔灌木搭配得相得益彰，健身步道和休闲坐凳一应俱全。广场上，每天都有孩子们在儿童活动区域嬉戏玩耍，晨练、散步的人群徜徉其中，跳广场舞、交际舞、健身锻炼的市民更是络绎不绝。这座“口袋公园”人气十足，让周边居民全天候游玩都感觉到更加安全、方便、舒适、惬意。

不能不说青浦白玉兰广场堪称是青浦区民防工程改造利用的一个典范案例。

（文/李叔年）

青浦美术界画廊

位于桥梓湾商业广场东侧的曲水园，是上海五大古典园林之一，闻名遐迩。曲水园建于清乾隆十年（1745年），至2025年已有二百多年历史。而曲水园画廊则是园中一个重要文化元素，也可以说是青浦的一座美术馆。虽然门口挂有程十发题写的“青浦美术界画廊”的牌子，但人们还是习惯称它为“曲水园画廊”。

进仪门，过凝和堂，穿过回廊，便是喜雨桥边的得月轩。长60米的得月轩临水而筑，分上下两层，办书画展几乎是浑然天成。古人金二溪在其诗中写道：“楼台暝色深，此间月先到。画壁素光流，纵横披荇藻……”这预示着得月轩的“画壁”元素可以成为一个艺术画廊，也证实了当代水彩画家、原青浦画院院长岑振平的眼光和情怀。

2010年世博会召开之前，区政府找到岑振平，表达了在曲水园办画廊的意向，这也正合了岑振平的心愿，让青浦的画家书法家在此有一个展示艺术才华的园地，有一个艺术交流平台，也有一个展示青浦文化艺

青浦美术界画廊创始人岑振平

术的窗口。于是，岑振平在曲水园有了一个工作室，并开始了他的画廊规划。

画廊一般每半个月更换一次展览，二十四年来已举办了五百余场次。参展者包括青浦画坛的张自申、王宣明、舒迟、石禅、李振东、冯氏三兄妹（冯正平、冯正纲、冯正辛）、陈大健等画家，也有青浦书法名家诸如徐家铮、余维廉、钟则钧、陆长辉、张卫东、池颖华等人。除此之外，曲水园画廊还推出了盈浦社区离退休老干部和区内外书画爱好者以及长三角吴江等地书画家的作品。

说起青浦画坛，自有大家。其中，张自申堪称翘楚。他曾任上海大学美术学院院长，其以矿工为题材的油画《第八盏灯》，表现了煤矿工人的生活场景。该作品通过描绘矿工在光线暗淡的矿井中眼睛发出的光芒，带给观众强烈的视觉冲击力。画家不仅画出了矿工们的形象，还表现了他们内心的情感与灵魂。张自申系列作品已收藏于中国美术馆，其中以革命为题材的油画《强渡天堑》等作品，更是被中国革命军事历史博物馆收藏。此外，他的许多以青浦水乡为题材的油画肖像画以及在曲水园写生的风景画，也为人们喜欢与赞赏。张自申的油画题材多种多样，除了红色经典《南湖曙光》等作品外，还有一组京剧人物脸谱，生动传神。尤为令人赏心悦目的是一幅现代版的仕女图，该作品吸引了不少观众的眼球。仕女图中的人物端庄美丽，身姿婀娜，尤其是一对眼睛，莹润灵动，透出江南少女的青春婉约之美。观赏过陈逸飞的《夜宴》等油画后，不难发现，张自申的这幅仕女图在艺术表现上有异曲同工之妙。

曾经担任上海牡丹画院院长的王宣明，师承张继馨、唐云、程十发，专攻花鸟画中的牡丹画，他画的牡丹博采百家之长，以墨色滋润丰满、摇曳多彩生动著称。近几年来，他的《牡丹画谱》等在上海人民美术出版社、上海书画出版社出版后，受到读者欢迎，其中《画牡丹十

青浦美术界画廊举办画展

招》先后再版七次，成为畅销书，为画坛并不多见的热门现象。为普及国粹，丰富社区市民精神生活，王宣明也曾应盈浦文化活动中心邀请，辅导社区书画爱好者学习牡丹画创作，让学花鸟画的绘画爱好者收获多多。

此外，舒迟的水乡水印木刻和国画作品贴近生活，朴实淳厚；石禅的写意花鸟古朴简练，不失空灵；陈大健的老虎画作栩栩如生，虎虎生威；还有徐家铮、余维廉的行书，陆长辉的小篆，李振东的狂草，赵福良的隶书等各有千秋。在岑振平主持下，曲水园画廊致力于推出名家，不薄新人。二十多年来，画廊始终保持着万紫千红、百花齐放的格局。画廊曾展出青年女画家徐凤的工笔花鸟画展，以及女画家杨红的水彩画、退休邮电职工的山水画、区委老干部局的书画作品，都给人们留下了较深的印象。由于画廊的影响力与日俱增，还吸引了长三角地区和上海其他地区的书画家在曲水园画廊展出他们的作品。难能可贵的是，画廊还不定期展出青浦本地的少年儿童的绘画作品，如《梦的世界》和《油画新芽》两个画展，受到了老师、家长、孩子们的喜欢和赞扬。

曲水园画廊是盈浦社区文明之窗的一道风景，也是盈浦社区海纳百川的艺术长卷。

（文/戴仁毅）

水城门

青浦环城水系公园的地标性建筑，就是坐落在淀浦河与漕港河交汇处的通漕水城门，市民习惯称它为青浦水城门。

顺着淀浦河逆流而上，徜徉梦蝶岛，通漕水城门巍然屹立，散发出浓浓的文化古韵，唤起人们深深的乡愁记忆。

该水城门横跨漕港河，中间一个大拱，两边各三个小拱，城门洞上两个汉隶大字——“通漕”。灰白色包砖砌筑的基座厚重沉稳；城门楼则是重檐歇山顶的仿古木制瓦檐楼，暗红色城楼沉稳而高贵。水城门端坐在缓缓东流的漕港河上，两岸有石阶可以攀登到城门上俯瞰。水城门的台阶有并列三条，是颇有庄严感的御路踏跺[1]，中间台阶上部铺着大幅石雕，一面是展现农人耕种、稻谷抽穗、仓廪充实的丰收图景，对岸另一面是浦鸥翻飞、千帆竞渡、逐浪航行的漕运盛况。水城门上城台开阔，城楼面阔三间，进深两间，整体风格雍容大度，古朴典雅。斗拱上刻有精致的木雕，屋檐上的瓦当和滴水有精美的雕饰和文字，形成一道波浪形的风景线。

在古代城池建设中，引河入城，要穿过城墙，必然要设水门，也叫水关，利用它控制进水和出水，既防止水患，也可使城内有生活用水，便利舟楫通行，更重要的是防御外侵，固守城池。翻开档案，青浦城池营建和修缮史历历在目。青浦县始建于明嘉靖二十一年（1542 年），县治青龙镇。嘉靖三十二年，青浦县被撤。万历元年（1573 年）复县，选定唐行镇为县治。镇无城垣，知县石继芳主持修筑。万历二年（1574 年）城墙告成。据万历《青浦县志》记载，城墙一千多丈约等于 3330 米至 3600 米，旱门五，水关三，南曰“跃龙”，西曰“通漕”，北曰

1　御路踏跺：此为建筑术语，一般用于宫殿与寺庙建筑，这种台阶中的斜道又称辇道、御路、陛石，坡度很缓，是用来行车的坡道，通常与台阶形踏步组合在一起使用，称为御路踏跺。

“充赋”。周边居民进城，多需划船从水城门进入。一座不到一千平方米、地形呈龟背形、串联五浦水系的青浦县城轮廓基本形成。

时代变迁，青浦古城墙和古城门历经风雨侵蚀、兵灾人祸而颓毁。光绪十五年（1889年）重修城墙，重建通漕水关。“粉垛齐排，丹楼再上，映带远峰，蔚为佳胜。”这是清代青浦籍进士、乾嘉学派重要学者王昶对古城墙壮丽景象的描述。此后，又经抗日战争，老城厢遭受日寇飞机轰炸。至新中国成立初期，近四百年的青浦古城墙损毁严重，部分坍塌。1958年，古城墙和古城门被拆除。

目光聚焦在水城门的翘角飞檐，昔日古城墙内外的繁盛依稀可辨。楼门两旁有大幅木刻楹联：“曾记漕中舟楫盛，难忘海上水源长”。“先有青龙镇，后有上海滩”，青浦长者都知道这句老话。墓葬考古发现，6000年前上海先人就生活在青浦崧泽，这片濒临东海、草本茂盛的沼泽之地，是上海先民最初的家园。

青浦境内湖荡密布，河塘纵横，盛产稻米、鱼虾，是典型的“鱼米之乡”。其重要的地理位置和丰富的物产创造了漕运的辉煌。史书记载，漕粮航线以青龙镇为起点，经吴淞江至苏州，进入江南运河至扬州，而后北上至京都。虽然元代以后就以海路漕运为主，但江河漕运的

青浦水城门

涛声仍是中国古代漕运的主旋律。可以想见，当年的水城门俯瞰宽广的河道，城内外一路烟波浩渺，最繁盛的就是漕粮运输路线，最常见的就是漕船的身影。

凭栏远眺，微风拂面，烟波浩渺。水城门城楼上还有一副楹联："四水一城南园北榭卌里烟波皆入画，三街八镇夏日春华千年雨雪尽归尘。"青浦河港属黄浦江水系，淀山湖处苏沪交界，水系畅通，是航运要津。此地人杰地灵，人文荟萃，四海向往，历代文人到此游历，留下无数名诗佳句，白居易、范仲淹、苏轼都曾在此游历。

水城门城墙垛上，有环城水系公园建设前后对比的巨幅照片，变化令人惊叹。昔日杂乱拥挤的滨水空间，历时三年多，全线贯通，百湖连通，千河成网，以一座没有围墙的水系公园形象地演绎了"上善若水"的城市精神。环城水系公园犹如一首水与城的古体诗歌，一幅繁华与宁静的城市长卷，一条风景旅游和历史追溯交融的文化载体。

水是青浦祖辈崛起的根基，也是青浦未来发展的依托。如今，打造长三角水上客厅的过程中，青浦作为唯一与江苏、浙江接壤的区域，水城门必定会以开放的姿态迎接八方来客，融入长三角一体化发展。

（文 / 王继红）

青浦双桥

飞越大青浦，俯瞰美“双桥”。由上海绿地集团下属绿地建设集团承建的青浦区迎世博工程——西大盈港双桥，于2010年4月正式通车。大桥位于淀山湖大道，该主桥结构体系为中承式无推力交叉钢拱桥，单座钢拱桥共三跨，主桥全长201.96米，单线总长度为503.56米，两桥面各宽为26米，双向六车道。

青浦双桥项目在设计理念上希望为这个城市创造一个既有象征意义又兼具经济实效与前卫时尚的建筑体，实现了建筑美学与结构功能的统一。几组交叉拱梁的结构营造出“横看成岭侧成峰”的视觉效果，连接两拱之间的风撑形成螺旋双曲面，为桥面空间注入了美妙的动态与活

西大盈双桥 ▽

力，宛如一道美丽的彩虹。所有拉索与桥面铆接点分为人行道内侧与桥板外侧两组，形成非对称的平衡关系，时进时退的拉索为桥面空间演绎出脉脉的音律，亦为桥外立面素描了忽明忽暗的优雅体态。

西大盈港双桥作为青浦城区扩展后的一个重要地标，是连接青浦新城区城中西路与淀山湖大道直达朱家角的关键节点，犹如一颗光彩闪耀的明珠镶嵌其中。城中西路延伸段位于规划青浦新城的中片区和西片区，作为规划发展主要轴线道路不可或缺的组成部分，串接了城市主体的商业文化及行政中心。该桥的建设极大加强了青浦各区域的通达性和连贯性，为新城区西片区的进一步发展创造了必要的条件，是青浦新城“东进西扩，先西后东”发展战略的必要举措。同时，双桥处在绿色宜居的滨水新城，是通往定位为休闲旅游的朱家角古镇的关键节点，其独特的设计理念和造型有效提升了青浦的新形象和竞争力，带动了周边房地产、商贸、旅游业的繁荣发展。

这座沪郊独树一帜的青浦大美双桥，设计者以改善两岸平淡地貌为出发点，巧妙构思出为青浦新城勾勒两道连绵起伏的灵动山脉的意境。为了呼应路面与河道之间夹角的动态关系，拱梁从桥的一侧跨到另一侧，变化的跨径同时引发了拱高如山脉般的起伏，为桥面空间注入了美妙的旋律与活力。

深入到构造节点，两拱脚着地处的节点以及拱梁与桥板侧面相切处的节点。由于拱梁与桥板之间有相切或相交的关系，使得所有拉索与桥面锚接点也分为人道内侧与桥板外侧两组。此外，该桥梁以“非对称的平衡”作为方案主题之一，呼应了DNA（脱氧核糖核酸）双螺旋结构形态，寓意着青浦新城无限的勃发生机。

西大盈港双桥的建成，不仅完善了淀山湖新城的基础设施，也奠定了“一城”发展的基础。西大盈港双桥犹如一幅巨型的剪影，桥外立面忽明忽暗的优雅体态不仅具备交通功能，同时兼具较高的景观性和城市地标性。双桥所跨越的西大盈港作为环城水系公园的重要组成部分，见证了青浦新城约21公里骨干河道的华丽蜕变，由原先的小水渠、小渔村变成了现在的市民共享、四季有景的活力水环，串联起多样的滨水开放休闲空间与特色节点。

伫立大桥中央，仿佛沉醉于一座桥、路、河交织而成的硕大博物馆；又似乎置身于一处人、车、商汇流成市的，前程似锦的集聚地。大桥东首，修建后的城中西路与漕盈路大四岔路口周边的商业地标吾悦广场，以及东渡、青筑等大新社区，让新青浦的新商贸、新业态、新民居更显特色。

在当今全面贯彻落实青浦“一城两翼”发展总战略的征程中，需要青浦人民继续发扬西大盈港双桥建设中展现的艰苦奋斗、协力拼搏、团结向前、不畏艰难的精神，抢抓历史机遇，加快发展青浦新城建设，以双桥为纽带连接青浦东西两翼跨越式、现代化大发展，努力把新青浦建成“美江南之城，大上海之门”。

（文 / 高雪原）

青浦上善桥

有水的地方自然就少不了桥的身影。在占地约150万平方米的青浦环城水系公园中，分布着形状各异，大小不一的桥梁三十多座。这些桥梁如同展翅欲飞的彩蝶，用各自独具的秀彻风韵和妩媚身姿将公园装点得如诗如画，景色宜人。其中，位于盈浦街道区域内的上善桥更是众多津梁佳丽中最为卓尔不群、独领风骚的一座。

上善桥坐落在青浦环城水系公园的上达河与毛河泾、金泾江等水流交汇处。其名字会让人很自然地联想到“上善若水”这一成语的美好寓意。

它是一座比较罕见的一桥通三岸的连体桥。其奇巧的建筑构思，使桥面在蜿蜒回转中自然地将周边水域连接成一体，同时也将水、土、人紧紧地连在一起，通向彼岸，走向远方。

该桥整体采用新型建筑材料，展现出轻巧纤秀、流畅挺拔的曲线之美。桥身通体洁白，在桥的三通连接处，一柱擎天，将纵横交错的梁檩

夜色中的上善桥

连接撑起，形成一个硕大的、镂空的穹顶。晴朗的夜晚，游人驻足穹顶之下，仰望星斗阑干，如梦如幻，仿佛置身天上人间。这种抽象又夸张的艺术造型，既呈现出柔美的南方之秀，又兼有北方的刚健，使之充满了时代感和时尚气息。

一桥通三岸。上善桥向西一岸通往暇心驿站和庆典广场，驿站里有茶座、自动售卖亭、报刊浏览架，为游客提供贴心周到的服务，广场周边设有休闲座位。这一侧的桥面最宽，从这个角度仰望上善桥，恰似一泓清泉顺流而下，很是壮观。向东一岸通往休闲绿地，从这个角度观赏，上善桥又似一条柔美的绸带在水面上随波飘荡，游人可对桥的全貌一览无余。通往南岸的一段桥面最短，却挽起两段河道。在这里，上善桥敞开热情的怀抱，桥面直抵贺桥公寓外的幽静街区，似在接引社区居民前来观赏美景，陶情适性。

在上善桥的附近还有春来桥、德泽桥、城中北路桥等大大小小、建

上善桥

筑风格各异的桥梁数座，在蓝天绿水的烘托下与上善桥争辉竞美。

古往今来，不知有多少地方曾以桥梁之美而扬名于世。如众所周知的“周庄双桥”，只因她的一幅油画，使曾“养在深闺人未识”的僻静水乡——周庄，在 20 世纪的 80 年代，一朝名扬海内外。还有巧夺天工的赵州桥，在 1400 多年漫长的岁月荡涤中，虽然经过无数次风吹雨打、冰雪风霜的侵蚀和数次地震的考验，仍能安然无恙，巍然挺立在洨河之上，让中国桥梁建筑史从此彪炳于世。

今天的上善桥已经成为青浦环城水系公园中最为靓丽的景点之一。我们有理由相信，魅力无限的上善桥将乘着青浦大开发的翅膀，经过岁月的洗礼，她的芳名也能同周庄的双桥、河北的赵州桥一样，冲出国门，隽誉远播。

（文 / 李叔年）

盈浦街道社区文化活动中心

盈浦街道社区文化活动中心启用于2018年6月，建筑面积8430平方米，是一座集艺术美育、体育健身、图书阅览、科技创新、电影放映、旅游咨询服务点于一体的现代化、多元化文化活动地标建筑。中心坚持文化惠民，做到文体服务天天有、观剧看展月月有，赛事活动定期有、公益服务常年有，是青浦区唯一一个365天不打烊，服务时间至每天21点的中心。

中心通过“文商体旅校农展”融合，赓续文脉、聚焦人脉、激活商脉，努力打造成一座“没有围墙的文化活动中心”、移动式“市民大舞台”、沉浸式传统文化体育基地。每年举办各类活动、赛事2000余场，服务居民群众近50万人次，中心已成为盈浦街道全域居民心中的一片“文化沃土”。此外，中心获评“第九届全国服务农民、服务基层文化建设先进集体”、上海市示范社区文化活动中心、上海首批儿童友

市民在水城门进行健身操等活动

青浦区盈浦街道社区文化活动中心外貌

好城市阅读新空间、上海市街镇（乡镇）图书馆示范馆等荣誉称号并申报盈浦街道端午龙舟民俗项目为青浦区“非物质文化遗产”项目。

附：盈浦故事

盈浦街道位于上海市青浦区中心区域，承载着百年老城厢的历史记忆，也是青浦新城发展的核心区。2016 年，盈浦街道成立“盈浦故事宣讲团队”，创新采用线上线下融合的巡讲模式，年均开展活动 100 场次，覆盖群众超 10 万人次，成为基层思政工作的亮丽名片。

在内容创作上，团队深入挖掘本土红色资源，精心打造了《陈云红船》《情报十万火急》等系列红色故事，让革命精神在新时代焕发光彩。同时紧跟民生热点，围绕电瓶车安全、社区治理等主题，创作了《追赶》《幸福一家人》等生动的情景剧作品，通过艺术化的表达增强宣讲感染力。这些作品既传承了红色基因，又回应了群众关切，实现了思想性和趣味性的有机统一。

团队创新传播形式，线下开展“三巡六进”活动，覆盖社区、学校、商圈等六大领域；线上依托喜马拉雅平台推出音频故事，让红色文化突破时空限制。在队伍建设方面，开设“小小故事员”训练营培育青少年宣讲员，并定期举办专业培训班提升成员能力。目前团队已荣获长三角红色故事创作一等奖等近 60 个奖项，累计开展活动逾千场。

青浦知名作家钱昌萍是“盈浦故事”的重要推动者。六十年来，她深耕故事创作，从《两个稻穗头》到《故事人生》，用文字传递正能量。退休后，她就与盈浦街道合作打造“盈浦故事”品牌，培养了大批优秀的故事创作人才。她常说：“只要有人在，就会有故事。”

而作为团队智囊团成员，江玲扎根基层宣讲一线，累计参与 500 多场社区宣讲，讲演 30 多个原创故事。她既能在专业舞台上摘金夺银，又能深入社区用“小故事”传递“大道理”，展现了新时代宣讲员的风采。

未来，盈浦故事宣讲团队将继续深挖本土文化资源，创新表达方式，加强与学校、社区的合作联动，为推动基层思政工作高质量发展贡献更多力量。

（文 / 戴仁毅）

附：拾贰有声读书会

拾贰有声读书会自从 2019 年开办以来，一直坚持活动，每月一期。参加读书会的人员包括所在地居委会干部、区内外居民、企业青年员工、教师、退休职工及家住青浦的上海作家。

青浦区故事家协会会员、“盈浦故事”宣讲员江玲

钱昌萍（左一）组织故事创作活动

主持读书会的是一位青浦本土作家柴毅进，他从青年时代就热爱读书与文学，曾在青浦《湖畔》季刊以及其他报刊发表散文作品。他以灵活生动的方式，把读书会办得有声有色。读书会开办伊始就得到了西部花苑居委会党总支书记朱珠的支持。首会活动是在 2019 年 1 月 11 日晚上，大家带着各自挑选的书籍进行了交流分享，朱珠朗读了散文《人生最美是清欢》，把人们带进了茶与书、书与山水的美好境界；青浦区作家协会的程佩华朗诵了诗歌《在青浦博物馆》。两个小时的活动让大家意犹未尽。

读书会分享活动每一期都很精彩。参与分享会的读者可以得到一本分享的书籍，并让读过这本书的读者参与互动，谈一谈心得体会。在分享余华的《活着》时，徐玉华老师带着她女儿一起早早来到现场，她说："让孩子感受一下校外的读书环境，对孩子来说也是一种潜移默化的影响。"从事摄影广告的张女士感慨地说："我有些惊讶，一切那么亲切自然，他们不是念本，而是聊天式的讲解，讲得简单通俗，透亮易懂。"人们通过一部小说，不仅仅是看到了故事情节与人物的命运，更

读书分享会活动现场

作家曹伟明在分享作品《青绿江南》

是从中吸取了力量。朱珠讲解余华的《活着》时说："我们从主人公福贵的故事中看到了人生疾苦，看到了属于那个年代小人物身上的坚强、隐忍、勤劳和乐观，看到了生命的柔韧，看到了活着的力量。或许我们无法选择命运，但可以选择活着的态度，用自己的意志度过一生。"

办好读书会，柴毅进不断为自己"充电"，前往上海思南路的思南文学馆倾听作家对作品的读后感，以提升自己的阅读能力。他讲解《仰望最雅的古训》时，结合自身的家庭教育和家训，深入浅出，因而受到读者欢迎。为拓宽书迷的视野，他还请来上海作家兼书法家管继平来客串有声读书会，分享他的散文随笔集《管中窥书》。

当得知家住盈浦社区的上海作家出版了《草本多情 100 首》诗集后，柴毅进联系作者，邀请他做客有声读书会，讲一讲他的创作过程以及对于弘扬中医药文化的意义。作者从传统的草药中提炼出诗意，又让人获得一定的中草药知识，令人耳目一新。

倡导读书，陶冶性情，开阔视野，增长知识，这正是拾贰有声读书会延续不断的动力。从 2500 年前的《诗经》到国学大师王国维的鸿篇巨著，从《时节之美》到严歌苓的《芳华》，有声读书会让大家一起在书海中遨游，尽享读书的乐趣，追上时代的步伐。在青浦电视台采访时，朱珠对记者说："能够以这样的方式来荐书、读书、发声，建设书香社区，这正是我们建立这个平台的初衷。作为一名读者，也要感谢拾贰有声读书会，让人体验一把'学无止境'的快乐！"

与时俱进须读书，浪里淘沙有真金。一杯清茶醒眼目，有声得意是双赢。

（文 / 戴仁毅）

附：沉浸式文化体验

古典园林曲水园就在老城厢的中心地带，游客络绎不绝，也让上海乃至全国的游客感受到盈浦的文化氛围。随着生活需求的多样化和年轻人对文化追求的多元化，节假日里，穿上唐装或汉服到曲水园拍照写真的人多了起来，飘逸的汉服在长廊水榭、亭台楼阁间留下了姣好的倩影，也让她们在历史的时光里穿越了一回。盈浦文化活动中心也择机组织一部分爱好文艺的青年，通过编排演出，在荷花池畔翩翩起舞。田田荷叶初露水面，荷花还没有结出花蕾，在古典音乐的伴奏下，姑娘们就如含苞欲放的花朵，踩着优美的韵律起舞，舞出了东方古国的神韵，令人赏心悦目。

随着季节的更替，曲水园也是一个展示东方花卉的舞台，其中兰文化已逐步走进社区。

春雨绵绵之后，万物生机盎然。"百春方半，九畹初馨。"一场兰花盆景展就在曲水园拉开帷幕。兰花幽雅高洁，历来受到文人雅士喜爱和推崇，我国的兰文化历史悠久，早在两千多年前的《诗经》里，就有关于兰花的颂吟，其中一首《溱洧》记载了这样的诗句："溱与洧，方涣涣兮。士与女，方秉兰兮……"可以解读为："溱河与洧河，春来流水哗哗。小伙与姑娘，手中各捧兰花。"手捧兰花表达了年轻人对爱情的纯洁追求和忠贞不渝的向往。屈原在《离骚》中写道：“扈江离辟芷兮，纫秋兰以为佩。”也可见屈原不愿与奸佞小人同流合污，以兰草佩戴装饰自己，象征自己要坚持高尚的德行。唐代大诗人李白对兰草的歌咏也倾注了自己的观点，他在《于五松山赠南陵常赞府》中写道：“为草当作兰，为木当作松。兰秋香风远，松寒不改容。松兰相因依，萧艾徒丰茸。”诗人胸怀，可见一斑。写兰花的诗词绵延至今，其中有诗人白居易、张九龄、苏轼、刘克庄、杨万里、徐渭、张羽等，到了清代更有诗书画三绝的郑板桥写了不少题写兰花的诗，他也是一位专画兰竹的高手，一首《折枝兰》别有情趣：“多画春风不值钱，一枝青玉半枝妍。山中旭日林中鸟，衔出相思二月天。”即便不是诗人，历史上也有许多名人豪杰留下过关于兰花的墨迹，有“鉴湖女侠”美称的秋瑾，曾写一首《兰花》，诗云：“九畹齐栽品独优，最宜簪助美人头。一从夫子临轩顾，羞伍凡葩斗艳俦。”而被称为“少帅”的张学良也留下一首《咏兰诗》，把兰花赞誉为“花中真君子，风姿寄高雅”。纵观历代咏兰诗，犹如星汉灿烂，可见中国的兰文化底蕴厚实。

2021 年在曲水园成立了盈浦街道沉浸式传统文化体验基地，每年

在曲水园举办的兰文化沉浸式体验活动

3、4月份，曲水园兰文化展也成了市民观摩欣赏的好去处。端庄凝重的凝和堂，幽兰雅韵的花神堂里摆放着参展的各式蕙兰盆景。这些名贵的品种盆景来自长三角地区。古典建筑的厅堂里放着造型各异的兰花盆景，阳光透过格子窗映照在盆景上，尤显素雅高洁。兰花又称“九畹花”“幽兰”，她的品种仅在中国就约有1000个。她的别称和芳名之多在花卉中可谓数一数二，有蕙兰、泽兰、香祖、皋兰、十步香等几十种之多。她的名贵品种有贵妃兰、金钻兰、丹顶鹤兰、映山红兰、翡翠兰等。

春雨过后的曲水园中的牡丹园，滴滴雨露还留在牡丹的花瓣上，显得更加娇艳妩媚。盛开的海棠花、紫荆花、木绣球竞相开放，也格外诱人注目。上海植物园兰室工作人员楼凯琳在展厅给观众介绍道：“蕙兰又名九子兰、夏兰、九节兰、一茎九花等，花期主要集中在每年的4至5月。此次展览共展出蕙兰及盆景80余盆，50多个品种，还有大型兰花山水盆景5盆，以古典园林风貌为衬托，并结合独特的山石旱景进行兰花盆景创作，凸显了兰花的个性和魅力。”

百年老城厢，江南新天地。自2022年以来，上海曲水园已连续6次承办春兰、蕙兰、寒兰展和赏花会，为居民群众呈现了一场场“以兰会友，以文化人”的兰文化盛宴。如今，兰文化盆景与海派盆景的完美

在曲水园举办的兰文化沉浸式体验活动

青城微读举行分享《水韵青溪》一书的读书活动

结合，已成为了美丽盈浦一张靓丽的城市名片。

沉浸式体验的多样性，让盈浦市民分享到更多的文化滋养。其中，“青城微读”读书会也得到了社区内外市民的关注。以青浦区原作家协会主席凌耕主编的《水韵青溪》一书出版后，受到读者和文旅部门的关注。一天下午，就在曲水园听橹阁边的空地上，举行了一场“青城微读”的读书活动。活动期间，市、区作家和读者交流了采写《水韵青溪》一书的心得体会，作家王继红谈到水城门的建成，深有体会地说：“读懂江南的一座城，最好的方法就是傍水而行，去亲近它的江河湖泊。通漕水城门——仿佛就是这座城的诗眼，散发着浓浓的文化古韵，触发你所有的乡愁记忆。”作家李叔年分享道，她登上上善桥游览时，觉得这座卓尔不群的新型桥梁具有独特的魅力，让人联想到“上善若水”和“遇水叠桥”这些寓意美好的成语。“上善桥一桥通三岸，岸岸景不同。”她的话如同导游词那样，让人身临其境。主编凌耕最后总结说，《水韵青溪》是一部青浦的水系地理，也是一本最新的旅游参考书籍。这本书集青浦众多的作家和摄影家之力，经得起读者和时间的考验。一个多小时的交流，让人意犹未尽。此后，青浦诗人戴仁毅出版了诗集《草本多情 100 首》，“青城微读”又在曲水园茗香楼进行了公益

与会领导亲临现场视察指导

读书活动，出席读书交流的有区作协和原区文化馆领导、区文旅局自媒体老师、中山医院医生、区内诗词行家、学校老师和读者等，活动让大家了解了一部分草药的基本性能，又品出了一些诗意，受到与会者欢迎。

凭花说与东风知，还看盈浦多几枝。

（文 / 戴仁毅）

社区党群服务中心

党群服务阵地是党领导城市治理、联系服务党员群众的坚强阵地，是基层党组织开展工作的实体支撑。盈浦街道社区党群服务中心共四层5000平方米，是“盈浦温暖家”品牌打造的主阵地，汇集了街道各个条线、各个领域的丰富资源，满足辖区内企事业单位和社区居民的党建联建、政务服务、文化休闲、公益志愿、学习培训等各类需求。中心主要负责服务党的政治建设、服务基层党建工作、服务基层社会治理、服务基层党员群众的各项具体工作，为党员群众提供党群、生活、法律、健康、文体等“一站式”综合性服务。是青浦区首家全年开放的街镇级党群服务中心，开放时间为8:30—20:30。

中心一层设立了治理议事厅、综合办理窗口、党群综合服务区、24

党群服务中心外景

小时服务空间、小哥驿站、利通路卫生服务站等多种服务空间，是满足老百姓日常所需的“百姓之家”。二层设立了初心课堂、初心礼堂、组织生活室、两代表一委员工作室等多个功能室，是承载基层党组织仪式教育的“党员之家”。三层设立了盈新综合网格工作站、街区书记办公室、社区党校、治理学校、盈浦益加亲工作室，以集约化的形式整合基层所有资源，是推动社区和谐发展的“城市之家”。四层设立了书记工作室、劳模工作室、烘焙教室等，集党建、休闲、人才教育功能于一体，是提供丰富学习资源的“学习之家”。

中心充分发挥“盈浦益加亲”区域化党建品牌融合各类资源，通过“萌娃乐园”“书香盈浦”“花 young 盈浦”“益享新联心主题党日一起过”主题党日等活动项目，形成纵向贯通、横向联动、高效响应的联系服务群众“工作网”，以工作实招提升城市基层党建温度。同时，中心作为新兴领域党的组织体系全覆盖的主阵地，搭建街区商圈治理委员

党群服务中心内景

会，借助“议事厅”等平台征集议题，将街区整个服务体系以及新兴领域群体吸纳到议事中来，用心用情搭建好议事平台，形成街区人人互相关心、事事共同商议的和谐新风。

2004 年 10 月，设立街道党员服务中心，2015 年 4 月，街道党员服务中心更名为街道社区党建服务中心，升级成为街道所属科级事业单位。2020 年 3 月，街道社区党建服务中心更名为街道社区党群服务中心。

2005 年 11 月，办公地点位于盈中社区居委会办公楼。

2007 年 5 月，街道党员服务中心搬迁至胜利路 119 号。2016 年 6 月，街道社区党建服务中心搬迁至盈米路 17 号。2024 年 1 月，街道社区党群服务中心搬迁至利通路 66 号。

青浦环城水系公园——一座没有围墙的绿色公园

新年“大礼包”

2020年新年第一天，当阳光开始照耀大地的时候，青浦人民收到了区委、区政府送上的新年“大礼包”——青浦区环城水系公园全线贯通！当天早上，青浦区元旦迎新徒步活动暨青浦区环城水系公园全线贯通仪式在水城门举行，区四套班子领导以及全区各行各业齐聚一堂喜迎新年的到来。随着一声枪响，人们分成四路，沿着环城水系前行，满怀喜悦地用脚步丈量环城水系公园的处处美景。

环城水系公园于2016年10月开工建设，经过三年多时间的努力，完成了一期和二期的建设任务，并于2020年1月1日全线贯通。生活在青浦老城厢的市民对此感到无比兴奋。环城水系公园的建成，给老城厢带来了前所未有的全新变化。它独具匠心的设计，把环城水系打造成了一个独具水乡特色的兼顾历史文化、生态水景、健身运动和休闲旅游的综合性公园。有人将它喻为一条美丽的水城金腰带，有人说它是群众

2020年青浦区元旦迎新徒步活动暨青浦区环城水系公园全线贯通仪式

家门口的绿色公园，也有人说它是为青浦百姓打造的一个“温暖家”。它是青浦有史以来最大的民生工程，它高品质的公共服务供给、全覆盖的幸福社区建设、多层次社会保障体系、便捷通达的交通网络，全面提升了青浦市民的获得感和幸福感。

玉带串珠，美景蜿蜒

青浦因水而生、因水而兴、因水而美，水是青浦这座城市的灵性与魅力所在。早在 2014 年，中共青浦区委、区政府充分考虑青浦水韵城市的生态特点，结合新城未来发展，决心打造青浦最大的民心工程——环城水系公园，让青浦成为一座具有江南风貌和现代文明的城市，一座门户枢纽和创新智慧的城市，一座幸福和宜居的城市。

2014 年下半年，区水务局和新城公司共同商讨如何实施这个项目。2015 年上半年，形成了实施方案，经专家评审，向市水务局和区领导做了汇报，方案最终确定了下来。2016 年上半年，项目立项批复完成。

青浦环城水系公园的建设，实际上是一个青浦版的城市更新项目，是专门为青浦量身定做的生态环境治理的标志性工程。它从生态修复、环境整治、防汛安全等角度出发，致力于构建一个安全、生态的城市。而城市更新，实际上是从生态更新的角度去考虑的，也就是说环城水系公园的建设将成为青浦区生态文明建设的重要组成部分。

环城水系公园由淀浦河、油墩港、上达河和西大盈港共约 21 千米的四条骨干河道组成。这些主干河道周边曾分布着众多生产、生活的设施，像面粉厂、水泥厂等。然而，在社会发展的过程中，这些设施已经失去原有的功能，而青浦市民日益增长的关于休闲、体育、健身的需求越来越迫切。基于这些因素，青浦有关方面提出了水岸空间开放的设想，提出通过青浦环城水系公园的建设，既能够保留我们这代人的城市记忆和乡愁，又能提升城市的生态环境和满足市民日益增长的生活新需求。

青浦环城水系公园示意图 ▽

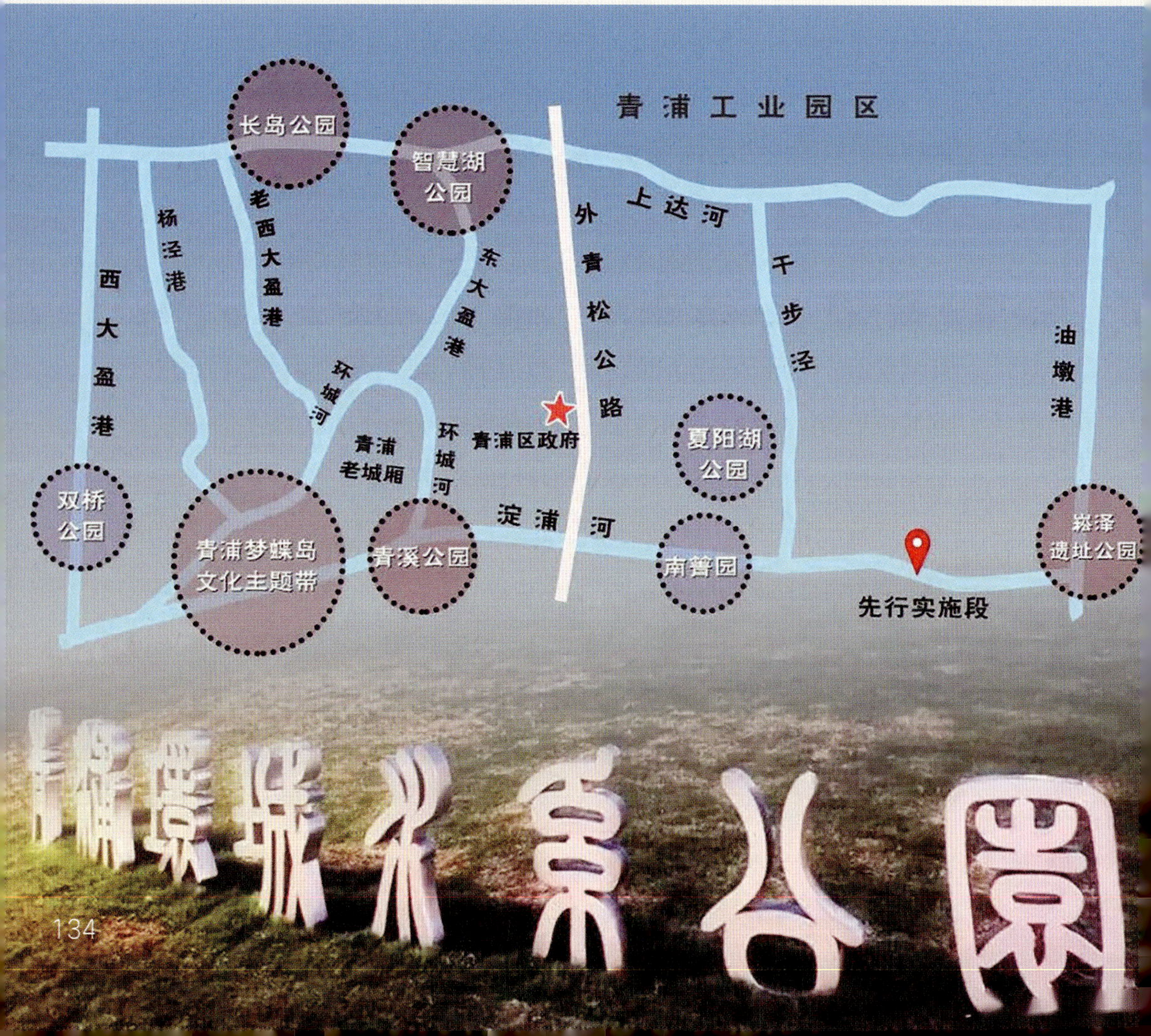

环城水系公园主打“水”概念，它点位分布离散、选址灵活，贴近百姓的生活空间。它利用新城骨干河道把周边的公园资源串联起来，如双桥公园、规划中的青溪园、长岛公园等，所有这些绿地公园串联起来形成一个水系公园。这样，水系整治好，公园串起来，仿佛玉带串珠，美景蜿蜒，核心区的居民像生活在公园里，整个水系公园也形成了一处旅游的胜景。

四定位五原则

为进一步满足人民群众公共服务需求，丰富城市景观，提升青浦的城市形象，青浦围绕核心区外青松公路两侧、上达河两岸产城融合区等地块，进一步完善新城所必需的功能，对老城区也做必要的梳理和调整，使得城市空间布局更加合理宜人。在建设中，坚持了四个定位和五个原则。

四个定位包括：一是生态修复。水系公园建设更好地利用水资源，在生态建设上有了一个突破；二是休闲旅游。青浦水上旅游的规划一直在做，但是一直没有落到实处，这次把居民的一些休闲内容加入进去，在沿线设置码头，把水上交通、水上观光旅游与沿岸的景点结合了起

绿色环道

来；三是健身运动。建设休闲运动健身场地，骑行道、步行道，为市民提供了更多的健身场所；四是历史文化。青浦是“上海之源”“上海之门”，有5000年历史的崧泽文化，青浦的“非遗”项目众多。在环城水系公园建设中，重视历史风貌的保护和老城厢风貌的保护，历史文化公园的打造也是青浦的目标。

五个原则包括：在具体的建设中，一是坚持贯通和开放原则，新建31座桥梁，增加了公园交通的便利性和可达性同时，新建内外两环约43千米的滨水绿道，形成3000亩滨水开放空间。二是坚持安全和生态原则，在青浦新城主干河道边建设时，坚持还水于民，还绿于民，两岸至少退出河道蓝线15米、规划绿线50米，为群众提供了充足的休憩空间。同时，叠加了城中村和老旧小区改造、土地收储等工作，实现了“把动迁安置房打造为城市景观房”，把最美的景观留给百姓。此外，更新改造了约28千米河岸，新建了1066667平方米绿地、林地，新增了106667平方米水面。三是坚持休闲和运动原则，新建30多处休闲健身运动场地，26千米骑行道，22千米步行道，18座码头，场内设有篮球场、小型的网球场、极限运动场等。公园里还建有水幕庆典广场、音乐喷泉以及游艇码头，体现我们水城的特点。四是坚持历史和乡愁原则，环城水系公园在城市道路的端头、有空间的地方设置了不少广场，把青浦“非遗”的元素以情景雕塑的形式植入广场，如阿婆茶、宣卷、船拳等。同时，通过App的推送，系统地展示青浦的水文化、漕运文化、红色文化、民俗文化和“非遗”文化。此外，还新建了仿古的水城门和知道书院。五是坚持智慧和管理原则，公园内无线网络全覆盖，体育设施、停车场均通过智慧城市理念进行管理，游客可通过扫码了解停车信息和预订运动设施。同时，公园内还建有茶室6座和服务驿站17座。

环城水系公园一驿站

水乡桥文化

环城水系公园在建设中注重借助载体植入历史文化内涵。因为青浦是水乡，河多水多，水多就桥多，环城水系公园设计和建设了30余座桥梁，根据功能不同，建成平直桥或拱桥，除了贯通的作用之外，还有防汛通道和优化景观的作用。为提高青浦新城的文化内涵，有关部门学习传统的方法，在桥上做起文章。一是“编”故事，提出了“一桥一名一故事”的概念。青浦的社会文化人士积极参与其中，积极搜集青浦历史上的一些文化名人，选取跟水、跟桥有关的有文化意蕴词语给桥命名。例如，有一座拱桥名为云西桥，“云西”这两个字就是用了元代著名画家曹知白的号，曹知白是青浦小蒸人，擅长山水画，他的作品《寒林图》《松林平远图》《疏松幽岫图》藏于北京故宫博物院，《溪山泛艇图》藏于上海博物馆；而另一座平桥叫丰乐桥，“丰乐”这两个字就是从陈毅同志《过淀山湖》这首诗中选取出来的，1964年夏天，原国务院副总理陈毅由市县领导陪同来到青浦，听了青浦生产和经济情况的汇报，游览了水天空阔的淀山湖，挥笔写下了《过淀山湖》诗，其中

"人人参加大生产，到处安居丰乐图"这句话表达了对水乡人民幸福生活的由衷赞美。

二是在拱桥两侧创作撰写有关桥联。除了桥名和桥故事外，学习中国传统方法，为九座拱桥创作了十八副桥联，桥联的内容以该桥所处的自然环境和桥名所含的历史人文故事为主，让游览者从中感受到水乡的历史文化和自然景观之美，以及桥联本身的一种传统文化之美。

三是为桥立碑。为宣传推广青浦历史文化典故和名人事迹。在桥边设置石碑，石碑上有书法家撰写的桥名，并附有二维码，游客用手机扫一下二维码就可以看到这座桥的故事。此外，还有很多座贯通东西、南北的"贯通桥"，如南菁园的"亭桥"，居民可以直接通过这桥去南菁园。城中北路和外青松公路两侧之间的"上善桥"，"上善"二字既是对青浦传统人文历史和地域文化特征的综合凝练，也体现了青浦人民向上、上善的价值追求。这样的贯通桥共有 24 座。桥梁是一个便民的实事工程，也是环城水系公园的一个文化亮点。

游览攻略

从淀浦河与漕港河交汇的水城门，一路穿过青浦老城厢，再到东大盈港沿线的上善广场，大约 5 千米水景徒步线路，你会发现，这里处处是风景，遍地是公园。

"水城门"是网红打卡地，也是环城水系公园淀浦河梦蝶岛区域标志性景观。水城门的定位名叫"漕通水城门"，它横架于漕港河和淀浦河交汇之处，城门旁设有停车场，一侧连着云帆广场、流泉广场、晨兴公园串联起的沿河景观，对岸有大片绿地，可以支帐篷、放风筝。节假日，"水城门"这里总是人潮涌动，游客络绎不绝，不少人前去拍照留念。登上 12 米高的"水城门"极目远眺，青浦新城的水乡美景可尽收眼底。城楼上题有"曾记漕中舟楫盛，难忘海上水源长"的楹联，青浦

“水城门”

老城厢的生活记忆跃然而出。青浦的老城厢曾设有东门、南门、北门、小西门和西门五个城门，有近450年历史。以前除了东门，其余四门都有水城门，周边居民进城，多需划船从水城门进入。如今，一座座城门、一个个箭垛消失在了历史长河中，但人们只要走上“水城门”，看一眼“水城门”，历史和现实交汇的厚重感就会涌上心头。

水草丰美的初夏时节，从“水城门”沿着漕港河往青浦城区方向走，有不少阴凉地可以歇歇脚。途经晨兴和如心两座公园，其中晨兴公园里还有沙坑，带个小铲子孩子便能乐在其中大半天。如心公园内的儿童乐园则供孩子们攀爬嬉戏，欢声笑语不断。

沿河设有自行车道，沿着漕港河继续前行，看到城中西路，就算是进了老城厢的区域了。在这里你可以走进“小西门”，随后漫步到江南名园曲水园，只要沿着河走就行！江南气息浓郁的曲水园，青瓦白墙青砖，素有“春日樱桃争艳，夏天荷花出水，入秋金贵馥郁，冬令腊梅璀璨”之美誉。水雾萦绕间，颇似人间仙境。

北门街充满着老城厢的烟火气，邻里碰见了，总要在门口闲话几句家常。而从北门街到上善桥的这段沿河小路格外幽静，还有蜂飞蝶舞。千姿百态的桥梁横卧在大小港河上，一片原生态的湿地旁，就能远眺到造型别致的上善桥。

上善广场

位于城中北路东侧、上达河与东大盈港交叉口的“上善广场”，也是颇受市民游客喜爱的环城水系公园“网红”打卡地。原来这里是一片荒地，现在建设了上善驿、上善桥、滨水观光走廊、音乐喷泉、游艇码头等景点。每当夜幕降临，音乐喷泉开启，五彩斑斓的水柱在霓虹灯照耀下梦幻迷人。

住在附近的一个老人感叹道：“以前那里人也没有，一到晚上就黑漆漆，靠走路也到不了河岸边；现在河岸打通了，河边造了公园，晚上灯火辉煌，有跳广场舞的老人、打拳的小伙子、嬉戏的孩子，热闹得很！”

环城水系公园由 21 千米骨干河道围合而成，覆盖约 24 平方千米青浦新城核心区，惠及 60 多个居民小区，36 万居民，他们成了环城水系公园建设的最先得益者。

环城水系公园建设过程中，坚持“还水于民、还绿于民”的理念，为群众提供了充足的休憩空间，实现了“把最美的景观留给百姓”的承诺，同时把青浦“上善若水”的城市精神在公园中体现出来，不但让市民生活在优美的环境中，而且能感受到青浦的历史人文，让新城有温度、有记忆、可漫步、可阅读。

（文 / 凌耕）

地铁 17 号线

早在 1910 年，青浦朱家角名宿陆士谔（1878—1944）在其创作的科幻小说《新中国》中曾有个地铁梦，今天前人的梦想终于照进了现实。横穿青浦全境的地铁 17 号线于 2017 年 12 月 30 日开通运营。

地铁作为一种高效、快捷、环保的交通工具，其建设对于缓解城市交通压力、促进经济发展等方面都具有重要意义。地铁作为现代城市的标志之一，其建设不仅能够提升城市的整体形象，还能够增强城市的吸引力和竞争力。

东起虹桥火车站，西至青浦区东方绿舟站的上海地铁 17 号线是一条从上海西部直通上海市区的快速通勤线路，全长约为 35.3 千米，一共有 13 个地铁站。其中，青浦新城站和漕盈路站都坐落在盈港路上，从青浦老城厢穿过。

地铁 17 号线虽然坐落在青浦老城厢人口稠密、人流和车流都很繁忙的盈港路交通主干道上，却可以见到地铁的设计者和建设者在设计和施工中，处处致力于保护老城厢的匠心独运和与众不同。

地铁 17 号线上加盖商业体，在有限空间中创造无限可能，让公共交通、人文商业、生态住区叠加共生。通过自然与人文交融，打造出了城市轨道交通的绿色空间和城市生态的宜居空间。

位于地铁 17 号线漕盈路站上加盖的“百联青浦购物中心”是百联旗下的又一创新重点力作，其 4.9 万平方米的建筑面积，是集文化、创意、美食、购物、娱乐休闲于一身的现代化商业体。漕盈路站的上盖除商业体外，还建有涵盖几十条公交线路的交通枢纽，使漕盈路站形成四通八达的地面交通网络。漕盈路站周边更是汇聚超过 200 个知名品牌，涵盖了购物、餐饮、娱乐等多种业态的各种商业店铺，能满足市民“吃、喝、玩、乐、购”一站式全方位的需求，为周边的居民生活带来

极大便利，

位于地铁 17 号线青浦新城站上盖的“青浦绿地缤纷城”也是一座商业综合体，商业体量达到 5 万平方米，地铁站的装饰建设基于青浦本土文化特色设计，因地制宜以青浦古镇和流水为灵感，选择“波光”与“曲线”作为核心设计元素，呈现简约、现代、科技感的建筑风格，并以“一轴三带”的空间布局串联起商业、办公及住宅片区。

这种集约利用土地的设计理念，成为保护老城厢风貌、展现老城厢

地铁 17 号线漕盈路站

地铁 17 号线青浦新城站

新时代风采的成功案例。

地铁 17 号线青浦新城站和漕盈路站的站内设计各具特色，一站一亮点、一点一特色。两站结合青浦水乡和老城厢的特点，对室内环境设计采用化繁为简的设计手法，淋漓尽致地体现出建筑之美，达到功能与美观的平衡，实现简约而明快的空间效果，既有颜值，又有内涵。

青浦新城站的设计凝结了创作者的智慧，将青浦 Logo 作为站内设计主体，展现了青浦“灵秀水乡，上海之源”的概念主题，旨在将 17

青浦 Logo 作为站内设计主体

大型水乡原生态剪纸壁画

号线打造成一条体现青浦水乡文化特色的风景线。波浪形的顶部设计与主题上下相呼应，恰似水乡气息迎面扑来。

漕盈路站的站内设计则显得又是另一番水乡情愫。

漕盈路地铁站内干净整洁，灯光明亮，一幅大型水乡原生态剪纸壁画让人感受到浓烈的“水乡文化”元素和青浦老城厢深厚的文化底蕴。青浦剪纸是青浦区的非物质文化遗产之一，起源于民间，以精致细腻、富有创意的形式表现了江南地区的文化和风情，具有强烈的装饰性和趣味性，同时结合了现代审美和技艺，形成了与众不同的艺术形式。

地铁 17 号线的周边每个地铁出入口均设置电子导示牌及导向标，为来往客人提供查询、引导服务。在周边景观环境塑造上，均结合了站点区域环境及功能定位，通过花卉植物、精致小品、城市家具等元素营造特色景观，在弱化地面附属建筑影响的同时，增添城市艺术气息，形成“一站一特色”的景观效果。

地铁 17 号线延长线 6 千米段建成通车后，坐落于青浦老城厢的地铁 17 号线上的青浦新城站成为城际铁路、市域铁路和城市轨道三网融合的关键节点，最大限度实现青浦新城与上海市区、其他新城以及江浙的互联互通，可以直通长三角。

在延长线里还建设了一个总面积约 6.5 平方千米的“示范样板区”，青浦新城站就位于“示范样板区”中央商务区南部的中央位置。预计 2028 年底实现四轨交汇后（上海示范区线、水乡旅游线江苏段、嘉善至西塘线），青浦新城站更会大放异彩，青浦新城将成为名副其实的“水乡客厅”，目前已经吸引西岑科创中心和华为研发基地等企业入驻。

（文 / 李叔年）

端午划龙舟习俗

龙舟赛，起源于古代的祭祀仪式，是人们在端午节为了祈求风调雨顺、五谷丰登进行的一项重要民俗活动，也是我国传统的水上体育竞技盛会，距今已有两千多年的历史。随着时间的推移，龙舟竞渡已逐渐演变成了一项富有竞技性和娱乐性的体育运动，成为人们庆祝丰收、团结和友谊的象征。

青浦老城厢地处滨水城区，江河交错，湖荡群集，水资源得天独厚。这里的居民傍水而居，水上运动应运而生。每年端午节前后的赛龙舟活动，让“青浦城河”成了龙舟赛场。水上，健儿劈波斩浪、你追我赶、争先恐后，龙舟如离弦之箭，百舸争流；岸上，观众追逐奔跑，摇旗呐喊，锣鼓喧天。一场龙舟赛事顿时让一座城池都为之沸腾起来！

青浦区盈浦街道自2004年成立后，每年都要举办龙舟赛事，至2025年已有21个年头。街道坚持以赛促文、以赛助旅，通过龙舟赛事传承和弘扬传统文化、丰富群众文化生活，助推文、体、旅高质量融合发展。社区龙舟赛目前已经成为青浦区“一街一品”的特色项目。至2025年，盈浦社区已有2000多人次农民龙舟队员参与市级、区级比赛，还曾代表上海市参加中国台北国际龙舟锦标赛并斩获佳绩。龙舟队员在比赛中将勇往直前和“团结、协作、拼搏、进取”的龙舟精神阐释得淋漓尽致。2023年，盈浦街道被上海市社区体育协会授予“优秀社区体育健身俱乐部”称号。

盈浦街道的龙舟赛，其实是青浦区诸多龙舟赛事活动的一个缩影。

在“百河绕村镇，千桥卧碧波”的青浦——这片古老而又充满活力的土地上，龙舟赛是一项深受广大群众喜爱的民间传统体育运动项目，已有千年历史，至今繁盛不衰。

青浦的龙舟赛事一年比一年盛大热闹，龙舟赛期里的活动也一年

2024年，龙舟赛在盈浦社区的“上善桥”下大摆擂台

比一年丰富多彩。水上动力飞人、水上摩托艇、赛艇、皮划艇、OP帆船、帆板等水上运动项目，不仅体现了青浦水乡特色，还为龙舟赛增添了激情与活力。

如今，龙舟赛不仅是一项体育竞技，更是一次民俗文化的展示表演。各种精彩的文艺表演已经成为龙舟赛上的又一大看点。江南船拳、牛角镗等武术表演以及“非遗”水墨、角里民间文艺表演等珍贵的非物质文化遗产，在龙舟赛期间得以展示。例如，传统中医、烙画、龙凤书法、手工老布扇、古琴、茶艺、上海灯彩、茭白叶编织等“非遗”项目和青浦特色项目的精彩展示，让运动员在比赛之余得以了解中华文化和青浦当地民俗，增进彼此的沟通和友谊。青浦各种民间民俗文艺展演，已经成为赛场上又一道亮丽的风景线。

龙舟赛作为一项集技巧与团体协作于一身的体育运动，对于参赛队伍的综合素质要求较高。若要举办国际龙舟比赛，对水域的要求也极为严格——需在静水水域进行，赛道不能有水草和其他障碍物，水下不能有暗流等。对赛道的高规格要求，既是对一座城市治水能力的考量，更是对城市绿色发展理念的检验。青浦经过多年的科学治理，不但河道清洁，赛道宽阔，水质清澈，而且周边社区环境优美，一系列竞赛硬件设施都十分完备，已经成为中国举办国际龙舟比赛的最佳场地。

青浦区多年来致力于推动龙舟运动的普及与发展。端午期间的区龙

2018 年，“第十届上海世界华人龙舟邀请赛”在青浦区举行

舟公开赛、中秋前后的世界华人龙舟邀请赛、社区龙舟赛、校园龙舟赛相继举办，市级龙舟赛事也不断落户青浦。青浦的龙舟运动可谓遍地开花，为推动中国龙舟运动的发展作出了积极的贡献。继举办全国“第九届龙舟锦标赛”“第四届亚洲龙舟锦标赛”之后，2009 年又举办了首届“上海世界华人龙舟邀请赛”，2024 年举办了第十二届。2011 年，国家体育总局、中国龙舟协会授予青浦区为“中国龙舟之乡”称号。

目前，上海世界华人龙舟邀请赛已经成为青浦“一区一品”的国际性重要赛事，有来自美国、加拿大、瑞士、澳大利亚、新加坡、马来西亚、菲律宾、新西兰、俄罗斯、意大利以及中国香港、中国台湾等国家和地区的教练和运动员参加比赛。邀请赛跨越了国界，超越了种族和信仰，将不同民族、不同肤色、不同语言的人们汇聚一堂，以“舟”会友，以“舟”健体，享受龙舟运动带来的激情和快乐。青浦的龙舟赛已从民间活动走向了国际舞台，在全国乃至国际颇具盛名。

“中国龙舟之乡”的美誉已经成为青浦一张的亮丽名片，吸引国内外更多游客和参赛者前来体验、参与中国的龙舟文化，推动文体旅商的高质量融合，把赛事“流量”转化成发展“增量”，为上海青浦的未来发展，赢得更多的国际关注和发展机遇，促进青浦文化和经济的进一步繁荣与发展。

（文 / 李叔年）

近代风云

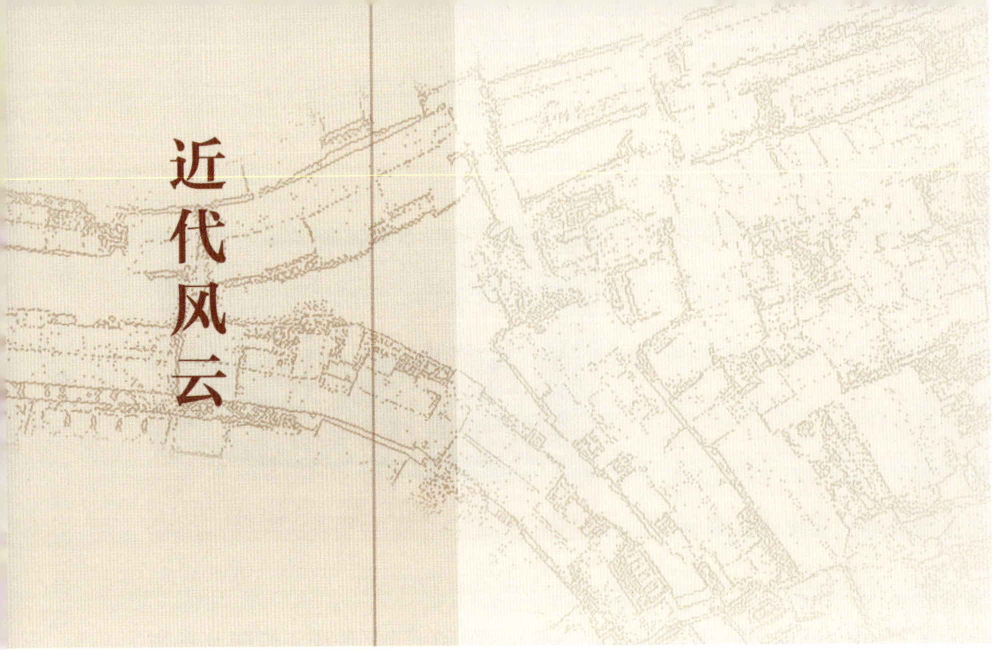

震撼上海滩的“青浦教案”

清道光二十八年（1848 年）二月初四上午，青浦县城北门庙前街上闹哄哄的，到城隍庙烧香的香客特别多，进香的除了四乡的农民，还有本镇的老百姓，大家都想祈求神灵保佑，期盼风调雨顺，国泰民安。小商小贩也聚在庙前叫卖，不过生意清淡。北门外海门桥下停了一排空空的漕粮船，街上还游荡着好多漕运水手，在向店家讨生活做。这一年，因为运河经常淤塞，又常常有灾民抢粮，所以朝廷旨令，常年靠运河北上运输的漕粮船都集中到吴淞口，改成海运。这导致许多靠河运活命的漕船水手都失业了。虽然朝廷发放了一些遣散费，但经过层层盘剥，漕工到手已没有几个钱了，根本无法活命，都心里窝着一股气。有几个漕船水手，也来到城隍庙，想求老爷开开恩，照顾照顾他们。

城隍庙门口来了三个黄头发绿眼睛的外国人，香客们看见外国人觉得很稀奇，都围了过来。这三人是英国教会的传教士，其中一个卷头发的是“中国通”，他哇里哇啦地讲着中国话，劝大家相信他们的洋教，还散发一些小册子，说这是“善书”。香客们争抢着善书，把外国人

青浦城隍庙牌坊旧影

团团围在中间。有几个漕运水手也伸手来讨，外国人双手一摊，肩胛一耸，说是没有了。水手们本来就窝着气，讲话时喉咙蛮响，想问问善书还有吗。没想到，外国人想挤出人们的包围，竟然一翻脸，抡起手里的“司的克”拐杖，要驱散大家，“咚咚咚”司的克竟然抡到漕船水手的头上！漕工水手都是身强力壮的，当然要冲上去和外国人讲理，双方争执起来。其中有一水手马上跑出北门，到海门桥去叫同事来助阵。那“卷头发”听得懂，马上拖了另外两个外国人想逃。但他们逃到城隍庙西石牌楼处时，就被北门赶过来的四十多名漕工拦住。漕工们手里拿着扁担、短棍和铁链条，和三个外国传教士扭打起来。当时也有香客看看情况不妙，跑到县衙门向知县官金熔报告，金熔晓得外国人不好得罪，马上派差役去制止，并亲自带了几名差人赶到城隍庙。他先把围观的老百姓喝开，又把那三名外国传教士护起来，搀扶到县衙门，请青浦最好的郎中来给他们验伤、治伤。郎中一看，他们都属于皮肉轻伤，上点药，问题不大。金熔县老爷就好生安慰他们，派专人护送他们回到了上海。

当时，英国人和腐败的清政府签订不平等条约，在上海划定租界。按规定外国人要到租界外的地方游览，必须在一天内能往返的路程。然而，这三名英国传教士却违反规定，跑到距离英租界九十里的青浦进行所谓的传教。这本来是件小事，谁知道英国人借口这件事，反而不罢休了，英国领事馆向清朝廷发难，要求缉拿“凶犯”，还要逼清朝廷赔款，扬言英国船只开进上海要停止交纳关税。同时，还像强盗一样拦截停在吴淞口的八百多艘粮船，不准其出海。这可是一百多万石（5万吨）贡米呀！吓得道光皇帝下令要上海道台马上派官协助青浦县缉拿“凶犯”。这下青浦老百姓倒霉了，清兵在青浦一条船一条船、一个村一个村地搜查，漕工、渔民、农民和老百姓都不太平。后来十名漕船水手被捉走，其中两人定为“首犯”，一同被送到上海。上海道台为了讨好英国人，给十个“犯人”上了枷，押到上海城示众七天！同时，上海道台低头哈腰向英国人道歉，赔偿给那三个传教士二百两白银作为损失费。英国人认定两名水手为首犯，逼着朝廷判这两名“凶犯”充军边疆，这才释放了其他几名漕船水手。这还不罢休，一闹闹了九九八十一天，直到五月初，才陆续放行了吴淞口的漕粮船。最后，英国人达到了目的——又扩大了英租界一倍多，而法国等也跟进，先后在上海划定或扩大了新的租界。

这件事是青浦漕船水手不畏外来强暴的一段血泪史，是清朝政府软弱、腐败的罪证之一，也是后来青浦“小刀会”起义的前奏。

这段事件后来被写进历史，称为“青浦教案”。

（文 / 钱昌萍）

小刀会起义在青浦

小刀会是中国的一个民间秘密组织，最早记载于清乾隆七年（1742年），主要在江苏、安徽、福建、台湾等地活动。其成立之初，是一些平民自备小刀以求互保。

道光三十年（1850年），陈庆真在厦门成立了作为天地会分支的小刀会，后传入上海等地。小刀会成员主要为上海的福建籍劳动人民和部分工商业主；此外，还有与小刀会性质相同的结社，以及本地人组成的庙帮、塘桥帮、百龙党、罗汉党等。

咸丰二年（1852年），青浦知县余龙光在岁歉之后，限期追征已豁免的漕尾，激起众怒。天地会成员、白鹤塘湾村人周立春率领塘湾、黄渡一带农民二三百人进城报荒，被余龙光诬为“乱民入城滋事”。农民忍无可忍，遂将知县拽下堂来，啮其左耳。余龙光在混乱中潜逃松江。次日，松江知府何士祈来青浦查勘，并会文苏州府请兵“捕剿”。周立春在青浦发动抗粮斗争后，南汇、华亭（今松江）、上海等县继之而起。这些斗争使各个秘密组织逐渐联合起来。

1853年，在太平天国和福建小刀会的影响下，各支力量以小刀会名义结成统一组织，推举天地会广东帮首领刘丽川为首领，准备举行大规模的武装起义。当年9月5日，周立春、徐耀等在青浦首举义旗攻占嘉定。7日，刘丽川和原小刀会福建帮首领陈阿林等在上海起义，占领县城。随即，从上海、嘉定分别出发，接连攻占宝山、南汇、川沙、青浦四县，成立小刀会政权。初用“大明国”国号，旋即改称太平天国，由刘丽川上书太平天国天王洪秀全表示接受领导。

清廷得悉后，急从围攻太平天国天京（今江苏南京）的江南大营抽调部分清军及其他地方武装，由大营帮办、署理江苏巡抚许乃钊率领，赶赴上海镇压。

9月22日，清军攻陷嘉定，周立春被俘牺牲，其女周秀英和徐耀率领部分起义军退入上海。至月底，周围各县相继沦陷。起义军在上海坚守抗敌，曾宣布豁免三年赋税钱粮，并铸造货币，发展商业，保证粮食供应，得到上海人民的拥护。

英、美、法当局曾声称对局势保持中立，但为维护在华利益，威胁清廷予以镇压。同年7月，吉尔杭阿任江苏巡抚，派苏松太道吴健彰与英、美、法当局谈判，以出卖上海海关和租界权力为代价，换取他们的支持。从此，上海海关开始由英、美、法三国委派的税务司共管，上海租界建立了独立于中国行政系统和法律制度以外的统治机构。

小刀会起义不久，外国势力与清军即在上海城北建筑围墙，以隔断城内起义军与外界的联系。1854年12月14日，法国舰队司令辣厄尔向小刀会宣战。

1855年1月6日，辣厄尔率领法军与清军配合，用炮轰开城墙，清军攻进县城，史称“北门之战”。

同年除夕，江宁知县刘存厚带领清军攻破县城。2月17日，小刀会弹尽粮绝，刘丽川率众突围，次日到虹桥附近，被江苏提督虎嵩林捕获，余部逃往镇江。轰轰烈烈的小刀会联合太平军起义，终不敌清朝封建势力，以失败而告终。

（文/沈大钧）

许其荣与青浦辛亥革命

1911 年 10 月，武昌起义胜利的消息传到青浦，青浦的革命志士闻风而起。

早在 1909 年，青浦的仁人志士就推举邑人许其荣主持成立自治局。许其荣（1863—1917 年），号咏霓，秉性诚恳耿直，不苟言笑。早年攻读科举，后目睹清政府腐朽溃败，人民疾苦难当，他更胸怀维新改革之志。1904 年，年逾四十的他，不顾祖父等家人的劝阻，毅然负笈留学日本。在日本得识孙中山，加入同盟会，开始走上革命道路。

1907 年冬，许其荣从日本东京法政大学学成归国，在上海与黄炎培等创办法政讲习所，任法学讲师，并兼任上海某报笔政，从事秘密活动，积极宣传革命理论。自 1909 年许其荣任青浦自治局总董以后，名义上为桑梓服务，实则从事建立革命根据地活动。期间，他创立自治团，招募团丁，购备枪械弹药，日夜训练，以培养革命骨干；同时，秘

许其荣像

密组织青浦同志会，发展同志，引导有志者加入同盟会。

武昌起义前夕，许其荣更是日夜奔波于青沪两地，与在沪的革命组织密切联系，探悉革命活动情况。在江苏宣布独立之前，革命党人上海陈其美、松江钮永健先后就地宣告光复，分别成立军政分府。许其荣当即于1911年11月4日遄返青浦，过家门而不入，当晚约同志会成员在曲水园内集议，策划响应革命。

当晚，许其荣亲自带领革命同志二三十名冲进县署大堂，安顿兵士暂时驻扎，以应外围之变。部署停当，许其荣与另一个同盟会会员沈葆均两人便直闯县署花厅（知县会客之地），命役差通报县令蒋清瑞。蒋清瑞早已风闻革命消息，这些日子来更是终日惶恐，吓得整日足不出户。听到差役来报，说是革命军已闯到花厅，他更是惊惶失色，犹如五雷轰顶，由差人勉强扶到堂上。一见面，许其荣就义正词严，向他晓以革命道理，责令他交出县印，宣布独立。蒋清瑞虽然害怕，却心存侥幸，非但不肯交县印，并且目使旁边兵勇动手欲要拿下许、沈两人。这时，守卫旁边的兵勇班长徐苏因事前已做好工作，仍按兵不动。说时迟，那时快，紧急关头许其荣迅速拔出手枪，沈葆均也从衣襟内掏出伪装炸弹。蒋见状面如土色，佯称愿听令入内取印。不料老奸巨猾的蒋清瑞到此时还不死心，反身手持短枪，妄图抗拒到底。危急时刻，沈葆均眼明手快，一个箭步飞冲过去，迅即巧夺手枪。蒋见大势已去，不得已取出县印，无可奈何地交付与许其荣，自己则趁乱从后门潜出，躲避于北门叶姓绅士家中。

取得县印已是深夜时分，县署两边监狱中的犯人却闻声起哄，大肆喧哗哄闹。许其荣当即命令，县署兵勇鸣枪制止，一面在县署花厅集合全体革命同志，商议借用凿去满文的旧县印，以临时民政部名义发布安民告示。

部署停当，许其荣、沈葆均又到监狱释放囚犯，并对已判死刑的狱

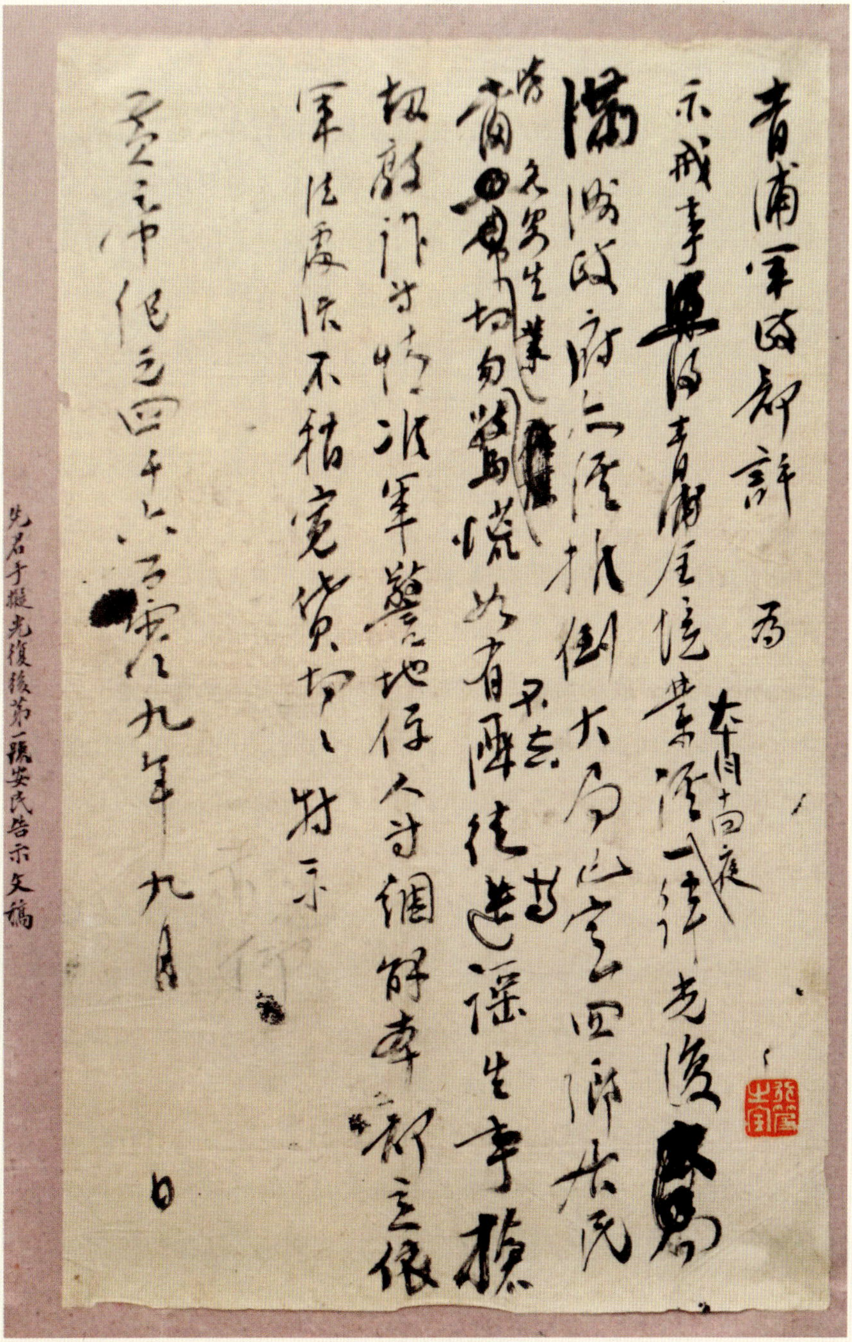

许其荣草拟的光复后第一张安民告示文稿

犯杨安心晓以大义，嘱其听从指挥，还命令他带领愿当公役的囚徒，协同巡警，负责维持治安。

随后，许其荣、沈葆均坐镇署中，主持全城革命行动。地方群众入内谒见的人络绎不绝，县署门前一片喜色。许多群众又自愿拿出布匹窗帘等赶制旗帜。至 11 月 6 日拂晓，当太阳的光芒透过云层时，青浦县城五个城门都高高悬起了“光复大汉”的白旗，宣告青浦光复。

而许其荣则马不停蹄，立即邀请地方耆老士绅到县署，阐述光复的意义，并同他们一起商讨以后的社会问题。当时，同志会许多成员与地方耆老的意见有分歧，但对维持地方治安的态度是一致的。许其荣等人则襟怀坦白，认为观点不同是暂时的，地方光复的局面已经奠定。于是，他们将旧县印转交给耆老张家镇保管，以示革命同志的大公无私。是日，许其荣又离青赴沪，向上级组织报告青浦光复的情况。

许其荣刚刚离去，青浦城内却突然放出消息：“有人私伪造电文致江苏省会（当时省会尚未宣布独立），请求派兵来青镇压。”又有传闻称有人在上海联络“上海商团”来青镇压。一时，青浦城内谣言四起，人心惶惶。

翌日，果然有“上海商团”20 多人搭乘轮船抵达青浦，列队入城示威，并扶着旧县令蒋清瑞重返县署，拔去光复旗帜，贴出“县正堂”蒋清瑞的告示，图谋复辟。这时，城内顿时阵脚大乱。

许其荣在上海闻讯，披星戴月连夜赶回青浦，抵青时已是 11 月 8 日（立冬）。他未作稍息，即命令自治局召集全体同志会同志召开紧急会议，随即作出决定：重悬白旗；并指派革命同志四处联系，防止骚动。后又成立青浦军政分府，由许其荣任军政部部长，沈葆均任副部长，并制订军事纪律等。青浦城在许其荣的统筹安置下，经过一番严肃整顿，人心才逐渐安定下来，局面也平稳起来。

自革命军光复青浦城后，军纪严明，得到民助；民心安稳，秩序井然。地方知名人士也纷纷出力，募团招捐，组成各种团防，组织人员训练，以巩固临时政府政权。11 月 9 日，自治公署召开大会，有钱学乾等推举士绅徐彭龄为民政长。至此，青浦城光复后的政权机器开始运转起来了。

曲水园作为青浦革命志士在辛亥革命中的集议、策划重地，成为这一伟大社会变革的见证地。

（文 / 张力华）

庆祝北伐胜利

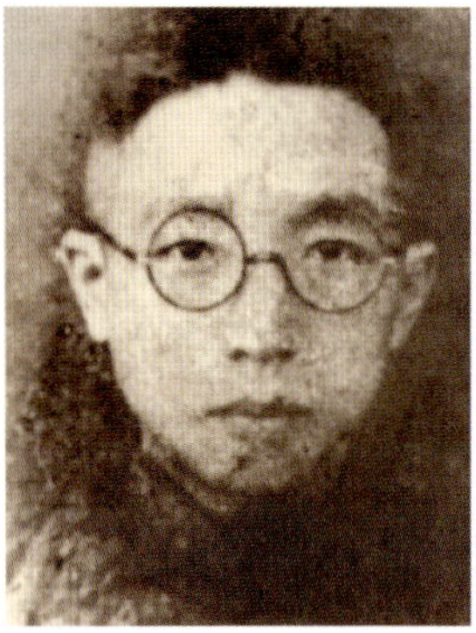
高尔松像

辛亥革命后，北洋政府腐败无能，广大人民生活在水深火热之中。1924年，在中国共产党的努力下，国共两党形成了统一战线。为了实现国家统一，结束军阀割据的局面，1926年7月9日，广东国民政府领导的国民革命军十万人正式出师北伐。在各界民众的支持下，北伐军一路高歌猛进，仅半年就控制了南方大部分省区。

在革命一片大好形势下，一批青浦革命志士纷纷行动起来，组织农民协会，提出“打倒土豪劣绅，迎接北伐军”“废除苛捐杂税，实行减租减息”的口号，青浦工农运动不断高涨。1927年3月21日，驻扎在青浦城内的直鲁军早已吓破了胆，于拂晓慌忙逃离，而北伐军大队顺利抵达了青浦县城。当天下午，青浦各界人士在县城新东门的体育场（新中国成立后县政府处）召开大会迎接北伐军，庆祝北伐胜利，并公选加入国民党的共产党员、练塘人高尔松为县长，旧知事王容则交印离青。早在3月北伐军逼近上海时，高尔松就为《神州日报》撰写社论，热烈欢迎北伐军。

当月29日，虽然下着大雨，但是在县体育场人山人海。青浦在此又召开群众大会，县长高尔松向群众演讲北伐的意义。小蒸、练塘等西乡农会会员200余人在共产党员陆铨生的带领下，将侵夺荡田的朱家角大地主徐福如父子押到会场公审，还捣毁了五家豪绅的宅院。

同年4月12日，蒋介石在上海发动反革命政变，窃取了北伐胜利成果，大肆逮捕、杀害共产党人，大革命转入低潮。

（文/王辉）

青浦城厢的抗日救亡活动

1937 年 7 月 7 日，日本侵略军在北平卢沟桥向中国驻军发起进攻，当地驻军奋起抵抗，全民族抗日战争全面爆发。中共中央向全国发出通电，指出平津危急、中华民族危急！号召全民族实行抗战，抵抗日寇的侵略！

7 月中旬，家住青浦城厢镇、在同济大学读书的共产党员顾德熙（又名张凡）受组织派遣回青浦，组织旅沪学生开展抗日救亡活动。他先组织同校曹大钧、邵志清、熊知行（女）、许信刚等十余人，又推动复旦大学、交通大学及在北京、南京等地读书的青浦籍学生筹备成立青浦县旅外学生会。

旅外学生会筹备组派顾德熙、沈和贞、陶德禧、庄前鼎四人参加筹备成立青浦县各界人民抗敌后援会。7 月 30 日，青浦县各界人民抗敌后援会在县政府大礼堂召开成立大会，大会确定了抗敌后援会的大纲，并作出四条规定：一、以所有的资力、物力贡献于国家；二、以所有的知识技能，听候国家征发调用；三、严肃精神、镇静态度，防止汉奸蠢动，肃清一切阻碍抗敌的反动势力；四、绝对禁止买卖货物，予敌人以经济打击。

8 月 5 日，青浦县旅外学生会在青浦中学大礼堂召开成立大会。城厢、朱家角两镇 50 余名大学生出席会议。大会选出顾德熙、沈和贞、邵志清、庄前鼎等 12 人为执行委员，顾德熙等 3 人为常务委员。会上还通过了青浦县旅外学生会章程和决议案，决议案包括组织歌咏团、发动救亡演讲、募捐慰劳前方将士、组织各种救护队、征集废铜烂铁等 15 条。

之后，旅外学生会在城厢镇广泛开展抗敌后援活动。他们在城厢镇和朱家角镇等地讲演、散发传单、张贴标语，激发各界群众抗日情绪。

还以旅外学生会成员为基础，吸收会外人员参加，扩大组织，成立了青浦民众歌咏队和剧团，开展抗日救亡宣传。

顾德熙回上海向党组织汇报工作后，邀请上海戏剧救亡协会的著名爱国艺术家欧阳山尊等人来青浦，帮助排演《打回老家去》等抗日短剧。此外，他还邀请上海文化救亡协会秘密党员陈方舟（又名陈静）来青浦，帮助排演七幕话剧《全面抗战》和演唱《义勇军进行曲》《杀敌歌》《打东洋》《热血歌》等十几首救亡歌曲。8月下旬，顾德熙和上海文化救亡协会联系后，该会再派著名艺术家丁羊带领青年进步演员顾侃、麦丁、何波罗、徐蕴救、计玉、顾影、徐锡堃等到青浦城厢帮助排演和演出话剧《放下你的鞭子》等。顾德熙、邵志清、顾德祺等带领歌咏团和剧团在城厢镇、朱家角两镇的剧场演出和茶馆店内说唱，后又到金泽等地演出宣传抗日。

这些抗日救亡宣传活动得到了各界人士的支持，特别是商界的大力支持配合。陈方舟实际上成了青浦旅外学生会的指导和顾问，他们多称陈方舟为“老师”。陈方舟和旅外学生会一起到其他城镇和下乡活动，直到青浦沦陷前几天（11月初），陈方舟接到上海党组织通知离青到沪任上海慈善难民收容所秘密党支部书记。

《放下你的鞭子》剧照

青浦旅外学生会和朱家角镇分会还组织女学生建立青浦妇女战地服务团，选举熊志行、孟锦余、叶昌丽等七人为理事，发动城厢、朱家角两镇青年妇女参加护士训练班，学习抢救和急救知识。

八一三淞沪抗战爆发，日本侵略者大举进攻上海，战事迫及青浦。日机轰炸松江火车站后，旅外学生会为普及人民防空常识，举办防空展览会，邵志清等十余人负责征集展品、编制图表、收集照片，并赶制各种飞机、机枪、高射枪、坦克、战车模型和日本侵略军重磅炸弹的残片实物 170 余件。这些展品在青浦中山公园凝和堂展出三天，随后又到朱家角和金泽等镇展出，提高了各界人士的防空防毒常识，激发了对日本侵略者的仇恨。

青浦旅外学生会向青年和中年人组织时事讲演，先后举办“民族抗日中青年壮年任务”“怎样发动参加抗日”“中日开战远东局势透视”等多次讲座，激发群众参加救亡抗日热情。8 月底 9 月初，随着前方军情日趋紧张，宝山县罗泾、罗店等地大批群众向西避难来到青浦。旅外学生会动员各界腾出仓库、祠堂、庙宇、学校房屋接待难民，安排吃住，并向各界筹募支前物资和资金，进行募捐发放钱物。

随着淞沪战事的扩大，宝山、嘉定、吴淞、闸北等地更多的难民涌向青浦、朱家角两镇。中国红十字会青浦分会和朱家角红十字会设收容所来安置这些难民。据红十字会青浦分会当时的统计资料记载：仅青浦城厢镇就收容难民 14291 人，朱家角镇收容难民 13200 人。

在会长徐熙春的带领下，青浦红十字会将青浦难民向青西农村流散。红十字会救护队长杨志青在码头街救护时中弹阵亡。城外东门南两军作战时留下大批尸体和死亡耕畜，徐动员一批义工到青浦收尸掩埋，防止瘟疫传染。从 11 月 27 日至 12 月 8 日，共掩埋中国军队和难民尸体 866 具，畜类 106 头。此外，在青安公路两边也被侵沪日军杀害大批军民，有当地农村群众帮助进行了掩埋。

顾复生像

七七事变发生后，中共上海情报系统为加强青浦党的情报系统工作，由领导人之一的高原直接与青浦党组织负责人魏友于、林锡浦联系。他们将北门外“魏一源”国药店作为情报联络站，以该店中药名称及斤两为代号进行联络接头。上级情报系统党组织来往人员均经国药店魏友于、学徒魏九龄迎接并安排食宿。中共上海情报系统派四川籍共产党员李浩然（又名吴德樊）和王爽英带领战地服务团十余人与魏友于接上关系，来青浦领导党的工作，搜集情报，组织武装。然而，11 月战况突变，李浩然拟率战地服务团去镇江、南京等地，但因交通中断，李浩然与魏友于、杨纪良等组织陈家桥一带的农民乘船向朱家角、西岑避难。王爽英在八区陈坊桥回来途中不幸中弹牺牲。随后，李浩然带战地服务团去苏州寻找党组织，并约定三天后在浙江南浔会面。然而，魏友于在南浔等三天未见李浩然来会合，便返回西岑。此时，林锡浦和观音堂的顾复生[1]也带领部分群众避难到西岑，西岑镇上的倪镇德[2]正是叔叔

1　顾复生：青浦凤溪人，1926 年秋参加国民党左派组织，积极开展农民运动。1927 年至 1930 年期间，他先后两次被国民党反动派逮捕入狱。抗日战争爆发后，他组建抗日自卫总队，创建青东抗日根据地，坚持敌后游击战。

2　倪镇德：青浦西岑镇人，在叔父倪友渔教育下，他于 1936 年参加共产党。抗战爆发后，

倪兆渔[3]（中共党员）发展的情报系统党员，他们就在西岑立脚点，并策划组织抗日武装。于是，在莲盛万圩寺成立了青浦第一支民间抗日武装。顾复生等人回观音堂后，又组织了抗日自卫队，这支队伍后来发展成上海郊区叱咤风云的中共抗日武装“三支队”。

（文 / 凌耕）

他加入抗日武装队伍。他们打埋伏，袭日寇，队伍发展到一百多人。1938 年 5 月底，他被练塘青红帮头目密谋暗杀，不幸牺牲。

3 倪兆渔：青浦西岑镇人，1932 年 10 月加入中国共产党，为中央特科情报机关上海办事处情报员。1939 年以新闻记者名义从事对日军的秘密情报工作，1942 年 3 月在南京被日军特务机关逮捕，9 月被押解至东京巢鸭监狱，次年押回南京，被汪伪政府判处无期徒刑。1945 年 5 月获释，随杨帆至安徽天长县新四军政治部工作。

较量在"灰色地带"

全民族抗日战争期间，青浦老城厢北门街一带人口密集，商业特别繁荣，这里成为各种政治力量角逐的"灰色地带"。

当时，表面上日寇横行，北门街尽头的荒野处常有人被日寇杀害。伪军的司令部也设在这里，伪军团长吴墩，外号砂锅阿二就强住在北门街最好的房子里；部分日本兵的宿舍则位于吊桥附近。但不论商家还是普通百姓，大家对日寇和伪军都是同仇敌忾的。北门外陈桥的杨纪良、杨家桥的曹锦荣、圈盘的蒋友良都是党组织的骨干力量，他们周围都有一批抗日积极分子。豆腐店的童养媳汪雅芳，药店职工魏九龄，元顺糖坊的王秀英等"十姐妹"，他们有的做些"小"事情支援抗日，有的直接和敌伪斗智斗勇，留下许多故事至今流传在民间。

全民族抗战初期，日伪军得到情报，海门桥边的"魏一源"药号是私通共产党的，但就是抓不到把柄。"魏一源"药号也确实是党组织的联络站，老板魏友于是共产党员，每一次情报都是通过"买药"的百姓，巧妙地传来送去。例如，张仁康的母亲就曾多次通过"抓药"，把情报带出，并成功通过日伪军的哨卡送走的，他们不会怀疑到一个穷困潦倒的寡妇。1939 年 5 月，青东一支抗日小部队在与日军一场遭遇战中，遗失一只皮包，里面全部是驻青浦日伪军头目的照片、姓名等，日军认为这是查共产党的重要线索。青浦城当时唯一的照相馆是北门街上东华照相馆，老板姓王，很有正义感，他平时在为这些头目照相时多留了一份，通过联络站交给了抗日部队。魏友于得到传来的消息后，马上做好王老板的工作。果然，伪军抓走了王老板强行拷问此事。王老板一口咬定照片如"明星照"，是作为时髦商品卖出的。他还说，有个日本头目印了大量照片，至今也没付钱。伪军一查还真有此事，便自觉理亏。后来王老板花了几十石米，并在魏友于等北门街多家商人联名保释下，才获脱险。这件事后，特务更加密查共产党联络站了。有一位叫骆阿荣的，他是固定的联络员。1939 年 9 月，他来到药店取了情报后，本想歇一歇，喝口茶，但老板魏友于按照纪律，不允许他坐下休息，催他马上离开。果然，几分钟后，伪军冲进药店，同时，又有几十个伪军封锁了海门桥，架起机枪，直对药店。原来他们已得到情报，打算来个“人赃两获”。药店被抄，但没有抄到可疑的情报，伪军只好悻悻而退。其实那天情报的正本就在药店账台上，只是粗看是张中药药方，内容、数字全用药名代替，因此巧妙地躲过了一劫。

北门街有家源泰禄水果地货行，老板姓蔡，人称“禄相”。女儿蔡永秀表面上是地货行账房，其实她是受顾复生的委托，利用人脉关系，到伪团长砂锅阿二家给两个孩子当家庭教师，以察言观色获取情报。1939 年 8 月的一天，蔡永秀从多方察觉反常现象，将这些蛛丝马迹一凑，分析日军和伪军明天可能又要联合下乡“扫荡”了，袭击目标就是活跃在青东地区的抗日“三支队”。这时已经是下午两点多钟了，她马上把情况写成一封“十万火急”的情报。下午三点钟，日伪卡哨就要关城戒严！她冒险走上海门桥，启动紧急通信方案：和伪装成渔民的党组织通讯员对上暗号，及时送出了情报。第二天傍晚，果然听说日伪军当天去袭击了“三支队”，结果不但扑空且反遭袭击，吃了败仗，还伤了几个日伪军。9 月份过了重阳节，有一位“三支队”联络员化装成送货商人，来到源泰禄水果地货行，轻轻告诉账台上的蔡永秀，“三支队”那天因为收到情报，及时撤退，还打了日伪军的“尾巴”。

吊桥桥堍有家“祥和兴”南北杂货店，老板姓张，上下滩共四个门面。上滩店面后有几间比较整齐的房屋，被日寇强占了，住的是日本兵。到 1943 年后，住在里面的都是日本新兵。这些小兵情绪低落，有时还偷偷地和张老板用半生的中文交谈。原来此时日本兵源不足，他们是被抓壮丁来当兵的，他们也想家，想父母，其实已非常厌战。

1945 年 8 月 15 日，日寇无条件投降，抗战终于取得了胜利。全国上下万众欢腾，北门街上的百姓，都扬眉吐气，围观着日本兵营里灰溜溜地宣读“天皇诏书”的场面。奇怪的是，没过几天，日本兵却在海门桥上架起了机枪和小钢炮。老百姓弄不懂了，这些败兵要干什么？原来此时国共两党重庆谈判决裂，一些汉奸部队摇身一变，成了国民党的“接收大员”。但他们听得风声，说顾复生部队要来接收，因此日军早已接到命令，要等待国民党的接收大队前来接收。其实，当时共产党为了顾全大局，顾复生已经奉命集中部队，准备北撤了。“风声”是为了集中部队北撤而采取的“声东击西”策略。

口述：魏肇谏　82 岁　离休干部

张耀祖　84 岁　离休干部

王秀英　88 岁　退休干部

整理：钱昌萍

青浦解放记

1949 年 4 月 21 日，人民解放军渡江后势如破竹，迅速解放南京，并于 5 月上旬解放了苏南大部分地区。大军迫近青浦县境，5 月 13 日下午一时许，国民党青浦县的党政军特警队的主要人员大部分逃往上海。包括国民党青浦县党部书记金兼成、常委陆逢安（兼团主任）、特务中统蒋振农、军统黄诚、县长姚镜函、警察局局长韩德云、二科长耿学勤、督察张俊杰、参议会的参议长孙再壬及各科科长等，留下次要人员及基层的职员都分散或隐蔽于群众中，大部分在城市，少数在农村。之后，城内人民大开城门迎接解放军，逐又将城门关上，由城厢救火会临时维持治安。

青浦县是解放军第三野战军二十七军侦察营第二连智取解放的。这个连队是 1947 年从三个师抽调了一百五十名优秀战士组成的，经历了孟良崮、济南、淮海、渡江等重大战役，是一个光荣的连队。

二连先遣渡江后，为大军渡江扫除障碍，连续八天八夜追击敌人至乌镇，后解放嘉兴、嘉善。在石湖荡附近，为了占领国民党据守并即将炸毁的大铁桥，该连与敌人一个加强营作战，最终战胜了敌人，保护了大桥，使二十七军控制了沪杭铁路。主力部队沿铁路前进，开始了包围和解放上海的战斗。这时，二连接到军部紧急部令，要立即以最快的速度和最小的代价解放青浦城。能打则打，打不进，可先包围起来，等大部队来解放。同时，二连需在青浦建立起援助解放大上海的物资供应点。

二连由军部侦察科长慕思荣、侦察营营长刘浩生与教导员车仁顺亲自率队，急行军 45000 米，于 5 月 13 日到达距青浦城 2000 至 2500 米的一个小村庄。扎营后立即进行侦察活动，才知道青浦城不大，周围有城墙，四面有城门，有一条河从城内穿过，出入口均设有水门。城里驻守一个保安团约 700 人，河面上有一个水上交警总队，配有三艘巡逻艇，艇上各有一门机关炮，约 100 人，加上县级机关党政人员，总共近千人。而二连当时只有 120 多人，装备有步枪 20 多支，冲锋枪 30 多支，卡宾枪 20 支，手枪 30 支，轻机枪 3 挺，电台 1 部，马 3 匹。只见青浦所有的城门都关闭着，上面有哨兵，经反复研究，二连决定只能智取，绝不能强攻，计划从水城门偷袭，并选择靠近一座古塔的南门作为突破点。二连挑选了水性最好的曲维奇等六位同志，从柘泽塘游到护城河的水门边，上岸后抓住二名哨兵，获得敌人当夜的口令，随即冲上城门楼，解除了守城的敌人武装后，大开城门。此时是 14 日凌晨三时，全连进城。二连立即审问俘虏，迅速搞清敌保安队的团部驻地。三排长刘善率全排直奔敌团部，先捉住哨兵，使在梦乡的官兵还没有反应过来，便束手就擒，全被集中看管起来。连长高锦堂命令三排抽一个班看管俘虏，其余人员跟自己，让俘虏的敌团长带领，迫使保安团所属各部立即缴械投降；二排解决各城门敌人和出入口全部控制，并派上岗哨，占领城内制高点；一排控制保安团的大部敌人，控制县党政机关。拂晓前，青浦城里所有敌人全部缴械投降。只有水上交警中队的三艘炮艇还停泊在河面上。天亮后，营长命令副连长刘以信，带领二排的四班前往河岸边向敌人喊话，令其迅速投降。三艘炮艇上的敌人派三人上岸与营首长谈判约一个小时后，其代表回艇，宣布缴械投降。四班登艇受降并负责在艇上看管他们。在城内庙前街，二连设立了指挥部、电台组、报务员、译电员、马达班等，指战员要把守城门的出入口、要控制要害地点、看守上千名俘虏……工作非常紧张，人手少得无法换班。然而士气高涨，捷报电波飞向二十七军军部。

5 月 14 日七点多钟，侦察科长慕思荣、营教导员车仁顺、副营长刘浩生等同志在花园饭店接见了青浦地方报纸的两位记者。慕科长对他们说："市不分大小，解放方式是一样的。民间如有枪支弹药，须一律上交解放军。国民党政府的存粮，要如数向解放军报告。国民党政府经营的工厂、商店、银行、仓库、船舶、码头、公路、邮政、电报、电话等均应听候清点和接管，保护有功者奖，怠工破坏者罚。”记者采访后，马上出版了青浦解放的号外。

接着，在公园附近、聚星街、码头街等处张贴了大量标语口号：“庆祝青浦解放！热烈欢迎中国人民解放军！中国共产党万岁！”以及毛主席、朱总司令颁布的《中国人民解放军布告》，宣布“约法八章”。7时后，各商店相继开门营业，人们拥上街头争睹中国人民解放军的风采。此时，国民党县政府人事管理员、油粮科科长、警察局科长向慕思荣投诚报到，慕思荣对他们婉言安慰。10时开始接管县政府，包括田粮处、警察局、监狱、申报局、银行等机构，并派人保护。

事前，共产党对一些地方武装进行了策反工作，大多均能遵照谈判协议，向解放军投诚，静待投降。例如，曹忠川于1949年2月，向北干山伪自卫队收缴步枪38支，盒子枪7支，轻机枪1挺。还有一次向伪保长收缴手枪1支。解放军也请党组织同志参加接管。

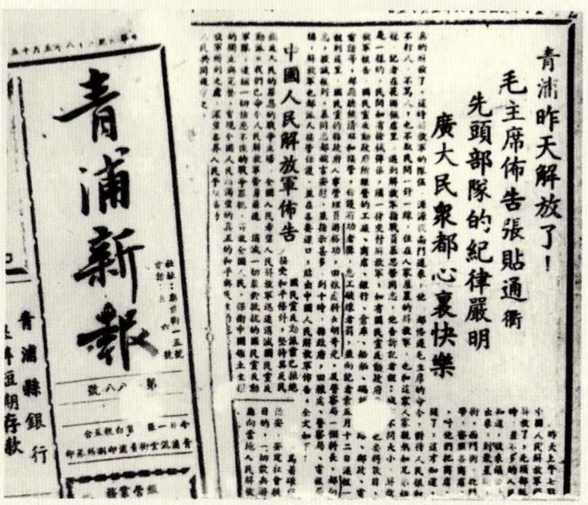
青浦新報

青浦縣銀行

青浦昨天解放了！

毛主席佈告張貼通衢

先頭部隊的紀律嚴明

廣大民衆都心裏快樂

中國人民解放軍佈告

《青浦新报》刊登“青浦解放”喜讯

青浦人民盼星星盼月亮，终于盼来了共产党。解放这一天，人们欢天喜地，特别是城里，锣鼓声、鞭炮声不绝于耳，振奋人心。学生们上街扭秧歌舞，歌唱“解放区的天是明朗的天，解放区的人民好喜欢；民主政府爱人民呀……”热闹非凡，秩序井然。各界人士络绎不绝慰劳解放军。地方上送给二连每人 15 斤大米和许多河鲜、海鲜、咸肉、鸡鸭、禽蛋等副食品，商界人士则赠送 50 条金鼠牌、美丽牌、老刀牌香烟。

5 月 14 日下午，二十七军军部将青浦城交给苏南军区部队接管，二连将参加解放大上海的战斗。

青浦党组织在解放前做了大量工作。于五月初，派负责人郑慕贤专

解放军进驻青浦县城

程赶到苏州西津桥附近的长浜村，与上级派来接收青浦县的领导李昌文接头，并介绍青浦的情况，表达青浦人民急盼解放的心情。郑慕贤还奉命留下来与李昌文一起研究接管工作。李昌文带了原来配齐的区县干部，从吴江雇小汽轮渡过淀山湖，于14日中午到达青浦城，立即张贴布告，宣告：国民党在青浦的反动政权，已经覆灭，人民政权即日起接管青浦，青浦人民解放了。商店照常营业，学生照常上课，机关、档案、国家财产均未受损失。5月17日，建立了青浦县人民政府，郑德民任青浦县第一任县长，李昌文任中共第一任青浦县委书记。

政府建立后，做了三件大事：第一，摧毁国民党反动派的保甲制度，建立县、区、乡的人民政权；第二，支援大军解放大上海；第三，消灭国民党遗留下来的散布在各地的散兵游勇，建立社会秩序。

从此，青浦人民扬眉吐气，以高昂的激情，迈出了社会主义建设的新步伐。

（本文由青浦档案馆供稿）

中篇：

汇聚人脉

唐代刘禹锡《陋室铭》中说了一句很知名的话：“山不在高，有仙则名；水不在深，有龙则灵。”一个地方的名人，就是这个地方的“仙”和“龙”。人杰地灵，人杰与地灵是有着密切关系的。一方水土养育了一方名人，反过来，也是一方名人使一方水土得以“地以人名”。

青浦老城厢历史悠久，山水嘉丽，历来人才荟萃，代有名人。涌现了无数才俊人杰，卓然而立的名人们在历史的天空里如群星闪耀。他们博学励志，身上蕴含着无限的创造力，在老城厢地区留下了他们流传至今的许多佳话和业绩。

所谓事在人为，优秀人才才能创造非凡的事业。一代又一代名人丰富着老城厢的人文内涵，他们是桑梓的骄傲和荣耀，他们是鞭策我们勇于前行、激励我们奋进的榜样，他们也是老城厢的宝贵财富和珍贵资源。中篇汇聚古代人杰、近代俊彦、当代翘楚三个历史时期的人物，展现青浦老城厢源远流长的丰赡人脉。

古代人杰

青浦县城规划建设者——明代知县石继芳

青浦历史上，石继芳作为复县后的首任知县，领导建设青浦县城，奠定了青浦县城的基础，是一位不能不提的人物。

石继芳（1528—1592 年），字克肖，号岱宇，山东益都（今青州）人。九岁就失去父亲，与兄继节同年补府学生。嘉靖二十三年（1544 年）举人，任猗氏县（今山西临猗）教谕，后升安徽桐城知县。峻洁忠厚，桐城士民绘制肖像以祭祀，将前任县令陈于阶与石继芳称为“陈父石母”。万历元年（1573 年），青浦县恢复建制。经上级官员举荐，石继芳从桐城县调任到青浦担任知县。

当时，青浦草创，百业待举。石继芳是一位非常有远见和作为的知县，到任后励精图治，首先开展调查研究，紧紧依靠青浦士子百姓，谋划建设新青浦，得到了青浦县各界人士的积极响应。任职三年期间，他主要做了以下几件核心工作：

一是选定县治所在地。当时在县城选址问题上争论激烈，有一豪强坚持在他的家乡建城，威逼利诱，但知县石继芳不为所动，周咨相度，

石继芳画像

听从公议，认为唐行镇“道里适均，水陆交会”，于是将县治从青龙镇迁移到唐行镇。从此，数百年唐行镇一直作为青浦县政府所在地固定下来。

二是规划兴建新县城。青浦县城从来没有构筑城池，加上过去遭受倭寇侵扰，这对县城安全来说是非常危险的。确定好县治后，石继芳在万历二年（1574 年）就马上规划设计城池方案，“合众志以经营，乘龙见而始事”，率领全县民众开始构筑城墙、开挖护城河，精心营建青浦城池。在官民的共同努力下，是年冬，一座高大坚实的新城墙基本告成。

三是筹建县署、县学。为保障一县行政的运行，石继芳在地方乡绅的捐助、支持下，筹措资金，“立官司，置学校，建坛壝”，新建了县吏的主要办公场所——县署、察院；同时重视教育，“首以庠序为大务”，兴建了新的县学，培养莘莘学子，改善社会风尚，从此弦歌之声不绝。

四是建筑多座庙宇。为满足市民多元化信仰需求，石继芳发起兴建了城隍庙、社稷坛（在南门外）、邑厉坛（在北门外）、土地祠（在县治仪门左）、山川神坛（在南门外）。

另外，石继芳还秉公办案。当时县内积案甚多，他秉公执法，清理冤狱，每年平反数十甚至上百人。县主簿刘某被上官责难，石继芳为之辩解，使其免除惩罚。为感谢石继芳，刘某趁夜间偷偷馈送百金，石继芳又悄悄地还给他，而没有声张。

清《江南通志》《益都县图志》等文献都对石继芳给予高度评价，称其“凡筑城、浚池、学校、坛壝，皆悉心区画，尤加意人才，择秀民亲教之，学邑民化焉”，“工毕，凡官廨、学宫、城郭、市肆犁然各当”。当石继芳离任时，青浦百姓不愿他离去，夹道相送，感念他为青浦县所做的贡献。名士顾名世曾作《石候去思碑》，赞扬其功绩。

后来石继芳升任锦衣卫经历，转户部郎，擢升延安府知府、陕西按察司副使，监兵宁夏。万历二十年（1592 年），殉难于宁夏致仕副总兵哱拜的叛乱，享年六十五。青浦士民闻耗，无不痛哭流泪。石继芳著有《辨存稿》《两邑政录》若干卷，入祀青浦县“名宦祠”。

（文 / 王辉）

助建青浦城的乡贤——明代收藏家顾从礼

明代青浦县城得以顺利建设，离不开众多青浦父老乡亲、士子百姓的支持，其中顾从礼更是功不可没。

顾从礼（1510—1583 年），又名斯道，字汝由，青浦县崧泽人。其高祖顾敏始迁上海县城，从事经商；曾祖父顾定芳弃商从文，官至广南知府，顾氏家族从此成为青浦、上海地区的名门望族、收藏世家。有文献记载："上海顾氏称世家，三世以博雅传，自御医公世安氏搜购始，及光禄君汝由，鸿胪君汝修，大理君汝和，光禄子天赐，历祖孙、父子、兄弟绵远矣。"嘉靖帝巡视承天，顾从礼因善书法被荐入朝，授中书舍人、办事制敕房兼翰林院典籍，参与编纂《承天大志》《玉牒》和摹抄《永乐大典》，侍经筵，后官至太仆寺丞、光禄寺少卿，加四品服致仕。他继承家传，喜藏书、印，著有《直庐日记》《蓬阁稿》。

万历元年（1573 年）青浦复县，标志着青浦发展步入了新阶段。但百业待兴，青浦县城唐行镇更急需大规模建设，而大规模建设需要地皮、资金。正在知县石继芳筹划建设遇到极大困难时，顾从礼闻讯后挺身而出，将祖传和自己在县城购置的地产、房产捐赠出来，大力支持新县城建设。论其为青浦做出的核心大事，有以下几件：

一是捐地助建县学。据万历《青浦县志》记载，顾从礼在县城建有顾氏义塾以教育族人和乡邻子弟，他不仅将义塾建筑奉献出来，还捐地二十二亩九毫助建了青浦新县学。

二是捐地助建县署、察院。顾从礼与其他乡亲一起共捐地二十八亩一分，在其捐献的地皮上助建了新县衙；捐地八亩七分余助建了新察院。

据民国《青浦县续志》记载，青浦县署毁于太平天国战事后，历任知县苦于经费一时无力重建县衙，遂租赁附近的民宅作临时衙署。有趣

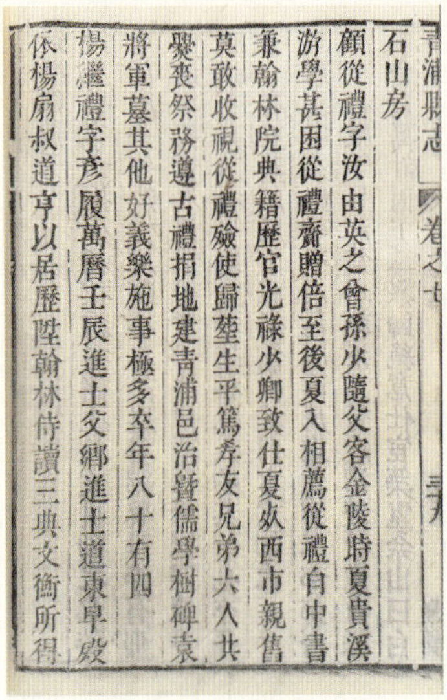
青浦縣志 卷之七

石山房

顧從禮字汝由英之曾孫少隨父客金陵時夏貴溪游學甚困從禮賫贈倍至後夏入相薦從禮自中書兼翰林院典籍歷官光祿少卿致仕夏死西市親舊莫敢收䘏從禮殮使歸塟生平篤孝友兄弟六人共爨喪祭務遵古禮捐地建青浦邑治暨儒學樹碑袁將軍墓其他好義樂施事極多卒年八十有四

楊繼禮字彥履萬曆壬辰進士父鄉進士道東早歿依楊扇叔道亨以居歷陞翰林侍讀三典文衡所得

康熙《青浦县志》记载的顾从礼生平事迹

的是，所租赁的房屋正是位居大西门的顾从礼遗宅。说明顾从礼在青浦县城还建有规模较大的住宅，其旧宅在同治年间仍然保存完好。

顾从礼是一位乐善好施、仗义助人的乡贤，不仅为青浦新县城建设作出了重要贡献，而且为家乡崧泽、上海县城做出许多善事义举，为乡民所称道。退休归里后，他置义田，助里役，济贫睦族。嘉靖年间倭乱时，他与弟顾从义提议筑上海城墙，并自己捐粟4000石筑小南门城墙，为成功抵御倭乱、保境安民作出了重要贡献。此外，又筑三里桥、五里桥、草堂桥，于城内重建抚安桥以便民交通。在老家崧泽，他重建崧泽桥，隆庆初年重建东济庵，又建袁崧祠。名臣夏言被严嵩诬陷处死后，宾客四散，顾从礼受父顾定芳之命仗义收尸。鉴于其重要贡献，顾从礼故世后入祀“青浦乡贤祠”。

1993年4月，顾从礼及其家族墓在上海打浦桥被发现，出土了许多珍贵文物。

（文 / 王辉）

风流知县为官清——明代青浦知县屠隆

说起青浦的戏曲，离不开明代万历年间的青浦知县屠隆。

屠隆（1541—1605年），字长卿，号赤水，别号由拳山人，浙江鄞县人，明代文学家、戏曲家、博物学家。万历五年（1577年）进士，最初是受命到河南颍上任知县，万历七年（1579年）便转为青浦知县。

屠隆在青浦总共任职五年，为官清正，关心民瘼，修圩筑堤，治理水患，深得青浦老百姓爱戴。面对明代中后期严重的灾荒，屠隆“参古人之成法，顺南北之土风，察民病之缓急，酌时势之变通”，写出了一本《荒政考》，极为深刻地描述了百姓灾伤困厄之苦，以此来告诫当世而警训后来者。

作为著名戏曲家的屠隆，精通音律，主张“针线连络，血脉贯通”。在青浦当政期间，他把戏曲活动也带到了青浦。青浦城隍庙的古戏台始建于万历二年（1574年），是上海仅存的7座古戏台之一，古戏台上经常有戏曲演出。屠隆曾邀苏州戏曲家梁辰鱼到青浦上演《浣溪沙》，这些戏曲活动大大地促进了青浦民间的戏曲发展。

屠隆像

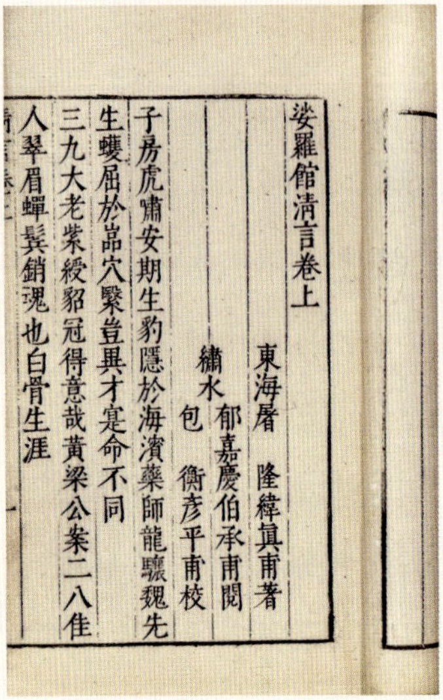
娑羅館清言卷上
東海屠　隆緯真甫著
繡水　郁嘉慶伯承甫閲
包　衡彦平甫校
子房虎嘯安期生豹隱於海濱藥師龍驤魏先
生蠖屈於嵒穴槩豈異才蹇命不同
三九大老紫綬貂冠得意哉黃粱公案二八佳
人翠眉蟬鬢銷魂也白骨生涯

屠隆《娑罗馆清言》书影

青浦有灯会之习俗始于屠隆的倡导。据光绪年间《青浦县志》记载：“青浦有灯会之举，始于屠隆之倡导，每年元夕，采竹柏，结棚于通衢，作灯市，嬉游达旦。”相传有一年屠隆踏月观灯，遇布衣钱某，钱留小酌，口占一绝云：“一入花封地，珠灯灿玉楼。偶遇仙令坐，疑是古扬州。”屠隆连连称赞，随即也和诗一首。

《明史》记载屠隆“生有异才”，他为人豪放，纵情诗酒，专门爱结交天下名士，名列“中兴五子”。他爱青浦，在当青浦知县的时候，常常邀请友人到青浦小住，陪着他们游览青浦的山山水水，还将他们的唱酬之作，编辑成《青溪集》。屠隆在《青溪集·序》中把青浦的景色描绘得十分迷人，可见他对青浦的感情之深。

青溪者何？青浦也。青浦古由拳地，居云间西鄙，为泽国。空波四周，多鸥凫菱芡，景小楚楚。每乘月荡桨，如镜中游，九峰三泖落几席。湖上盖又有二陆先生墓云。余雅抱微尚，顷怀哲人，而余乡沈嘉则先生，就李冯开之吉士，适以七夕至。至即相与操方舟，出郭行，游苇荻野水间。是夜云物大佳，天星并丽，余三人叩舷和歌，仰视青汉，因风而送曼声，乐甚。已复相携泛泖湖，登湖上浮屠。寻余立蹑天马，吊二陆祠，慷慨兴怀焉。

屠隆于万历十一年（1583年）升迁为礼部主事，后入为礼部主事，迁员外郎，擢郎中。次年，被人诬告而削籍（被夺文官身份，降为庶民）。回乡途中，曾到青浦，受到老百姓热情的款待，青浦父老请屠隆在青浦定居，屠隆婉言辞谢，与众人欢饮三日才离开。

屠隆为人豪放好客，纵情诗酒，所结交者多海内名士。晚年，他遨游吴越间，寻山访道，说空谈玄，与复古派文学家汤显祖、袁宏道等交往密切，以卖文为生，怅悴而卒。著有传奇《昙花记》《修文记》《采毫记》，诗文《由拳集》《白榆集》《鸿苞集》《栖真馆集》等，有《娑罗馆清言》《考槃余事》等杂著传世。也有史家考证认为《金瓶梅》的作者兰陵笑笑生便是屠隆。

（文/张力华）

曾被陈继儒赞扬的名宦——明代知县韩原善

在历代青浦知县中，涌现出不少有能力和作为的知县，他们虽然不是青浦人，但是为官一任，廉洁奉公，勤于政事，善于理政，造福百姓，韩原善就是其中一位佼佼者。

韩原善（？—1628 年），字继之，号鹏南，祖籍山西赵城（今属临汾市洪洞县），隶直隶东胜左卫（今河北卢龙）军籍。生而颖悟，沉酣经史，旁及青鸟、黄石、《奇门遁甲》诸书，无不研究，有澄清天下之志。万历三十五年（1607 年）中进士，第二年授青浦县令。

韩原善赴任青浦时，正遇水灾岁荒，吴淞江长久淤塞，太湖、淀山湖之水合流东下，导致庄稼颗粒无收，老百姓苦不堪言，怨声载道。韩原善徒步风雨泥淖，考察灾情，为民解困。一边向上汇报灾情，奏请赈蠲、平粜，并说："救荒如治兵，非常时期一定要采取非常措施才能奏效。"一边设粥厂赈济，亲自走到村头田间、城头街巷为民烹米烧饭，平民依次排队受赈，秩序井然。此举救活了众多挨饿的穷苦百姓，稳定了社会局面。等到水灾结束，他向农民散发钱粮以助耕，尽快恢复生产，重建家园。

韩原善不仅勤政爱民，而且司法公正，对社会黑恶势力绝不姑息。有一无赖恶少年为非作歹，他知悉后迅速捉拿归案，鞭杖惩罚，向公众说道："这是盗贼源头，必须惩戒。"漕运人员中有不少蛮横无理者，他将这些人进行清理，并核减火耗十分之二三，以减轻漕运人员的负担。

光绪年间《青浦县志》评价韩原善："悉心民瘼，劳心抚字，多有建树"。所以，"民乐其治，离任去，乡民建遗爱祠祀之"。遗爱祠，又名韩公祠，至光绪元年重建。此外，还建有韩侯去思亭，董其昌有记，以纪念他对青浦所作的贡献。

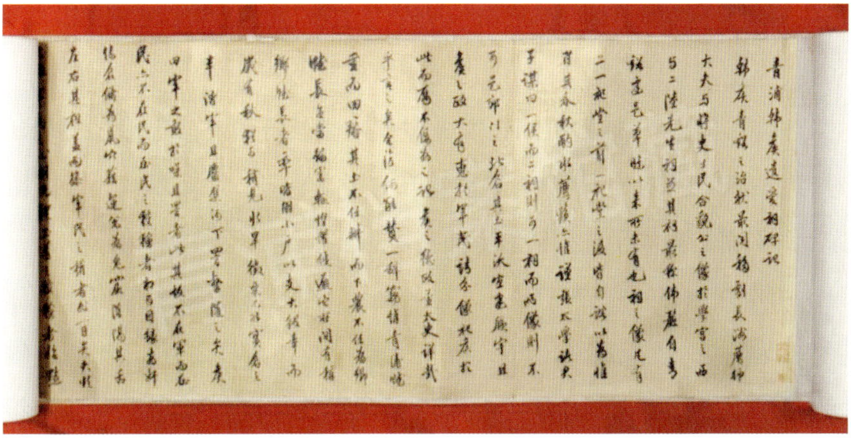

陈继儒《韩侯遗爱祠碑记》书卷

青浦档案馆藏有一件“镇馆之宝”——《韩侯遗爱祠碑记》书卷，为松江名士陈继儒于明万历三十六年（1608 年）所撰书，记述了韩原善为政清廉的生动事迹。

后来，韩原善调任长洲知县，亦以治绩出名，不久任户部、兵部主事。万历四十七年（1619 年），明军相继在萨尔浒之战、开铁之战中失利，他主动请缨，上书畅谈边境形势和对策，于是升任辽东开原道佥事。天启二年（1622 年），因被弹劾“不谨”而免官。崇祯元年（1628 年），朝廷想再次起用韩原善，但他已经去世。他生前孝友，性豪爽，有远略，周人之急，有如其身。著有诗文八卷、奏疏二卷、尺牍四卷、《六壬指掌》二卷。

（文 / 王辉）

廉洁善政民安乐——清代名臣胡宝瑔及其子孙

青浦胡宝瑔一族，祖籍在安徽徽州府歙县方塘。胡宝瑔之父胡廷对，于清康熙五十年（1711 年）迁升为娄县训导，“乐郡风土，因留家焉”，最终携妻子在松江府青浦县定居下来。

胡宝瑔（1694—1763 年），初名金兰，字泰舒，晚号瓶庵，又称兰笥、巢仙，乃胡廷对七子，雍正元年（1723 年）举人。乾隆二年（1737 年）丁巳进士，考授内阁中书，担任军机处章京。乾隆六年（1741 年），大学士查郎阿、侍郎阿里衮清查黑龙江、吉林乌喇开垦地亩情况，胡宝瑔随从。乾隆十五年（1750 年）四月，迁宗人府丞，九月升任左副都御史，受命往河南会办付毓俊控告张天重谋逆一案，最终审明付毓俊为诬陷，论罪如例。

从乾隆十八年至二十五年（1753—1760 年）间，胡宝瑔先后在山西、湖南、江西、河南四省六任巡抚。在任期间，胡宝瑔安抚饥民，断

胡宝瑔像

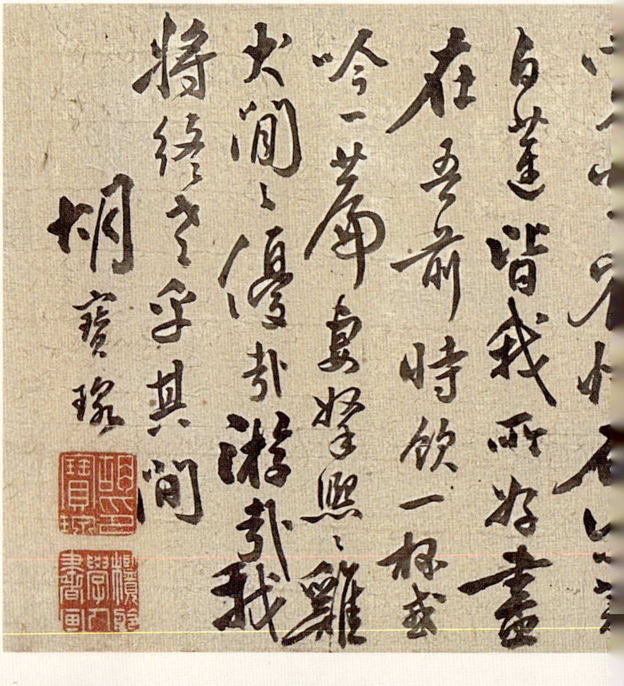

胡宝瑔书白居易《池上篇》（青浦区博物馆藏）

理冤狱，弹劾贪官污吏，修整关隘堤防，治理黄河支流，兴利除弊，大力推行教化修养。每任一省，均有善政。其政绩最为卓著的是在河南，因其在河南最久，习知其地，尽心经画治理，当地人民乐而安之。不断疏浚黄河及其支流，开河六十七道，总长达 1250000 余米；将濉水、淝水、淮水诸河流汇通到洪泽湖，涸出民田数万顷；堵塞了杨桥黄河决堤口，救活了无数灾民。

乾隆二十八年（1763 年）正月，胡宝瑔病卒。他生前曾留下遗言，愿申请入籍青浦。卒后被加赠太子太保、兵部尚书衔，不久乾隆又赐他谥号“恪靖”，且允所请，入籍青浦。光绪版《青浦县志》记载，胡宝瑔墓位于兰笋山（佘山），墓碑碑文由乾隆御题，墓志铭由乾嘉时期著名诗人袁枚撰写。

胡氏虽家门鼎盛，但恪守儒家品德，不浮华张扬。胡宝瑔逝世后，松江太守闻之曰：“吾官此数年，不闻郡中有此缙绅！”便去拜访胡家，他徒步行至里门，看到胡家所居的仅是间八椽破屋，门小不能容

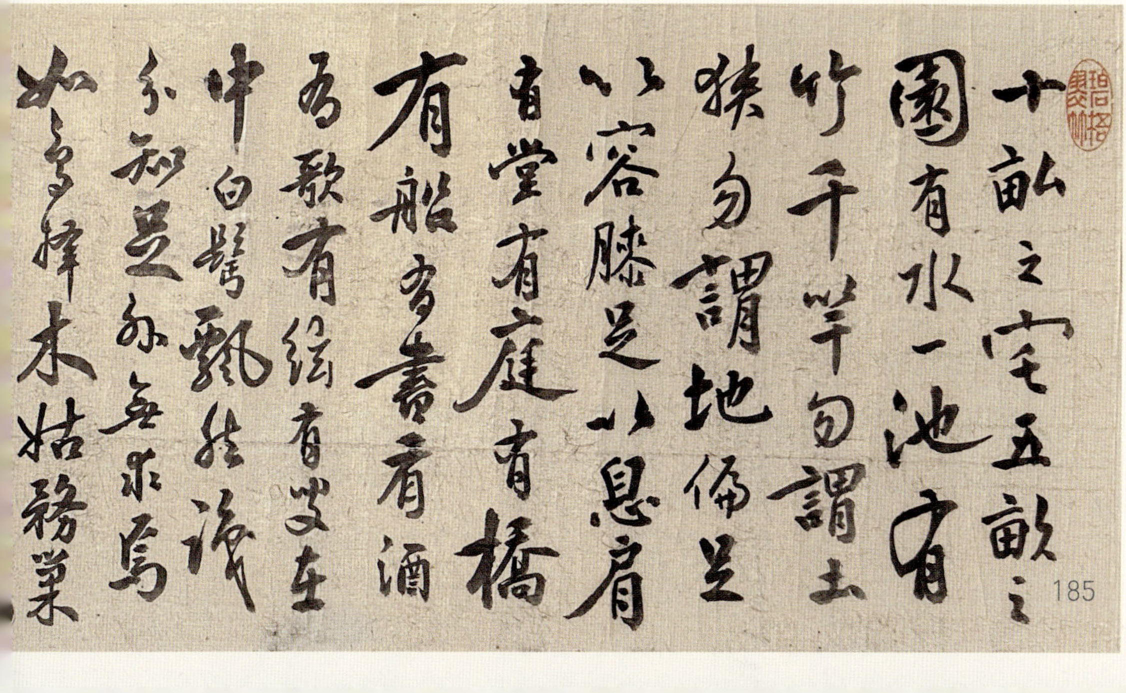

车，简直就是蓬荜也，摇头叹息而去。据民国《青浦县志续志》卷十一《古迹》记载："赐谥'恪靖'胡宝泉宅，在北门内聚星街，有赐书堂。宅毁于火，今存废址，后嗣迁于松江。"

胡宝瑔自幼聪慧过人，清代陈浩《生香书屋集》云："其才闳肆而精博，于制艺、诗、古文辞、篆、隶、行、草无所不工，尤究心当世之务。"著有《饴斋诗文集》《瓶庵奏疏》四卷。《清史稿》有传。

胡宝瑔裔孙也是科名甚盛，簪缨累叶，族大繁滋，遂成为青浦望族。

胡传书，乃胡宝瑔长孙。由广东海阳县丞历官新安知县。一次，由广东转饷入京都，途经江西时行资被盗窃，遭巡抚陈淮以此为嫌弹劾，故被革去了职位，谪戍张家口。嘉庆二年（1797 年），从军至粤西，因为立军功又被恢复了原官，授山东乐昌知县，后调掖县（现莱州）知县，升至东昌府同知。他性情强势霸气，以颇具才能而闻名，"为人疆力有执，以能称"。

胡勋尧，胡传书长子，胡宝瑔曾孙。闻父被谪戍张家口后，他日夜饮泣，寝食俱废。于是快马奔驰到江西，遍诉各级官员均未得平反。愤怒之极，他奋身至京师，叩阍讼怨，直接向朝廷诉讼冤情，终于翻案雪冤。嘉庆十四年（1809 年），胡勋尧中进士，官至国子监学正。

胡勋裕，胡传书次子。嘉庆六年（1801 年）中举人，考取誊录，被拣选为广东始兴知县。始兴域内多强盗，他依缉捕之法严打肃惩，很快肃清了县域四境。他也拒绝贿赂，坚决杜绝吏胥贪赃枉法、营私舞弊的现象。他注重教育，倡议重修了文昌宫，并主修了《始兴县志》。莅任七年，深受人民爱戴。后调任澄海知县，断决狱案称神，平息了沙田械斗之衅。在澄海仅居一年，后复任始兴知县，不久即上任广州通判。然，因事被降职，他便回归故里。胡勋裕工书画，善山水、行、楷，且工诗，与兄勋尧有"金昆玉友"之称，闻名于当时。著有《墨香居画识》。

胡祖谦书法对联

胡勋尧育有三子：胡家濂、胡衮、胡履吉，他们被时人称为“胡氏三杰”，乃胡宝瑔玄孙。胡履吉自幼在青浦跟随其兄学习，成年后才思清丽，以举人被选拔为校官，代理吴江教谕，后被选任为萧县训导。初至吴江时，观风课士，爱惜人才。见一少年聪慧便拔置第一，招入官署，亲自为其课授文艺。后来，那少年果然成名。咸丰二年（1852年），胡履吉引进为新科进士，并改为翰林院庶吉士。萧县久无科举及第者，胡履吉招段广瀛受业于门下，造就甚勤。道光二十六年（1846年），段广瀛中举人；咸丰三年（1853年）中进士，为翰林院编修，后为河南粮任储盐法道，署按察使司，加布政使衔。

胡履吉后告假准备回归歙县故里，正逢太平军久踞江宁（今南京），道路受阻不得北上。青浦知县刘郇膏便延留他筹备军饷。江苏一地常有太平军警情，胡履吉便偕同华亭知县廖秩玮招勇防堵。咸丰十年（1860年）五月，青浦县城被太平军攻陷，胡履吉每日与知县廖秩玮、参将李恒嵩谋划克敌复城，劝捐助饷，并训练了数百兵勇。同治元年（1862年）七月十四日，胡履吉冒酷暑率领兵勇攻打县城，不幸得霍乱而无奈返回，不久病逝，享年六十。著有《理生居诗稿》。

有位恩贡生名邱汝钺，其子嘉淦刚刚离襁褓，妻子胡氏便早早去世。邱汝钺亲自抚育儿子，终身未再娶。熊祖诒为之作《义夫传》。咸丰十年（1860年），太平军抵青浦，邱汝钺领着老母避居通州（今南通）。此时，胡履吉正在青浦督办团练，便将妻子、儿子托付给了邱汝钺。胡履吉去世后，没有留下积蓄，邱汝钺帮助抚养其家人。胡履吉两子皆成名，为胡宝瑔五世孙。

胡祖谦，胡宝瑔七世孙。光绪元年（1875年）中顺天举人，授内阁中书，考取军机章京，供职十余年，小心慎密，累至户部郎中。庚子之乱，八国联军攻占北京。因公务繁重，胡祖谦性情暴躁，不遑过问家事。慈禧和光绪西逃时他随同赴行。光绪二十八年（1902年），胡祖谦被授予江西吉安知府；光绪三十二年（1907 年）他升为河南河陕汝道。陕州（今三门峡）多盗患，胡祖谦擒得盗魁首，置之以法，四境肃然。辛亥革命爆发后，他去官归田，在青浦镇上造了宅子度日。胡祖谦两袖清风，犹继承家门之儒素，书生本色，以诗酒自遣。他为其父编辑有《胡松侍行述》，刻本行于世。他书法隽秀，终身挥毫不倦，卒年六十有五。关于归乡，另有一种说法：因胡氏青浦的祖居毁于太平军兵燹，胡祖谦乃在郡城之西郊租了间屋。不久，偶因将会诗文的婢女罚跪，人言籍籍，胡祖谦喟然曰："此非乐土也！"便亟不可待地迁居苏州，并终老于苏州，卒年七十有一。

（文 / 张力华）

勤政爱民固海防——清代台湾海防同知赵逢源

赵逢源，字宗远，清乾嘉时期唐行镇人。初居宝庆街，后在海门街筑春和堂以居。他出身于文士之家。

祖父赵颐，字百期，生而颖异，至性过人。十三岁就能背诵十三经，补为县学生。乾隆十年（1745年）中进士，即被任命为署江西上高（隶属宜春市）县令。上高县民风素来彪悍好胜，赵颐严肃法纪加以治理，县境治安得到极大改观。逾年授袁州府（今属新余市）分宜知县，司法裁决公正快速。闲暇时向当地士子讲道勸学，巡抚晏斯盛称赞他“爱民如子、爱才如命”。赵颐年仅四十六岁病卒，当地百姓感念其治绩将其入为袁州名宦加以祭祀。父亲赵汝霖，字惠苍，岁贡生，通才博学，为云间人士所推重，著有《平庵诗集》。

赵逢源幼承家学，精研经术，尤习于史，诗从选入，兼步三唐，高华典赡，著有《归省诗草》。他于嘉庆六年（1801年）考取进士，授国子监学正，后任河南汴州（今开封）地区知县。嘉庆十八年，接替徐宪文，升任台湾府海防兼南路理番同知；后升任广东高州府知府，署高廉道。

赵逢源在职期间勤政爱民，体恤当地的老百姓，深受当地人民的爱戴。他母亲过世守丧期间，还不忘奖掖晚辈学子，受到学子尊敬。

赵逢源还善书法，青浦区博物馆新藏有他的一副隶书对联，笔力苍劲，具汉隶古风。

（文/王辉）

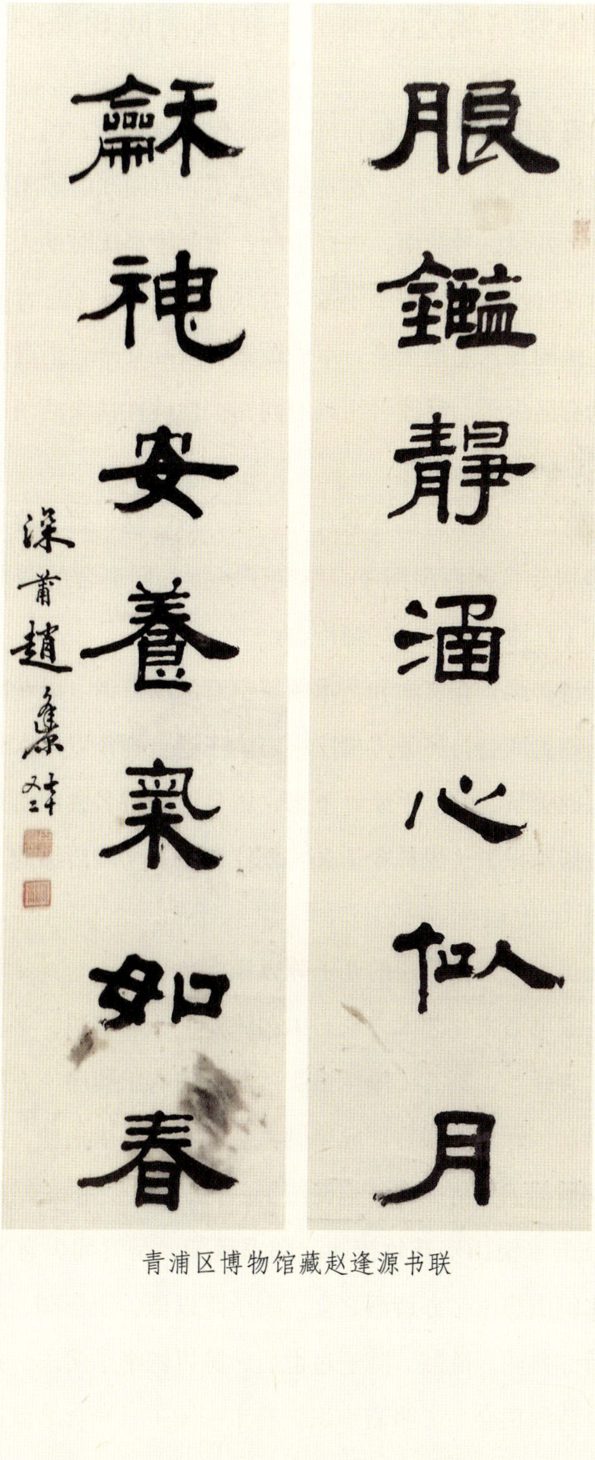

青浦区博物馆藏赵逢源书联

不爱官场爱诗画——绍兴府同知陈韶

在青浦码头街西侧、原纪青桥南畔还保留着一幢古色古香的二层老宅院，市民称之为陈家老宅，这就是曾任绍兴府同知的陈韶故居。

陈韶，字九仪，号花南，一作华南，清乾隆嘉庆时期人。以四库馆学生议叙浙江台州通判，曾奉令带领台兵五百赴福建平息台匪林爽文之乱。后署乌镇同知，惩治土豪，审理冤案，恢复社学，捐资助学，王昶称其“清勤有循声”。后改署绍兴府同知。但他性情潇洒淡泊，不喜官场，不久即以病辞归。

陈韶喜欢游山历水，足迹遍及齐、秦、燕、赵、楚、蔡等地。后携爱妻洪芬隐居于杭州西湖梅庄，结交了一批志同道合的朋友，与华秋槎、鲍涤饮（廷博）等文人灯结诗会。

陈韶工诗善画，在文学和艺术领域都有深厚造诣。以花南诗得名，著有《花南集》四卷，另著《梅庄小志》三卷。画作以山水画见长，每当见到怡人的美景，就动手绘画下来，曾自绘历游名胜图册百幅。其作品在《墨香居画识》《墨林今话》《松江诗徵》《画传编韵》等著作中都有所记载。

陈韶无子，以弟弟陈逵的儿子陈以谦为嗣子。

陈韶一家可谓文化艺术之家。弟弟陈逵，原名梦鸿，字吉甫，号东桥，诸生。善画兰，刻有《墨兰谱》两册，前有王昶序。亦能诗，著有《东桥诗钞》。好友诸联赞评兄弟俩：“翰墨兰亭堪伯仲，文章邺下并应徐。”桐城弟子姚椿亦有《抱砚图》一诗赞陈逵之画法精妙。其性高雅，所居住的水镜山房花竹掩映，图书满架，是青浦失意文人的俱乐部，常在水镜山房中举办诗酒之会。嗣子陈以谦，字福卿，恩贡生，工骈体文，诗亦典丽。陈韶、陈逵过世后，陈以谦继承父志，在水镜山房中多次举办诗酒集会。《明斋小识》卷十一《午日燕会》就记录了嘉庆十四年（1809 年）一次水镜山房诗酒之会，陈以谦做东，诸联、陈琮、何其伟、汤显业等人参加。陈韶妻子洪芬也能诗，与陈韶夫唱妇随，民国钱静方《青浦闺秀诗存》收录了她的诗作。

（文 / 王辉）

清代闺中才女——廖云锦

在青浦区环城水系公园内有一座桥，桥名“云锦桥”，此桥即取自一位清代青浦女画家、诗人廖云锦的名字。

为何会以她的名字命名呢？坊间称明清画坛有四大才女：生活于晚明时期文徵明的玄孙女文俶、流离于明末清初的闺阁翘楚李因、身处清末乱世中的清远卓立的程蕙，还有就是本文中所提的女主——活动于清嘉庆、道光年间的袁枚女弟子廖云锦。被称为“四大才女”之一的廖云锦，其所画物象自然生动，现如今有三幅作品收藏于故宫博物院，分别为《竹兰图扇》《花鸟屏》和《花蝶锦》。她喜作花鸟，所画物象自然生动、脱去尘俗，于妍丽中具秀骨，清韵优雅、别具一格。

廖云锦，字蕊珠，一字织云，号锦香居士，生卒年不详，是廖家次女，居住城北青溪桥畔。父亲廖景文是乾隆十二年举人，曾任合肥知县，戏曲家。廖云锦是知县大人家的小女儿，母亲朱灵珠亦擅长诗画，

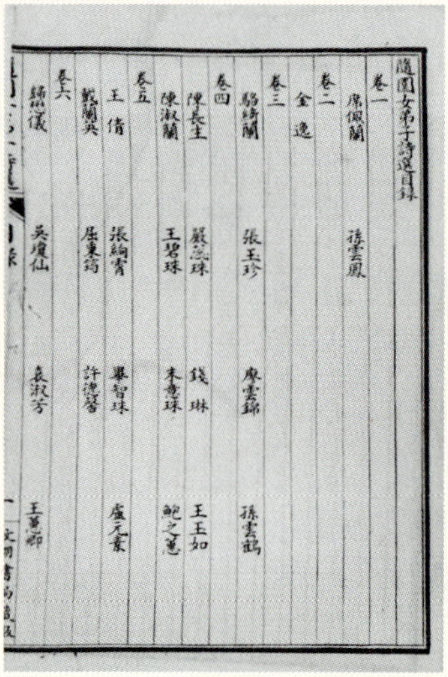
隨園女弟子詩選目録
卷一
席佩蘭 孫雲鳳
卷二
金逸
卷三
駱綺蘭 張玉珍 廖雲錦 孫雲鶴
卷四
陳長生 嚴蕊珠 錢琳 王玉如
陳淑蘭 王碧珠 朱意珠 鮑之蕙
卷五
王倩 張絢霄 畢智珠 盧元素
戴蘭英 屈秉筠 許德馨
卷六
歸懋儀 吳瓊仙 袁淑芳 王蕙卿

袁枚《随缘女弟子诗选》目录

父母常有唱酬之乐，她自小在文化气氛很浓的环境下成长。廖云锦长成后，嫁给松江泗泾镇人马光楧，两人所居地方叫读画楼，一起吟诗作画，犹如神仙眷侣。但好景不长，丈夫在廖云锦22岁时即去世，她遂“键户焚香，抚琴咏诗，以寄其愁寂之况”，诗与画成为她寡居生活中的主旋律，也为她赢得了声名。

介绍廖云锦时，都是不忘带一句或半截“袁枚女弟子”这一标签。为何前面如此标签呢？袁枚（1716—1798年）是清代诗人、散文家，以自我解放相标榜，提倡性灵说，晚年自号仓山居士、随园主人、随园老人。乾隆年间，吴越一带女子作诗蔚然成风。在此基础上，随园老人广收女弟子，更促进了女子创作潜能的发挥。他教她们学诗填词，女弟子多为江苏苏州地区与浙江杭州地区人士，但其中有几位今上海地区的才女，廖云锦就是其中之一。《随园诗话》后的《补遗》十卷中提及织云，并在《随园女弟子诗选》中录有她诗作十余首。也可以认定，在为随园老人门下前，她已经诗画精绝，慕名到了那里，给她的身份加了一层光环。廖云锦之成为随园女弟子，因由随园老人之女良姑的牵线。良姑嫁给江苏六合汪履青，而廖云锦恰恰是汪氏家亲戚，故有缘结识良姑。

《随园诗话补遗》卷五中其中有一节提到，廖云锦不仅是一位画家，也是一位诗人。她与随园老人的亲家汪氏家有亲戚关系，因此与随园老人的关系也就更近了一步。随园老人更主要看重的是廖云锦的“门楣”，家族的社会地位及声望就是现在的重要简历之一。廖云锦成为随园弟子前，已是寡居在闺阁，自有风雅门风。她通过良姑给袁枚写信，表达了“索《诗话》”及“愿来受业”的意向，又赠随园老人画册一本、诗数首。织云的门楣与诗画深得随园老人青睐，于是他在卷五中特意录入廖云锦两首诗。后廖云锦还帮着她的表姊说话，信札里透露“有私淑之心”，也想入随缘门下。

廖云锦《蜀葵图轴》　上海博物馆藏

廖云锦的朋友圈里都是爱书画诗词的才女，抚琴咏诗，与闺中文友唱和赠答，以诗画度光阴，被后人称之为“闺阁中雅才”。文友中有庄磐山、金翠峰、张蓝生相唱和。廖云锦存留有诗《喜高平表妹至》：“尔我襟期喜共知，笑言频到漏残时。开奁会看将完绣，剪烛闲敲未定诗。金鸭灰深香篆细，晶帘风定落花迟。晚来又恐轻言别，月底灯前系梦思。”其中颔联神清如绘，诗中显露出闺阁之间的几分俏皮。又赠闺中文友题一词，鹊桥仙（题闺友磐山画）见《词雅》下阕中有写：“经时病起，怀人愁绪，寄与折枝画卷。襟期肯许倩花盟，记后度、春深夏浅。”春深夏浅，清丽词中略带些许淡淡忧伤。

在如此氛围内，画诗更为精湛。廖云锦著有《织云楼诗稿》《仙霞阁诗钞》。诗集刊刻之时，邀县人王昶为之作序，这位著名文学家、金石专家当时见到诗稿、诗钞赞叹：“不欲以才艺名，而其诗浏然以清、粹然以洁，多见道自得语，时人获其片词为秘宝。”

清代画家、诗人蒋宝龄（1781—1840年）在《墨林今话》评她的画作：“朝夕点染，临瓯香以上诸名迹。”在她所画的存世的其中一幅收藏于上海博物馆馆藏的《蜀葵图轴》画，曾由吴湖帆、潘静淑夫妇所藏，吴氏边跋云：“……此图葵乃对花写照，秀雅绝伦，是真入宋元堂奥，神似钱玉潭。清代以来，不独女史无此笔墨，即南田南沙亦无此古秀也。静淑近年习花卉，所收女史画之精品十余，事此图其特赏者，与宋元人同珍之。”

在封建社会中，可惜这样的才女，孤身一人，无儿无女，最后因家道落魄而投奔亲戚于闽南，客死于他乡。但她为如今青浦的历史人文添了一抹靓丽。

（文/枫肥）

早期“红学”研究者——诗人诸联

曹雪芹写就章回体小说《红楼梦》（又名《石头记》）后，引起了社会的强烈反响，也吸引了不少学者的目光，成为研究的显学“红学”。诸联就是最早研究《红楼梦》的学者之一。

诸联（1765—？），字星如，号晦香，别署“明斋主人”“长宝斋主”，唐行镇镇南人。出身于衣食无忧的文士世家，六世祖诸舜发为顺治丁亥（1647 年）进士，官至陕西学政；五世祖诸懋敏为府学廪生，有文才；父亲诸祖潜淡于功名，性高雅，精诗文，尤擅山水画。诸联少负隽才，工声律，与同城的蔡文洽、西岑的陈琮并称“青溪三子”。他曾参加青浦的苔岑诗社，分韵赋诗，结交诸文友；跟从任义乌、兰溪知县的叔祖诸自谷至义乌、兰溪。年轻时生活浪荡，屡试不第，致生活穷困，只能以幕游、授课为生。但他富有才情，著有《晦香诗钞》《明斋小识》《红楼梦评》。

《红楼梦评》共四卷，刊刻于道光元年（1821 年），是一部随笔式评《红楼梦》的专著，被推为“杂评派”的代表论著。诸联对曹雪芹的才学极为赞赏，更对《红楼梦》作了客观和精到的评价。他认为“全部一百二十回书，吾以三字概之，曰真，曰新，曰文”，“自古言情者，无过《西厢》。然《西厢》只两人事，组织欢愁，捐词易工。而《石头记》，则人甚多，事甚杂，乃以家常之说话，抒各种之性情，俾雅俗共赏，较《西厢》为更胜”，“书中无一正笔，无一呆笔，无一复笔，无一闲笔，皆在旁面、反面、前面、后面渲染出来。中有点缀，有剪裁，有安放。或后回之事先为提挈，或前回之事闲中补点。笔臻灵妙，使人莫测。总须领其笔外之深情，言时之景状。作者无所不知，上自诗词文赋、琴理画趣，下至医卜星象、弹棋唱曲、叶戏陆博诸杂技，言来悉中肯綮。想八斗之才又被曹家独得。”这些独到见解为后世“红

诸联《晦香诗钞》书影

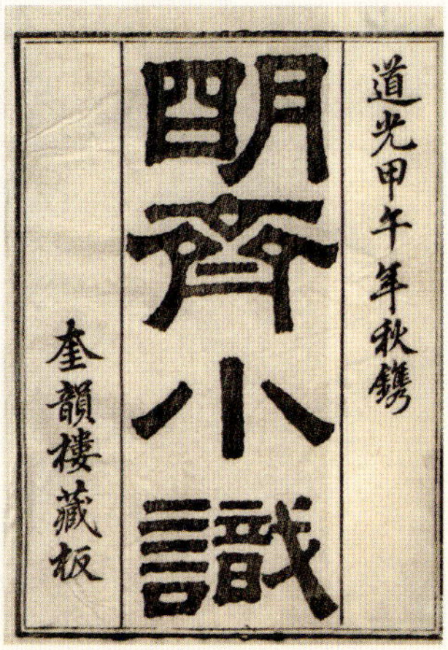

诸联《明斋小识》书影

学”研究者所折服。

诸联还善诗文，因境遇所限，诗作多悲秋伤怀，其中一首这样写道：“我是悲秋客，相逢便感秋。晚凉初到枕，斜月已明楼。壮志惊刁斗，终宵望女牛。可怜新节序，惹起旧时愁。”他的作品也不乏具有诗画一体的佳作，如《闲意》：“轻烟几缕飏晴空，人在深深小院东。娇看柳枝拖夜月，细听燕子骂春风。客来竹竟须皆绿，楼倚桃花梦亦红。忽忆箫声传凤曲，碧云高卷望溟蒙。”他强调诗文要真情真性的自然流露，他曾说：“文章岂外索，每在心口时。寸心安可见，借口发为辞。即畅所欲言，拈韵而成诗。性真偶流露，简朴皆丰姿。好言不由衷，内外恒参差。返躬尚未惬，敢望知者知。”著名学者王昶对于诸联颇为器重，曾将自己的文稿拿出来与诸联品评。后来，诸联的诗稿集结刊行，王昶更是亲自为其作序。

《明斋小识》则为诸联晚年所辑的文史笔记，共十二卷，他将其所见所闻用简练的语言记录下来，保留了很多青浦地区珍贵的史料。该书内容涉及建制沿革、诉讼案件、科举见闻、水旱天灾、物价变动、物产风俗、山川风貌、建筑古迹等诸多领域，也记录了不少奇人奇事、神灵鬼怪的故事。

（文 / 王辉）

经世致用乐善施——清代熊其光家族

青浦老城厢的熊氏家族是由江西迁至青浦，第一代世祖为明代熊銮，熊其光则是第十一世。

熊其光（1817—1855 年），字韬之、羽华，号苏林。生而目光炯炯，动止异常，年少就酷爱读书，过目不忘。清道光二十六年（1846 年）中举人，第二年成进士，授户部云南司主事，加员外郎衔。因丁忧乞假归乡，正遇江苏水灾，青浦捐巨资相助，但县令依仗地方恶势力，不顾饥民死者众多，侵吞巨款。熊其光愤而上书，贪官终被革职。

咸丰三年（1853 年），天地会周立春等起事反清，攻占青浦、上海等县。江苏巡抚吉尔杭阿收复青浦县城后，熊其光总管团防事宜。然而，上海县长久无法收复，熊其光日夜操劳，筹措军饷。至咸丰五年（1855 年）正月初一，清军最终才收复了上海。但在同年九月，熊其光因积劳成疾，英年早逝，年仅三十九岁。他性情刚烈，疾恶如仇，在主管时局时，即便是亲戚朋友都不通融，遭到很多人的怨恨。“及卒，陈袭衣贫不能具蟒，画工田某取旧衣以意画之，于是共服其廉。”

熊其光居住在青浦小西门外，其居所被称为“海琴楼”。他为学好深思博辨，凡天文、历算、舆地、河渠、农田之属无不通恒。时袁枚随园诗派方盛，其力排之。清朝诸儒中，其素服膺顾炎武为人，喜胡天游、洪亮吉、汪中之言，曾绘《一师三友图》以见志。“文近汉魏，诗学杜韩”，著有《琴海楼集》，另有与弟其英所著《二熊君诗剩》二卷。著有《弧三角算草》一卷。此外，他还校对过我国最早的地方志《越绝书》。

熊其光因子获赠奉政大夫、翰林院庶吉士加四级，并诰赠二品封典，追赠通议大夫。熊其光与曾国藩交往甚厚，他去世后，曾国藩为其写下挽语：

先帝知人，早属东南大事。

儒臣奋武，个应俎豆千秋。

熊其英（1837—1879年），字纯叔，号含斋，岁贡生。他将经世致用作为治学的宗旨，凡天文、舆图、兵农、水利等方面的书，无不仔细研读，尤喜读宋代理学著作。他师从兴化刘熙载及青浦的许锡祺，主张凡事躬行实践，不事标榜。

吴江西浦塘地与青浦接壤，地势低洼，遇到大雨时常常遭水淹。熊其英便仿照明代陈瑚遗法，与吴江陈麟一同浚河筑堤，使得吴江和青浦两地老百姓得益。青浦名目繁多的苛捐杂税最为病民，太平天国以后征收苛捐杂税又严重起来。熊其英将此事提案陈于官府，苛捐杂税才被取消。

光绪初年，中国北方部分地区遭受千古奇灾，史称“丁戊奇荒”，灾荒肆虐，席卷山东、山西、河南、河北、安徽等地，饿殍遍野，人尚相食。以江苏、上海、浙江为中心的江南乡绅协济助赈团体开展大规模的全民募集赈灾善款，同时派遣助赈队伍亲赴各灾区进行慈善救助行动。熊其英与吴江凌淦等人募集巨资前往赈灾。车马行至河南，自济源以北，历原武、荥泽、获嘉、新郑、林、汤阴、武陟、修武等诸州县，亲履穷乡僻壤，稽查户口、施舍钱粮，救活了无数灾民。不久，沁河决堤，他又转而去赈水灾。熊其英终因劳累过度而病逝于卫辉，卒年四十有三。他去世后，怀庆（今河南沁阳）、河南（今河南洛阳）两府都上奏为其设立了祠堂祭祀，并私谥曰“惠愍”。

熊其英古文辞瑰玮杰出，诗宗韩愈、白居易，义法精粹，纪忠孝节义事，皆令人感奋。他先后纂修了光绪《青浦县志》《吴江县志》，编有《余莲村年谱》，辑有《松陵文录》，著有《含斋诗剩》《耻不逮斋文集》。

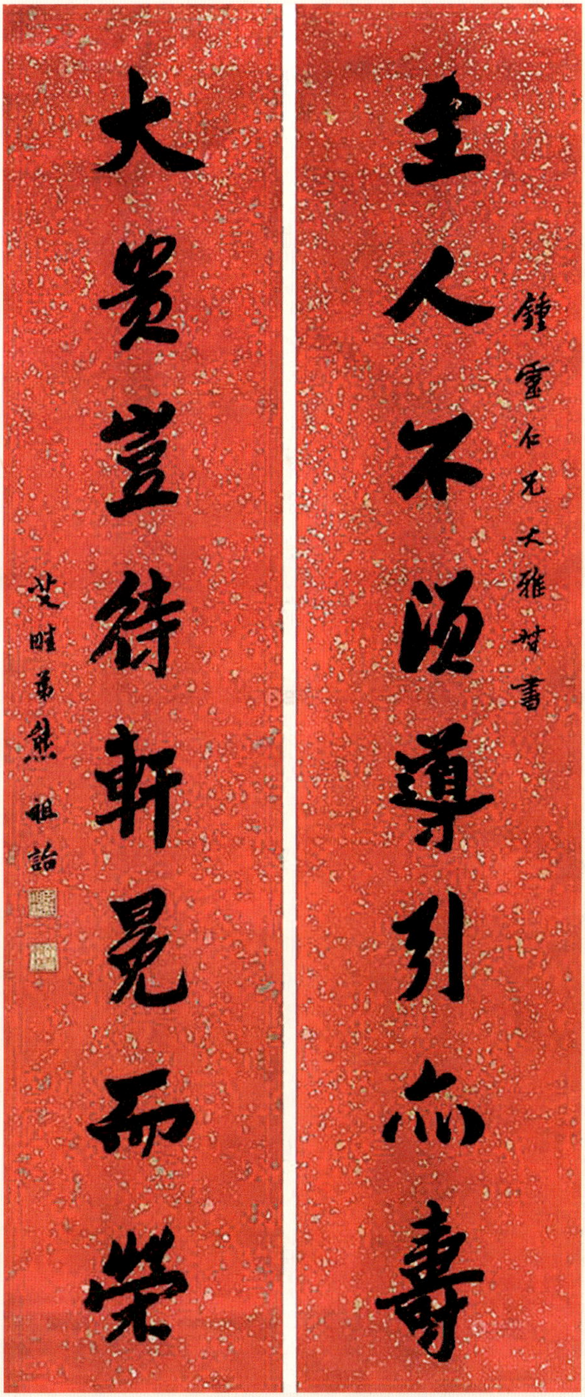

熊祖诒行书八言联

熊其光子熊祖诒，生于咸丰四年（1854 年），光绪三年（1877 年）中进士，光绪六年（1880 年）任滁州县令。历官江淮二十年之久，在滁州最久，清厘田赋，积弊尽除，政绩突出，在当地建立了很高的威望。

熊祖诒继承家学，博学多才，天文、历算、舆地、河渠、农田无所不通。光绪二十八年（1902 年），纂修完成了光绪《滁州志》，并捐出自己的俸禄用以刊行。在滁州任上，还对《青浦续诗传》加以勘定并作序，为清人黄厚欲有关苧麻种植的农学书籍《种苧麻法》作过序。

光绪十八年（1892 年），熊祖诒回乡，适逢烬毁于咸丰十年（1860 年）太平军之乱的曲水园次第兴复，开凿了放生池，修筑了坡仙阁、玉字亭、涌翠亭等，他受邀为曲水园撰写了《重修城隍庙曲水园并凿放生池记》。

辛亥革命之后，熊氏第十三代后人依然以读书为重，将其作为经世致用之道，不辍先人之志，热心社会捐助等公益事业。在 1922 年《道路月刊》第 3 期刊登的“第一届捐助巨款会员录”里，第五页第一个就是熊宗俊的名字，地址一栏填写为“青浦县南门登瀛桥东”。

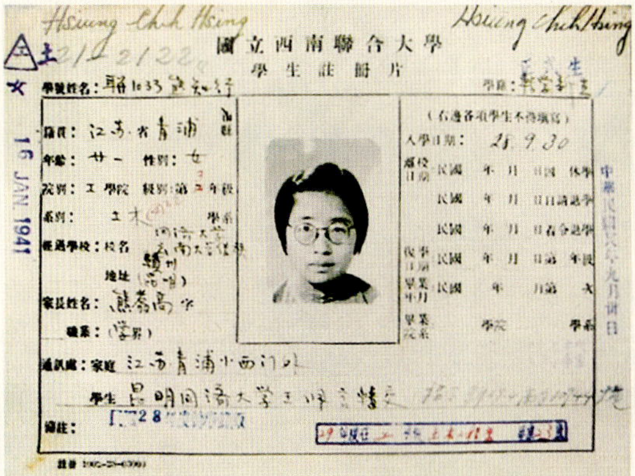

熊知行西南联大的学生注册卡

第十四代熊知行是著名的慈善家。生于1917年，1938年入读西南联大土木工程系，1945年任教于上海第一女子师范学院。1949年作为香港记者，她见证了第一面五星红旗在天安门广场的升起。1950年移居香港，随后在香港中文大学任教直至退休。1982年，她与爱国侨胞姚志崇一起在香港创立杏范教育基金会，开始投身慈善教育事业。该基金会以“非牟利社团促进扶助文化教育事业”为宗旨，尤以家乡为主要资助对象，参与者多为侨界人士或科技院校教授。1984年，她为家乡青浦建设了第一座科技图书馆，名为“青杏”；1996年在上海虹桥建设了第二座科技图书馆，名为“沪杏”。1995年至2010年，香港杏范教育基金会在熊知行的带领下，先后在云南、江西、浙江、福建、西藏等地捐建多所希望小学。2001年，她为母校清华大学捐助成立熊知行楼，现为社会学系系楼。2018年12月，102岁高龄的她在香港逝世。

（文/张力华）

近代俊彦

民国报人——金咏榴

金咏榴（1862—1946 年），字剑花，晚号“可无老人”，为近代著名的报人。

金咏榴出生在青浦名门金家。祖父金垣为四川屏山知县，父亲金文潮为诸生、诗人，被俞曲园太史称为“无碍翁”。光绪壬寅（1902 年），金咏榴考取举人。宣统初年，他当选为江苏省咨议局议员，1918 年当选为中华民国第二届众议院议员。

金咏榴容颜端庄严肃，举手投足俨然不可犯。有文才，书画俱佳，与里中徐公修慎侯、张家镇雄伯辈高谈阔论，驰骋场屋，参加考试辄高第，且迭相雄长。光绪年间受任上海《申报》第二任主笔，一直至 1911 年就职于上海报馆。金咏榴在申报馆历十余年，其言论公正为中外所重视。

当年，中英商银公司于光绪二十九年（1903 年）投资建筑沪宁铁路（沪宁铁路创办于光绪癸卯八月，先筑成自沪经昆山苏州至无锡一段，丙午五月二十五日，行开车礼）并订立条约，百里内他公司不得

金咏榴所辑民国《青浦县续志》

更筑支路。光绪三十三年（1907 年），江苏铁路公司欲在娄县北姚泾筑坝以通沪嘉轨路，但有条约在前，不能为之。金咏榴询知掌铁路文书者是王阁臣，与松江沈景贤交善，于是用密计令沈窃摘公司弊窦，并揭诸报端抨击之。英商理屈无辩。时清政府工商部尚书振贝之、侍郎太仓唐文治据以入奏，得旨准交涉毁约，沪嘉路乃归中国商办，于是沪嘉轨路成功办成。此事内幕因极密之故，外间鲜有知者，金咏榴也从不居功自炫。

金咏榴任嘉定知事年余，他在任时禁烟赌严而不扰。后因时局俶扰，家居不复问政事。

金咏榴家居期间，青浦县志自光绪《熊志》（光绪《青浦县志》为候选训导、岁贡生熊其英主纂，故后人称为《熊志》）后久未修撰。民国六年，虽有修志之议，但因为邑人意见分歧，历经十余年，总纂屡易屡辍，虽糜帀至钜，却没有进展。光绪二十二年辛未（1896 年），县长于定（金坛人）交县政会议决，于是一致延聘金咏榴为总纂，另聘戴克宽、沈其光为协纂。金咏榴上任后，即雷厉风行，收集资料，指示纲要，分别章目，发凡起例，越三载而书成。令人敬佩的是，三年中公家的俸给他丝毫不受，这在一般人都是做不到的。

金咏榴一生纂辑《青浦县续志》二十六卷，著有《蕉心馆诗存》一卷、《林荫仰雪庐日记》若干卷。

（文 / 凌耕）

一身正气的老报人——张继斋

张继斋像

张继斋（1869—1938 年）是清末民初中国报业革命的先驱之一，一生办报 42 年，二进《新闻报》主持笔政 16 年，三进《申报》主持笔政 7 年。此外，他还先后在北京、上海创办过两份报纸，并在青浦城内创办了第一所新式学堂“愿学学堂”。他在社会上被誉为“南于（右任）北张（继斋）两支铁笔”。最后，他在对时局的愤慨中，写新闻稿时与世长辞。他一生从事报业，在一个朝代衰败、另一个时代崛起时，用手中的笔大胆批判清政府的腐败，以笔为武器作战到生命最后的时刻，可谓一身正气。

张继斋原名毓英，祖籍松江张泾港，家住青浦镇上小西门。

张继斋先后担任《申报》《新闻报》主笔。张继斋在报业的成就不仅限于个人，他的家族中也有多人从事报业工作，如儿子张亚庸等青浦籍人士在上海各大报社任职。张家在青浦镇有宅院，上海也有住宿，这个大家族在上海滩属于名重一时。

张继斋出生于贫苦人家，后来过上富贵人家的日子，是在极端贫困与富贵中走过来的人，所以知道底层人的艰辛，为老百姓谋利益。他的生母是贫困人家的农妇，善唱田山歌，在生他后不久过世。因家贫，生父忍痛把他送人。1873 年正月十五，张继斋进入青浦张家。他四岁就能背《三字经》《百家姓》，光绪十五年（1889 年），考中举人，考中举人时还是用张毓英名。

翌年，张继斋到上海，经钱昕望、章太炎推荐进入《申报》担任记者，开启长达四十余年的新闻生涯。他采访的第一人是严复，其留学英国海军学校归国后即任北洋水师学堂总教习。然后又采访一同从欧美留学归国的维新派张德彝、容闳、王韬、曾纪泽等人，他们都想改变中国社会的现状，建立君主立宪之中国。张继斋如饥似渴地接受新的思想，写出了不少文章在报刊发表，受到严复赏识。后经严复推荐，到《新闻报》担当主笔。甲午战争失败后，《新闻报》派他到北京采访。他采访了康有为、梁启超等重要人物，发表的长篇采访稿在当时颇为轰动。此后，他经历了戊戌变法、《苏报》案、辛亥革命、二次革命、五四运动、二七大罢工、北伐战争、四一二反革命政变、南昌起义、全民族抗日战争等一系列重要事件，他始终是忠实而迅速的报道者，也是见识敏锐、分析透彻的评论者。

全民族抗日战争时期，在青浦的儿孙几次逃难，辗转到了上海租界避难，跟他一起生活。这段时间，张继斋每天晚上抽时间与儿孙们谈形势，讲苏联和故事，同时享受天伦之乐。孙女薇青（阮波）好奇爷爷怎么不讲自己的故事，稍问，张继斋便借故走开。薇青的姑父蔡其敏笑着告诉他们爷爷是位了不起的人物，孩子们听得入神，薇青第一个说："那我将来要做祖父那样的人！"其他孩子也跟着附和。张继斋非常疼爱聪明伶俐又漂亮的薇青。后来他与薇青共处一室，教她临池习帖、研读史书，让她在书房里饱览群书。

张继斋对儿孙们要求严格，不允许浪费粮食。张自申记得童年时，吃饭时饭粒不小心掉在桌子上，就会受到祖父严厉批评。但同时，对上门来乞讨的人，张继斋不会让他们空手而归。

张继斋声名赫赫，但生活极其简朴。在报业工作时，他多年来一直是带着两只三角粽当午餐。由于常年奔波在外，妻子徐氏负责照顾张家的家务，无法跟随丈夫照顾其生活，曾主动把两位表妹推荐给他，而他明确表示，男女平等，绝不纳妾。妻子徐氏过世时，他人在北京，写下悼亡挽联，刊于 1927 年 11 月 12 日《上海画报》：

结缡在卅八年前，最怜辛苦持家，甫过五旬常有病；

闻耗自二千里外，堪叹丁沽阻棹，欲谋一面已无缘。

挽联里可见对亡妻的愧疚与追忆。夫人徐氏故世后，张继斋没有再续弦。

民国 6 年（1917 年），张继斋被《新闻报》馆派往北平，任记者站主任。任职期间，他锐意改革，增辟副刊《新园林》（后改为《快活林》），加强连载小说专栏，以及创设经济新闻的新栏目，以报道金融、实业、股市和国际行情等动态。从 1917 年至 1928 年，他带着儿子张亚庸，在《新闻报》北平的岗位上坚持了 11 年。

张继斋当年在北平晨光街的《新闻报》馆记者站工作，后来他的孙女阮波也在晨光街 16 号筹办外刊。更具戏剧性的是，他曾为抨击曹锟贿选总统而毫不留情地用铁笔尖锐地揭露这个卖国贼和独裁者。他被诱捕在功德林狱中，大义凛然，竟以刻壁留诗文："此'功德林'无量，黑狱屠场。祖孙三世，无愧炎黄。盼国富民强，三代人共朝。悠悠余心悲，苍天曷眉极。——忠人刻，1914 年冬。"

张继斋晚年退居，在抗战烽火点燃的时候，还率领上海十余家报馆组成的慰问团前往东北采访，留下一批罕见珍贵的资料。他心怀一颗正义之心，时时激励着自己，即使到生命的最后一刻。

1938 年春某天清晨，张继斋写了两张大字，在最后一张大字的右上角，写上八个小字："生于忧患，死于安乐。"那晚，他就抗战期间应否罢工问题写了一篇评论文，因长期积劳成疾突发大面积心肌梗死而与世长辞。

（文 / 枫肥）

以文称世考红楼——近代“红学”专家钱静方

钱静方，名学坤，笔名一蟹，亦署“泖东一蟹”，以字行。他生于清光绪元年（1875 年），宣统元年（1909 年）成为岁贡生。他与“辛亥革命青浦光复”领袖许其荣为同宗兄弟，因他的叔父过继给外家许家为嗣，故许其荣为其堂兄。他们同期留学日本，许其荣学习法律，钱静方入士官学校专攻警务。在日本，他们结识了孙中山，并受民主革命思想的影响。1910 年回国后，两人与叶袖东等几人首创了《青浦报》。

1911 年，在许其荣领导的辛亥革命青浦光复中，作为地方士绅及同宗兄弟，钱静方与其兄钱学乾也是积极参与，出钱出力，募团招捐以巩固临时政府政权。当自治公署召开大会，钱学乾等人推举士绅徐彭龄为民政长，钱学乾则担任财政长，众人组成了光复后的青浦政权机构。青浦光复之后，钱静方任《青浦报》主编，鼓吹民主革命，著有《汉族光复史》单印成册发行，署名“三户遗民”。青浦成立民政署后，他与

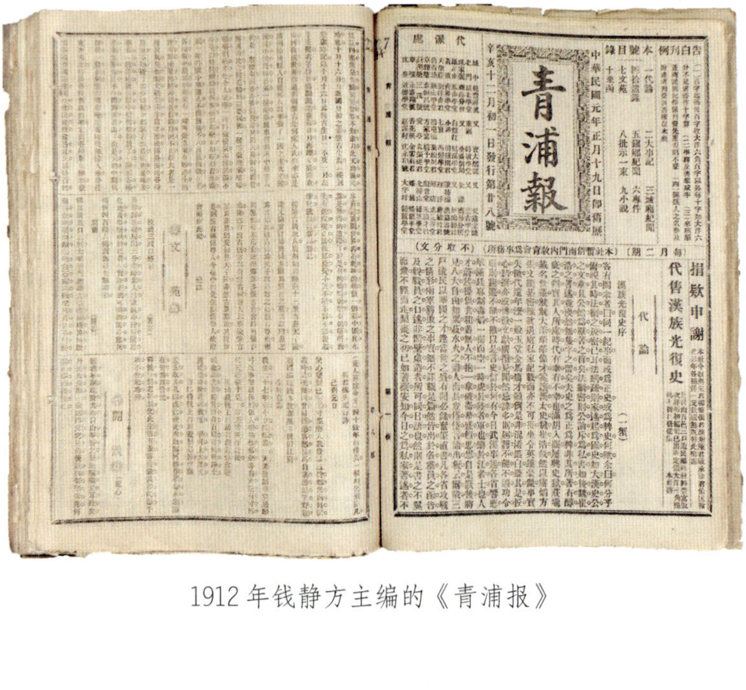
青浦報

代售漢族光復史

捐款申謝

1912 年钱静方主编的《青浦报》

章汉秋等人发起组织了青浦政论会，效法西方民主制度，协助民政长办理县政事务，并被推荐为副会长。1911 年冬，城北农民因遭受水灾但田租分文未减，不堪重负，遂群起而结社抗租。民政长徐彭龄因处置城北农民抗租不当而去职，士绅公举其兄钱学乾继任。钱静方竭力出谋划策，协助管理县政，多次下乡劝解，邀请农民代表一起商定减租方案。

北洋军阀统治时期，钱静方从政坛退出，闭门谢客，不问政事，唯以读书著述为乐。他以文著称于世，主要表现在三个方面：首先是对中国古典小说和戏曲的考释，出版了《小说丛考》，尤以《红楼梦考》为代表的“红学”研究而闻名；其二是编辑了《青浦闺秀诗存》，充分挖掘了青浦历代女性的诗词作品；其三是对昆曲在青浦民间的发展做出了一定的贡献。

《小说丛考》是钱静方对元明清小说戏曲的研究论著，几乎涵盖了对元明清时期中国小说以及部分戏曲剧本的考释研究。

民国初期，中国掀起了一股“红学”热，诸多文人投身于“红学”

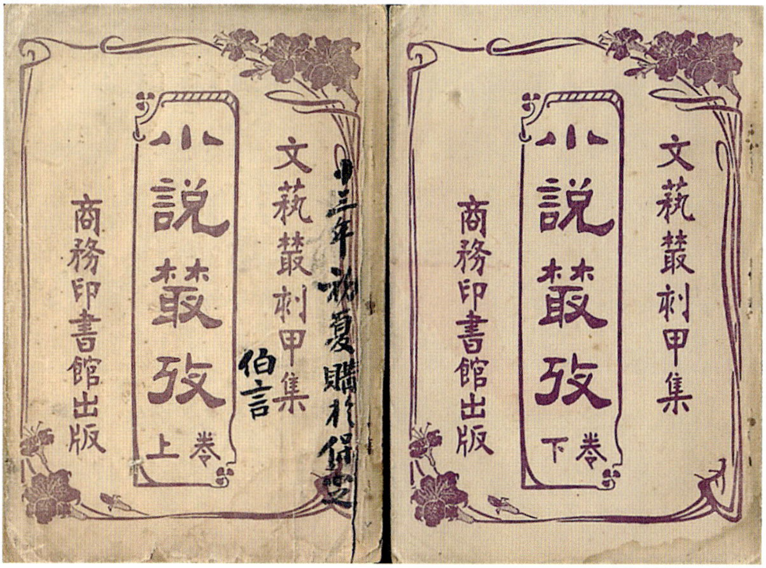

1916 年商务印书馆出版的《小说丛考》

研究。作为我国早期头脑清醒的“红学”家，他的《红楼梦考》一文被蔡元培收录在其《石头记索引》中。他的“红学”理论对后来的研究者有着很大的影响，胡适在其《红楼梦考证》中多次提及钱静方的论点。

1916年，钱静方编纂的《青浦闺秀诗存》问世。在男尊女卑的封建时代，女人有文化者少，能写诗著书者也少，能被史籍所收集著录者更是少之又少。他穷尽文献，竭力收录王昶《青浦诗传》中遗漏的青浦历代女诗人作品，共收集从元代管道杲、管道昇姐妹直至清末的61位青浦女子（含12位游寓在青浦的外籍女诗人）的诗作。这部诗存内容完整，体例清晰，先列人名，后书人物小传，再附诗作，所选的诗作多以描绘青浦水乡秀丽景色为主，少有伤情感怀之作。可见，钱静方不但认识到了闺阁诗词的文学价值，也顺应了当时妇女解放运动的时代潮流。

钱静方才思敏捷，个性诙谐，善于谈笑，好吟咏度曲。从明季以来，青浦紧邻“百戏之祖”昆曲的发源地昆山，昆曲在民间一直盛行，许多文人视吟唱昆曲为雅好。曾留学日本学习警务的钱静方尤好昆曲，1915年与章汉秋等人成立了“青浦曲社”，专事研习昆曲，后定名为“讴青曲社”。他们推选寄寓于青浦的苏州昆曲家许蓉村（1868—1939年）为社长。“讴青曲社”，“青”之含义，一是表示对古代“声振林木，响遏行云”的善唱者秦青的敬仰，二是表明地属青浦，要为青浦讴歌。他们从研习昆曲，发展到演唱，生、旦、净、末、丑角色齐全。曲社活跃于青浦曲水园的凝和堂、茶楼“别有天”的楼上，檀板拍曲，一时间青浦城里昆曲婉转不绝于耳。

1934年，钱静方参与编纂《青浦县续志》，广征博采，不遗余力。

全民族抗日战争时期，钱静方困守家园中，郁郁寡欢，于1940年初春病逝，终年66岁。

（文/张力华）

丹青秀雅的志壶老人——方雅琴

方雅琴，名铿，字雅琴，别号志壶，以字行，青浦镇人。生于光绪三年（1877 年），幼年失怙，家境清寒，母子俩相依为命。童年读书未毕，即往平湖习贾谋生，在一家烟纸店里当学徒。他从小嗜画，后拜吴兴高濂溪先生为师，学习写真，除山水花鸟外，兼攻人物。因聪颖好学，勤奋努力，进步很快，画技、画法尽得老师所传，所画人物惟妙惟肖，栩栩如生。

旧时，逢年过节，青浦居民家中多有张挂祖先画像（俗称“真影”）祭供之风俗。某年，方雅琴家况极窘，遂以描绘“真影”糊口，除夕之前他一连画了三天三夜，才得以勉强度岁。随后，在家门前设置一小摊，以代客画照为主。

20 世纪初，西法拍照初行青浦，方雅琴乃首购照相机一架，假城隍庙灵园空屋一小间，以拍照兼画像为业。

1911 年辛亥革命后，邑人许其荣、沈葆均等举旗响应，11 月 6 日宣布青浦光复，全城百姓一片欢腾，城门上空旌旗飘扬。其中一面一丈多长的特大旗帜，上写“光复大汉”四个大字，每个字径二尺 66.67 厘米有余，遒劲苍健，气势不凡，白底黑字，蔚为壮观。此乃方雅琴先生用棉絮蘸了煤团水书写而成。

民国初年，青浦城隍庙灵园改称中山公园。园内景观因历经战乱而大多被毁，残垣断壁，一派萧条景象。后虽由宋思劬祖孙先后管理修葺，但仍未能完全恢复。宋氏殁，方雅琴受地方父老推荐，担任公园管理员。他根据园中原有景点，参考画理，匠心独运地重新加以修建和补充，叠石起峰，高低跌岩；亭台楼阁，古朴典雅。不数年，公园面貌焕然一新。一俟春到人间，红花绿草，竞相怒放，曲水流觞，颇具特色。1936 年青沪公路通车后，四方游客不断，无不啧啧称道。他在公园管

方雅琴《烟波垂钓图》

理员的岗位上工作了三十多年，直至 1949 年 5 月青浦解放，为家乡的园林事业作出了卓越的贡献。

1937 年八一三淞沪抗战后，青浦沦陷，青浦孔庙遭到敌机轰炸，大多殿宇被毁。原尊经阁内藏有很多铜器，是光绪四年（1878 年）仿曲阜孔庙制的祭器，古色斑斓，极为珍贵。方雅琴得悉孔庙虽毁而祭器幸存，即冒生命危险连夜雇工将祭器搬运至公园，秘藏于孝子堂复壁之内。抗战胜利后，他与好友沈瘦东谈及此事，决定将这批祭器取出捐献给当时的县政府。政府给他发了四十元奖金，以表彰他保护国家文物的功绩。后来这批祭器保存下来，收藏在青浦博物馆。

被方雅琴保护的清光绪青铜编钟 ▽

青浦解放时，方雅琴已经71岁高龄。老人喜欢清静，因而与子媳分居，在钟秀桥西侧（今码头街菜场附近）建一简易小斋独居。门前辟三弓隙地，用竹篱围之，题曰："泮东小筑"。内植各种花草、盆景，又饲养了几笼鸟雀，一年四季鸟语花香，艳而不俗，喧而不媚。后老人需要有人照顾，又迁回庙前街老宅。

方雅琴晚年丹青秀雅，宗法清代玉壶外史，自号"志壶老人"。所存画卷，以仕女为多，旁及花卉、山水、兰竹等，署名"方铿""志壶""志壶老人"。现青浦县博物馆藏有他部分作品。

他因患急性膀胱炎，医治无效，于1959年5月15日溘然长逝，终年八十有一。方雅琴遗有部分画卷外，另有手编《志壶诗抄》一卷。

（文 / 沈求洁）

青浦红十字会创始人——徐熙春

中国红十字会青浦分会（以下简称青浦红十字会）已成立百余年，其创办人是青浦乡贤徐熙春。

百年前，中国军阀混战不断，社会动荡不安，给人民带来了巨大的灾难。1924 年 9 月，江苏督军齐燮元与浙江督军卢永祥为争夺各自地盘和利益，发生了江浙战争，也称齐卢战争。江浙战争历时 40 天，地处江浙交界的青浦直接遭受战争破坏。“军队所过，村镇为墟，人民奔走迁移，颠连失业，富而贫、贫而死者，不知凡几，而江南战区如宜兴、昆山、嘉定、太仓、松江、青浦等县则尤甚”，大量难民涌入青浦。目睹难民与死者的惨状，徐熙春挺身而出，迅速邀集同仁成立青浦红十字会，收容、救护流离失所的百姓，实施人道主义援助。从此，他为崇高的红十字事业奋斗了一生。

徐熙春（1885—1965 年），名正章，字六根，熙春为其号。他出身于青浦老城厢的名门望族，父亲徐公勉秉承家学，诗礼趋庭，为县增广生，中年宅于阜民桥西畔。徐熙春青年时期在上海经商，从事印刷业。他继承乐施好善的家风，崇尚俭约，急公好义。

红十字国际委员会是从事人道主义工作的社会救助团体，1863 年

徐熙春像

由瑞士人亨利·杜南倡议成立，时称“伤兵救护国际委员会”，1880年改为现名。该组织旨在为战争受难者进行保护和救济，传播人道主义。1894年甲午海战后，国际红十字运动开始在中国大陆传播。1904年，为救护中国难民，上海海关道沈敦和等人发起成立“万国红十字会上海支会”。1907年更名为大清红十字会。1911年改名为中国红十字会，1912年得到了红十字国际委员会的正式承认，为中国的慈善救济以及医疗卫生事业作出了重大贡献。

青浦红十字会成立时，徐熙春任副会长，翌年任会长。在他的领导下，青浦红十字会在1927年北伐战争、1932年“一二八”淞沪抗战、1937年八一三淞沪抗战中，发扬人道主义精神，先后安置遣返难胞18000多人次，组织救护伤员无数，掩埋军民尸体866具。战后还组织其他社会公益事业，如募款购买种子救灾民，疏浚河道，构建桥梁，得到了社会的高度赞扬。

抗战胜利后，鉴于血吸虫病和疫病流行，危害人民健康，徐熙春申请总会支持，获得医疗器械等设备，并承蒙地方善士赞助，于1948年4月4日在老城厢公堂街创建了中国红十字会青浦分会医院，聘请顾学箕担任院长。医院拥有医务主任刘经国、医师蒋俊怀、王克等职工12人，开设内科、外科、妇科3个科室，设置病床10张。中国红十字会青浦分会医院就是青浦区人民医院、复旦大学附属中山医院青浦分院的前身。

顾学箕（1911—1982年），青浦县辰山（今属松江区）人，预防医学家、劳动卫生学家。1930年考入沪江大学医预科，1932年考入国立上海医学院。全民族抗日战争中，在川、甘、青边区的松潘、重庆青木关和内蒙古的伊克昭盟等地从事基层医疗卫生工作。1946年，他被选派赴美国哈佛大学公共卫生学院进修公共卫生学，1947年获公共卫生硕士学位，回国后在中央大学医学院任教。1948年，受聘为国立上

1963 年县红十字会医院建立肺科门诊

徐熙春像

海医学院副教授。1952 年起任上海第一医学院卫生系妇幼卫生教研室主任、卫生系代主任等职。1982 年，被世界卫生组织（WHO）聘为职业卫生专家咨询组成员。他先后兼任卫生部科学委员会委员，全国卫生标准委员会委员兼劳动卫生标准分委会主任委员、顾问，中华预防医学会上海分会会长等职。

徐熙春扶危济困，助人为乐，高风亮节，为青浦近代卫生事业的起步和发展作出了突出贡献。为表彰他的业绩和贡献，1989 年 12 月，青浦县人民政府在青浦红十字医院（青浦县人民医院）树立了他的铜像，供后人缅怀瞻仰。2008 年，为弘扬与延续徐熙春“扶危济困、助人为乐”的精神，徐熙春后人向上海中山医院青浦分院捐赠 35 万元人民币。医院匹配 35 万元资金成立了“徐熙春医学奖”基金，以表彰和弘扬上海中山医院青浦分院职工在医疗、教学、科研、管理等领域作出的突出贡献和成就。

（文 / 王辉）

他用毕生精力写诗——青浦诗人沈瘦东

沈瘦东像

才华横溢

沈瘦东，名其光，字乐宾，号瘦东，晚年自号瘦冬、瓶翁、兰笋山人。清光绪十四年（1888年）5月1日，沈瘦东出生于青浦崧泽南村。11岁时不幸丧父，由母亲邵氏延师课读。16岁学作诗，18岁赴清末次院考（光绪三十一年乙巳科），同年秋赴松江府试（与南汇苏局仙同试），以前七名成绩成为青浦历史上最后一位秀才。发榜那天，县学敲锣打鼓将“喜报”送至南村，村人一片沸腾，左邻右舍纷来庆贺。

翌年，沈瘦东去上海就读震旦学院，为英法文二班生，开始接触新文化。终因母病殁，辍学回家守孝，从此开始了他持续一生的诗歌创作，这一年他19岁。

沈瘦东尝言：“吾学诗初于魏晋曹子建、陶渊明，继学六朝三谢，再接唐杜、韩、王孟、义山、玉川，至北宋读眉山、宛陵、荆公、山谷诗，南宋学诚斋、石湖、放翁等诸家”，“其中学襄阳、放翁最为用力，至数十年不废”。

沈瘦东从弱冠之年刊印诗文问世，之后一生著作不辍，在师友的赞助下，他先后刊印、出版了《瘦东诗钞》四种钞本，共收诗作三千多首。除了诗集之外，沈瘦东还有《瓶粟斋诗话》十卷、《瓶粟斋诗话续编》六卷、《瘦东文拾》上下册、《瓶粟斋谈艺录》《瓶粟斋谈艺外录》《青浦后续诗传》《瓶知》等众多著作。

沈瘦东一生专力于诗的创作与诗艺的研究，诗名传遍大江南北。南通张謇称他“文近庐陵，诗近三谢”，并曾手书五律一首相赠，其首联为“举世儒为贱，江南独沈郎”。他初访常州钱名山于寄园讲学所时，钱氏也对他大加赏识，说“眼中莫道无知己，新得吴下沈下贤”。如皋名士冒鹤亭赠诗赞其为“眼底江东士，无如沈下贤”。寓居沪上的文史名家郑逸梅在 1947 年的上海《正言报》上撰评：“青浦虽蕞尔之地，然人文极盛，以言诗才，则推沈瘦东为祭酒”。江苏议会议长沈思齐延请襄纂《松江续志》，并赠“若日方中照于五岳，唯海无量奄有群流”一联，盛赞其才华横溢。

对几位前辈的称誉，沈瘦东颇引以为傲，他请人刻制了“江南沈郎”“江东一士”两枚印章，“以志矜宠”。他的诗友雄羽称道他：“主领骚坛，和风振雅，四方从游之士虚往实归，近世之鲁灵光也。”他的学生薛平子曾上门受读，赋诗说：“犹记门前横碧水，更从窗外数青山。怡情著述忘今古，得意耆英共往还。”“怡情著述”四字，形象地描绘出了沈瘦东沉浸于诗文之中的情景。由于他诗名在外，请他“删句”者有之，向他索诗者更不乏其人。他曾对诗友说，“近日戒酒戒诗，但苦多文字之债”，且有句云，“田园薄业生无累，湖海虚名日有诗”，每日有诗，可见其作诗之勤和向他索句之众了。

沈瘦东用一生精力致力于诗的创作，他的诗，为近现代留下一笔重要的文化遗产。

三迁居宅

沈瘦东一生未仕，是个布衣诗人。他早年家境富裕，后从南村搬入城内生活。俞祖望说，他的家在县城东水行四五里的笑莲泾，而沈瘦东的家在其村东南隅之南村，二人皆少孤，因沈瘦东年长，故以兄事之。少时两人各从慈母相往还，“友爱视骨肉”，后皆移家城中，“风雨晦明过从益密”。但随着时局的动荡，生活渐渐陷入困境，又先后搬了二次家。三次迁居，无疑是沈瘦东这个布衣诗人坎坷生涯的一个缩影。

由于他整天沉湎于诗书之中，对为官和经营之道一窍不通，亦不屑为之。他在《瓶知》中说，“幸承先人余荫，东廓有膏腴，城南有园宅。”城南的园宅，就是沈瘦东从南村移入城内时建造的。那是 1910 年，23 岁的沈瘦东买下已故举人陈鏻在城南的旧宅，面积二亩（1333.33 平方米）多，重新“营屋数楹”，又辟一小花园，筑一小池塘，还利用余料建了一座“半野亭”，作为读书和会客之所。那里花木葱茏，有长廊，有亭阁，有厅堂，他在那里读书吟诵、设课授徒。弟子曹修伦在《瓶知·跋》中回忆说：“曩时，余随先子東庵公至青溪，必谒先生于半野亭前，流赏梅右芳秾，禽鱼活泼；亦或月夜敲门，楼头促膝；或陪盛宴，或共清吟，此情此景迄今将三十年矣！”沈瘦东本人对半野亭也情有独钟，作有多首诗，称“此间也有仙源在，欠箇渔郎泛钓槎”（《小园桃花盛开，与诸子来饮半野亭》），“南园夜雨花初落，东阁春阴燕乍归”（《题半野亭壁》）等。

但不久，沈瘦东只得将城南园宅变卖。原来，他 19 岁时由母亲做主，娶了城内徐氏之女为妻。不幸徐氏染上陋习，使原本持家无方的沈瘦东在经济上更陷困窘。无奈之下，他只得将亲手营造的“半野亭”园宅变卖于他人，自己则移居到更南的“陈家甸”荒凉地带，重新筑屋，称“濠上宅”。这里北流荒溪，南邻古刹极乐庵，地多屋少，景象清淡。在这里，沈瘦东将自己的书斋名为“瓶粟斋”，取陶渊明“瓶中储粟，可见穷士”之意。

邑人周泓发先生收有沈瘦东当年卖房的官方契约。

为此，沈瘦东作有《弃宅》一诗：“亦知天地生如寄，吾爱吾庐语却真。名刺生毛浑细事，卓锥无地始奇贫。诗书收拾生涯淡，花木摩挲别意新。户窗安排才楚楚，枉抛心力廿三春。”沈瘦东自 1910（时年 23 岁）年移宅城内，至 1934 年（47 岁）变卖园宅，恰好经过 24 年。

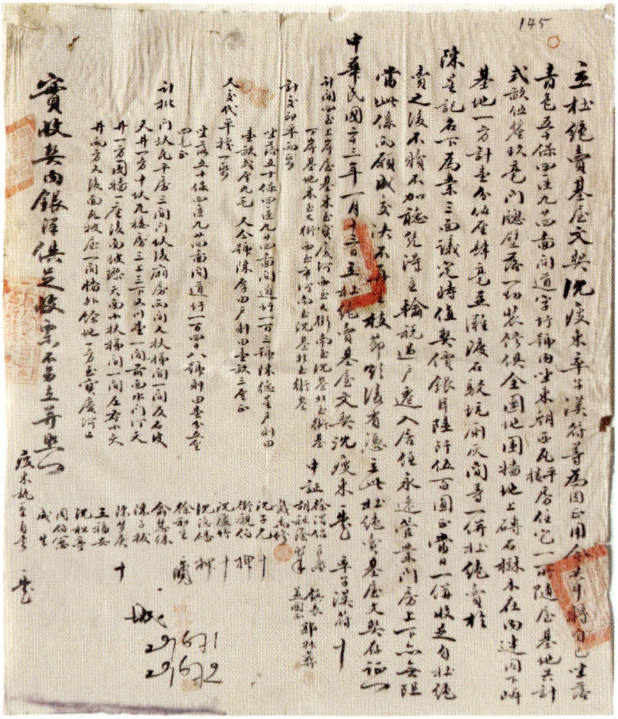

民国二十三年（1934 年）沈瘦东 47 岁时的卖房契约

诗中，沈瘦东抒发了自己诸多的留恋和无奈。

在濠上住了十年之后，生活困难的沈瘦东于 1944 年卖去“濠上宅”，搬到西门小虹桥北三元街 51 号，一间又矮又暗的小屋居住，这时沈瘦东已 57 岁。在没有经济条件的情况下，他在小屋边临河接建一间平房，作为书斋与会客之用，仍名为“瓶粟斋”。为此，他作诗曰：“聊可栖身便即留，百年身世一浮沤。楼低霜气苏残梦，水迫波光浴病眸（眼睛近视更严重）。福地岂容贫孟住，闲门只合老陶休。小虹桥畔娟娟月，伴我孤吟更几秋。”

沈瘦东后来一直居住在小虹桥瓶粟斋里，岁长月久，此宅成了危房，时有坍塌之虞，他却无力修缮。1964 年，县人民政府出资帮助维修，才得面貌一新，他为此兴奋地写下《瓶斋歌寄公予》一诗，邀请诗友前来“新居”相聚：“……小虹桥北第四家，问讯老夫人尽识。今年屋破幸脱厄，政府支援初就葺。先生踏惯青芙蓉，何况峰泖之间近咫尺，一顾瓶斋定出色，呜呼！一顾瓶斋定出色。”

流韵绵长

1970 年 1 月 19 日，沈瘦东因病离世，终年 82 岁。

1989 年，《青浦县志》为沈瘦东立小传。

2004 年，青浦区政协文史资料委员会编纂的《话说青浦》丛书，诗人沈瘦东被编进“人之杰”篇章。

2008 年至 2009 年，为纪念沈瘦东诞辰 120 周年，崧泽学校与曲水园先后辟有“诗人沈瘦东”与“沈瘦东书房”陈列室，两室均有上海市文史馆馆长吴孟庆题额。

沈瘦东手迹二帧

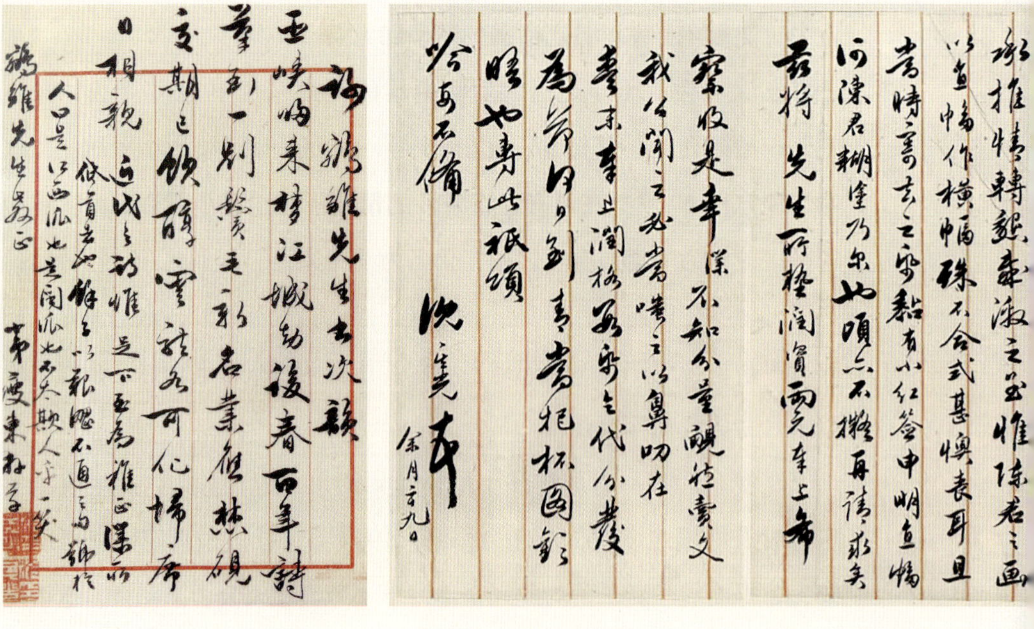

2011年，由沈尔立主编的“诗人沈瘦东”乡土教材出版。

在沈瘦东诞辰100周年纪念之际，旧友与弟子写了许多颂扬他的诗文。107岁的同科秀才南汇苏局仙说：“交谊犹存魂梦中，骚坛当日号诗雄。”同邑市文史馆馆员张联芳说：“故乡耆宿人钦仰，史馆前贤名早扬。”朱家角《秋裳社》主编、诗友黄意诚在《哭瘦东去世》一诗中说：“割田弃宅未为贫，剩有诗篇百二新，闹雨闹风都不管，一生论定是诗人。”

上海“鸣社”诗人严载如说：“蒲褐山房瓶粟斋，碧空双鹤白云排。九峰三泖葱葱郁，文采风流两并佳。”（注：“蒲褐山房”为王述庵先生书斋名，“瓶粟斋”为沈瘦东书斋名）文史馆员薛平子也说：“九峰三泖前有蒲褐，后有瓶粟，蔚为乡邦之光。”

浙江省文史馆员周采泉说：“彻骨清贫不掩名，江东一士亦峥嵘。”

广州袁功甫《寄情瘦东老人》诗说：“只要工诗不怕穷，何须咄咄苦书空。瓶斋风味吾能说，冷煞横溪沈瘦东。”

北京中医学院顾问、全国人大常委会委员、诗弟子董建华作联云：“博览群书，学识精通百家；出口成章，诗词不亚三曹。”

上海文史馆馆员、书家诗人田遨撰联敬颂诗人书家沈瘦东云：“以秀才成大诗家，几番改朝换代；从瓶斋到文史馆，行处墨舞笔歌。”

（文/凌耕）

主事营造中山陵——近代工程学家夏光宇

夏光宇像

南京中山陵是近代伟大的民主革命先行者孙中山先生的陵寝，现在已经成为全国著名旅游景点。而中山陵的营建离不开一位青浦人的贡献，此人就是夏光宇。

夏光宇（1889—1970 年），名昌炽，字光禹，民国后以字行，作光宇，青浦镇人，土木工程学家。他幼习举子业，清末废科举后就读于江苏高等学堂，1910 年毕业，奖为举人，授内阁中书。不久，入京师大学堂工科土木门（系）深造。之后京师大学堂更名为“国立北京大学”，夏光宇于 1913 年毕业，成为中国自主培养的第一代土木工程高级专业人才。

辛亥革命时期，夏光宇与叶楚伧等人交往甚密，曾协助创办《太平洋日报》，加入南社，鼓吹革命。自 1913 年起，他在北京市政府交通部任职，曾任国际交通专门委员，两次赴美国考察，并任巴拿马太平洋万国博览会中国交通部代表，以及万国工程师大会及国际水利会议中国出席代表。回国后，他历任广三铁路管理局局长、京汉铁路南段办事处处长等职。

1925 年 3 月 12 日，孙中山在北平（今北京）逝世。按照孙中山遗愿，遗体将归葬南京紫金山。不久，国民党成立了孙中山葬事筹备处筹备安葬事宜。吕彦直担任陵墓总建筑师，其设计的简朴、庄重的钟形图案被选为陵墓建筑设计图案。1926 年 1 月，中山陵破土动工。因规模大，涉时长，中山陵建设共分三期进行。

1927 年春，国民革命军底定南京后，夏光宇接替杨杏佛担任孙中山葬事筹备处主任干事，负责孙中山遗体奉安南京前的葬事筹备事宜。此时，中山陵的建陵工程已经进行了一年多，祭堂、墓室还在建设之中。因时局动荡，建陵进展缓慢。夏光宇与吕彦直等不怕辛劳，竭尽全力，多方协调，加快了建设步伐。夏光宇向吕彦直提出建议，牌坊不要紧挨着陵门，在陵门与牌坊之间增加一条长达数百米的墓道，并将牌坊移至墓道的南端，这一建议被吕彦直所采纳。1929 年春，中山陵二期工程竣工。

中山陵

1929年1月，国民政府在南京成立了孙中山奉安委员会，并决定于6月1日举行奉安大典，将孙中山遗体归葬。夏光宇被推选为委员会秘书。奉安大典后，葬事筹备委员会撤销，中山陵建设未尽事宜由国民政府成立的总理陵园管理委员会继续办理。夏光宇开始在总理陵园管理委员会任职，担任总务处处长。至1931年底，中山陵第三期工程已全部告竣，标志着中山陵除纪念性建筑外，主体工程终于全部完成。

1928年11月，国民党中央建议建设国民革命军阵亡将士公墓，夏光宇等又被推定为阵亡将士公墓筹备委员会委员。1931年4月，他被指定为常务委员，尽心办理中山陵陵园东部园区的建设。

建成后，中山陵占地面积8万余平方米，依山势而建，由南往北沿中轴线逐渐升高。主要建筑有博爱坊、墓道、陵门、石阶、碑亭、祭堂和墓室等。中山陵建筑融汇中国古代与西方建筑之精华，庄严简朴，别创新格，有着极高的艺术价值，被誉为“中国近代建筑史上第一陵”。

其中，夏光宇主事中山陵建设前后花了6年的心血，作出了重要贡献。

时值国民政府定都南京、南京城市大建设之际，1931年夏光宇又任全国运动大会筹备委员会委员兼主任干事、首都建设委员会专门委员、国民政府交通部扬子江水道整理委员会委员等职，参与到南京城市建设之中。1932年3月，他辞去总理陵园管理委员会总务处处长职务，之后专注于铁路与交通建设。1936年5月，中国土木工程师学会在杭州成立，夏光宇担任会长，并兼任历届总干事。1949年后，他离职寓居香港，不久前往台湾，1970年在台北逝世，终年81岁。

（文/王辉）

二走延安的“红色牧师”——董健吾

时光飞驰，岁月荏苒。无数历史人物在历史长河中沉浮，用其生命源泉润泽华夏民族上下五千年的文明。有一位从青浦镇东门棣华桥走出的人物，历经风雨洗礼，到晚年被人称之为“红色牧师”，他的名字叫董健吾。

董健吾（1891—1970 年），曾用名董选青、董守青。曾化名周继吾、王牧师。他于 1891 年正月初五出生在青浦董家，一个书香门第和基督徒的世家。其祖父曾几任县官，其受祖母影响，自小接受基督教洗礼，并受高等教育。

董健吾曾在中共中央特科工作，以牧师的身份在隐蔽战线上作出了特殊的贡献。

董健吾（右）与吴筱朋合影
1924年（董健吾孙子董闯供图）

1927年，在南京教育部任秘书的同乡兼同学戴志骞推荐他出任青浦县中学第二任校长。董健吾乐意为家乡的教育事业出力，在征得圣彼得教堂的同意后赴家乡。在担任青浦县初级中学校长期间。他重视学生的品德培养，要求教师在传授文化知识的同时，要注意引导学生具有优良的品行。那时学校校舍破旧不堪，他就向省教育厅请款，拟建新校舍。

董健吾的儿子董鹏飞回忆："对吾爷的事体，一般大家不大讲的。后来到吾爷年纪大了，吾照顾在身边，吾就问吾爷：'侬为啥要参加共产党呢？当时侬个日子蛮好过，为啥要参加共产党？'"吾爷讲："当时毕业的时候，浦化人问我：'你毕业后，将来为什么样的人服务呢？'我回：'为多数人服务。'浦又说：'多数人是穷人。'我回：'是的，穷人。'浦又说：'共产党都是为穷人服务的。'我回：'所以我加入了共产党，为多数人服务。'"

这里收录董鹏飞讲述董健吾"二赴陕北"与宋庆龄、张学良、爱德华·斯诺等之间的故事。

1935年，华北危急，蒋介石一边剿共，一边寻求渠道与中共接触，释放联合抗日的信号。蒋介石派出了几路人马搭桥，其中一路是宋子文。宋子文来找二姐宋庆龄帮忙。

宋庆龄听后，不假思索地说："我看你的同学可担此任。"

"哪个同学？"宋子文蒙住了。

"董健吾牧师！"宋庆龄说。

当时董健吾是宋府常客，他的公开身份乃上海圣彼得教堂牧师。董健吾与宋庆龄的弟弟宋子文为同窗，宋庆龄的另一弟弟宋子良是董健吾的学生，宋母——宋太夫人倪珪贞时常请董健吾主持祈祷仪式。

宋庆龄也曾到圣彼得教堂与鲁迅、矛盾等盟友参加有关活动。

正是因为董健吾这样的身份，当宋子文接受蒋介石的指示，来与二姐宋庆龄商量时，宋庆龄觉得董为中共特科人员，与一般的中共党组织相比，有着丰富的隐蔽工作经验和较强的社交能力，且相熟知其秉性。所以宋庆龄自然而然地想到了董健吾，牧师身份接受特殊使命，国共双方都可以接受。宋氏姐弟俩认真商量后决定请董去陕北，直接向中共中央传递国民党中央愿意谈判的信息。

1936 年 1 月某日，小交通员董健吾的女儿董惠芳刚到家，就用双手把一封信递给父亲。“爸爸，这是孙夫人要我带给你的。”董健吾打开信，见用钢笔字简短写了一行字：“请董先生至敝舍晤谈。”

董健吾第二天应邀来到宋庆龄寓所——莫利哀 29 号（即今香山路 7 号，孙中山故居）。宋庆龄对他说：“你要马上动身到陕北瓦窑堡去一趟，当面给毛泽东、周恩来送一封信。”关于信的内容，宋庆龄只字不提，她一再提醒：“这是一份非常重要的信件，把送信这件事办成了，益国匪浅。”董当即表态：“决不辜负夫人委托，天大的困难也要克服，坚决完成任务复命。”

董健吾回家整理行装，他把密信缝进了贴身的棉背心内，同时向中共上海临时中央局报告了宋庆龄委托他去瓦窑堡送信之事。

董健吾一到西安，因为西安气候恶劣，国民党军队封锁严谨，通道全阻，在万不得已的情况下，他通过钟可托的引荐，求见张学良。

张学良接见了董、钟两人。董健吾与张学良寒暄了几句，便开门见山地说：“副座，我是来向您借飞机到红区的。”

张学良大吃一惊，脸一沉，瞪着眼睛怒气冲冲地问：“什么？你敢到这里提出这样的要求？凭你刚才这一句话，就可以把你押出去枪毙，你知道吗！”少帅一发脾气，犹如晴天霹雳，但是董健吾镇定自若，面不改色，平静而又深沉地回答：“怕死者不来，来者不怕死。为抗日大业而死，死而无憾！”

“你究竟是什么人？受谁指派？去红区有什么任务？”张学良追

问道。

“我这次是奉孙夫人之命来西安。当前日寇入侵，华北危在旦夕。孙夫人对国家和民族的命运深为忧虑，特派我给毛泽东、周恩来传递南京方面密函，接洽国共联合抗日之事。没有想到，这里特别寒冷，大雪纷飞，遍地冰封，陆路断绝，所以请求副座支援。”董健吾说出了宋庆龄交给他的任务。

张学良一听，搓着双手，面露喜色：“喔，是孙夫人派你来的。”

经过一番跌宕起伏的对话，张学良从发怒到后来欣然同意把自己的私人飞机借给董健吾使用，派遣骑兵连把董、张送到边境，两人由此结下了友谊。

后来，董健吾与同行的张子华两人安全抵达瓦窑堡，不巧，中共中央的主要负责人都在前线，驻扎山西石楼，由林伯渠、秦邦宪、张云逸等代表毛泽东、周恩来出城迎接。随后毛泽东致电秦邦宪及周恩来，要求他们和董健吾等一起赶往山西石楼，与他见面，共商与国民党中央联络、谈判等有关事宜。但董健吾想到自己离开上海已近两个月，为了不致引起南京方面的疑虑，希望快些回上海复命。

董健吾送给宋庆龄的鱼骨化石（上海孙中山故居纪念馆珍藏并供图）

董健吾回沪没过几天，宋庆龄安排董化名“王牧师”身份赴延安，以特殊的身份，护送埃德加·斯诺以及马德海到苏区。

如此，董健吾得到孙夫人的重任“二赴陕北”，与张学良结为朋友，与斯诺结下了深厚的友情。董健吾顺利完成护送使命，颇为欣喜，恰逢在西安古董商友人处觅得一块手掌大的“鱼骨化石”，他在回沪复命时，将其作为“小礼物”赠予宋庆龄，留作纪念。

此小小的礼物，折射出“二上陕北”的过往，第一次是在民族危亡的关头，两党从各自的立场、观点、动机出发，由宋庆龄与宋子文的周密策划与张学良的鼎力相助，董健吾穿梭于两党之间，打破了国共之间近十年的敌对关系；第二次，董健吾护送斯诺、马德海陕北之行。促使斯诺写出了著名的《西行漫记》，让世界第一次真实地了解了中国共产党的革命业绩和抗日主张。

“鱼骨化石”这一珍贵礼物陪伴在宋庆龄身边，长达半个世纪，直至生命终止，现珍藏于“孙中山故居纪念馆”。

（文 / 枫肥）

修筑青沪公路——留美工程师盛祖江

盛祖江（1897—1967 年），一名伯耕，字珏斋，青浦镇人，出身于富豪家庭。民国九年（1920 年），他毕业于南洋公学（今上海交通大学前身）电机系，旋即赴美留学。民国十一年（1922 年）进入威斯康辛大学进修，获电机硕士学位。民国十四年（1925 年）回国，就聘于上海闸北水电厂，任工程师，不久升任总工程师。后因遭匪绑架，离沪赴宁担任江苏电政管理局总工程师。抗战爆发后，他在广西桂林任军

上海闸北水电厂旧影

事委员会桂林无线电台台长，后任重庆复兴公司炼钢厂工程师。

在民国二十六年（1937 年）青沪公路建成之前，青浦至上海的交通主要依靠水路，人员往来极为不便，也严重影响了青浦的发展。改善青沪交通成为青浦人民的迫切需求。在这样背景下，青浦镇人、曾留学日本的叶昌焘于 1936 年 3 月发起倡议，邀集本县人士筹建了青沪长途汽车股份有限公司，修筑青沪公路。经过一年多的建设，1937 年 7 月，青沪公路建成通车。青沪公路是当时青浦至上海的唯一一条公路，改变了过去青浦到上海之间依赖水路交通的状况，促进了青浦交通的发展。但不幸的是，青沪公路建成通车后不久，淞沪抗战爆发，许多路基、桥梁遭受毁坏，较长时间内未能得到修复。抗战胜利后，盛祖江返回上海，主持青沪长途汽车股份有限公司的重组工作，并担任董事长，着手筹划青沪公路的修复。在他的努力下，青沪公路较快得到修复，汽车公司得以重振，市民往来青沪的时间大大缩短，促进了青浦交通事业和地方经济的发展。在此期间，盛祖江还兼任中国实业银行苏州分行经理。

上海解放后，盛祖江初任山东工业厅工程师，后任宁波永耀电力公司工程师。1950 年，他应宁夏回族自治区银川电厂之聘，任总工程师。在职期间，盛祖江曾为修复弃置 60 年的大型发电机而受到政府表彰，荣获“劳动模范”称号，并被聘为宁夏回族自治区政协委员。退休后，他重回上海。1967 年 7 月，盛祖江在老家青浦镇病故。

（文 / 王辉）

不尚空谈，爱干实事——徐正大其人其事

徐正大，字景乾，1898 年生于青浦镇，逝于 1987 年，享年 89 岁。

徐正大自幼受到良好家教，为人正直，学习成绩名列前茅。他早年考入唐山交通大学电器工程科（即北京交通大学的前身），后又在苏州东吴大学攻读法学科，获得双学位。毕业后，他选择就业于上海电话局任工程师。后来，他帮助友人集资并全面筹划创办四明电话公司，担任总工程师，后被调至宁波，负责该地区全面工作。当时三十多岁的他俊朗魁梧，风度翩翩，既懂得业务，又说得一口流利的英语，在业内深得中外同行的敬慕，可谓风华正茂一青年。

抗日战争时期，宁波沦陷。1942 年左右，日伪政权看中徐正大在百姓中有相当威信，有意要他当伪政府的维持会会长。徐正大和家人交代清楚，绝不会依附日本人，做伤天害理的事。他只身雇小船逃离宁波，躲避到近海的一座小岛上。此时，张继斋的孙女张薇青（即阮波）虽年仅十五六岁，却已投身于抗日救国运动。一次，她带了宣传抗日的传单来到宁波，遭到日伪特务的追踪。机智的薇青将传单藏匿，但仍被抓捕入狱。徐正大得知后焦急万分，只好向胡姓工程师说明原因，请他出面作保，张薇青才得以获救。

抗日战争胜利后，徐正大回到青浦探亲，看到青浦城已满目疮痍、百废待兴，心中感慨万分。青浦经济复苏的当务之急是恢复青沪公路的交通。抗战前，青浦已成立青沪汽车公司，有商界曹安中、盛祖江等大股东。经过数年努力，青沪公路于 1936 年 7 月通车，由青沪汽车公司专营。然而，运营不久即遭日军横行，公司办公室被炸毁，青沪公路桥梁大部分被烧毁。第二年，地方沦陷，车辆被所谓“征用”，或盗卖一空，青沪间的经济命脉被彻底摧毁。

抗战胜利后，青浦的有识之士急于商讨恢复青沪公司事宜。但从速

复业谈何容易，首先必须修复公路路面和桥梁，购置车辆，建造办公用房，这一切都需要巨额资金。原有股东已无力承担，重招新股并非易举。在原公司前辈推荐下，大家觉得徐正大论人品、能力是可以挑此重担，此建议得到地方士绅们的支持。但当时徐正大还在宁波任职，且为宁波电话局的顶梁柱。徐正大权衡再三，觉得为家乡出力义不容辞。于是他谢绝了宁波方面请他两地兼顾的建议，义无反顾地回到青浦，出任青沪汽车公司经理。

徐正大上任后，经过周密调研、筹划，觉得首先要召集新股筹集资金。在他建议下，对老股东的剩余资产评估作价，并纳入新股；同时安排人事、管理等一系列事务。他通过各方人际关系，筹集资金，争取到多位新股东。有一次，他亲自去朱家角电灯公司筹集资金，不慎摔伤，但仍坚持上门，这样的人格魅力，感动了许多商家。第二件大事是抢修千疮百孔的青沪公路路面和一座座被毁的桥梁。徐正大亲自主持、监管抢修工程，要求按期保质保量完成。他决定采取边修路边通车的办法，从仅有一辆车开始营运，并陆续购置客车。这一举措既盘活了资金，又扩大了影响，更有利于青沪公路的修复贯通。后来，这条青沪公路和桥梁经江苏省厅派员验收，被评为全省模范公路，特颁发匾额予以表扬。接着，公司又修建办公用房、兴建青浦终点站和沿途崧泽、方家窑、吴家巷等站点。到 1949 年青浦解放时，公司拥有大客车 13 辆，小客车 1

青沪汽车公司青浦站

辆，每天营运收入在青浦所有工商业单位中首屈一指，成为青浦城厢地区最大的企业。

朱家角是商业重镇，原来只靠水路交通。青浦解放后，徐正大到朱家角向商界做了动员，并得到人民政府的支持，向银行贷款修筑了朱青公路，将青沪汽车运营延伸到朱家角，开创了朱家角陆上交通的新篇章。

1956 年，青沪汽车公司转为国有，由江苏省汽车公司接管，徐正大调任为上海分公司业务科科长，直至退休。

徐正大是个热心公益事业的人。抗战胜利后，他出任青浦商会理事。他不尚空谈，爱干实事。青浦城厢的聚星街是镇中心的主要商业街，因为路面年久失修，特别在雨季，过路行人叫苦不迭。地方财政拮据，又没有专项修路资金。徐正大建议利用老城的城垣余砖，作为铺路材料，另一方面由商会筹集资金。当局政府采纳了这一建议。聚星街修复后，镇民交口称赞。有一次，练塘的国民党候补中央委员吴开先来青浦，由徐正大接待游览曲水园。吴开先见得月轩的长窗、地板全部失修，近乎坍毁，很为痛惜。在徐正大动员和鼓动下，吴开先独资捐款将得月轩修缮一新。青浦老城原来有五座城门，城门上均建有更楼，但几经战乱，只有小西门还完整保留着一座。经徐正大建议，将此更楼原物拆迁到公园假山以北，增一景观，取名“竹榭”，供游人弈棋消遣。他经常接触中、小商人，愿为他们说话，与当时政府交涉，所以在青浦老百姓中口碑较好。

青浦解放初，尚未建立人民代表大会制度，县政府召开了各界人民代表会议，以讨论并决定本县各项重大工作。从 1949 年至 1953 年 12 月，青浦共召开九次各级人民代表大会，徐正大参加了八次，并担任常务委员。他积极配合人民政府参加县救灾委员会工作；在抗美援朝期间，他积极宣传增产捐献活动，以身作则支援前线；积极推动对农业、手工业和资本主义工商业的改造；支援张瑞钟发起的捐资建造青浦中苏友谊馆的倡议等。当时新成立的人民政府用房很困难，徐正大把自己家的房子无偿借给教育局扫盲办、电影队使用，后来这些单位迁出后又改成县肺病疗养院。这些房屋被无偿出借长达数十年之久。

1981 年，县政协特邀退休后的徐正大为第五届政协委员，徐正大精神饱满地参政议政，继续保持他神采奕奕敢于直言的秉性，为地方建设事业作出了应有的贡献。

改革开放后，徐正大较早意识到要利用外资发展家乡经济。当时，张薇青（即阮波）已是出版界著名女作家，有一定的国际声望。徐正大陆续写了十封书信，辗转寄给阮波，希望她回到阔别已久的故乡参观，为故乡的发展参谋献策。在徐正大举荐下，阮波多次回到故乡，并在县政府、县政协的支持下，于 1982 年恢复了由张继斋创办的百年老校——愿学学堂，并在 20 世纪末引进外资，建成了青浦当时的第一高楼——东原大厦。

1987 年，徐正大病逝，青浦县政协举办庄重的告别仪式，青浦各界都自发派代表前去吊唁。人们不会忘记这位曾为青浦建设和经济发展呕心沥血的老人。

（文 / 钱昌萍）

本文参考资料：

《青浦文史》第五期 陆吾刚：“徐正大先生二三事”

采访知情人：

徐正大夫人：王菊卿

青浦工商联：孙季奇、蒋德珍

文教局离休干部：张耀祖

工业救国赤子心——机械工程专家庄前鼎

庄前鼎（1932 年摄）

庄前鼎（1902—1962 年），字开一，青浦镇人，中国民主同盟盟员，机械工程专家、机械工程教育家。自幼勤奋好学，做事专一。年事稍长，他热衷于科学技术，崇拜牛顿，故取“牛顿”为别名以自勉。1920年，他考入上海南洋大学（即上海交通大学）机械工程系。从此开始了为祖国繁荣富强而勤奋学习先进科学技术的历程。大学毕业后，他曾任交通部技术员等职。1925 年因成绩优异，考取了清华大学公费留美生，先后在美国康奈尔大学、麻省理工学院就读，获机械工程、化学工程硕士学位。在美国期间，他曾在化工厂和发电厂任工程师，并考察了多家电厂。1932 年，他怀着工业救国、报效祖国的宏愿毅然回国，先后任清华大学教授兼机械工程系主任、西南联大航空系主任、清华大学航空研究所所长。新中国成立后，他继续担任清华大学机械工程学系（动力机械系）系主任，并兼任中国机械工程学会副理事长、《机械工程学报》总编辑。

留美七年间，通过学习和考察，庄前鼎认为美国之所以强盛，主要是由于有一支精干的产业大军为基石，作为内政、外交、国防军事的坚强后盾。中国拥有数千年文化，地大物博，人民勤劳朴素，但长期处于贫穷落后的状态。只有走工业强国之路，才能改变贫穷落后的面貌，实现民族复兴。

回到祖国后，走进清华园，庄前鼎在校长梅贻琦、工学院院长顾毓琇的支持下，全身心投入清华大学工学院机械工程系的创建工作中，并担任系主任。此时正值“九一八”事变，日本帝国主义武装侵占了我国东北地区，而且得寸进尺，窥视华北，威胁平津，时局紧张。他意识到建立机械工程系的战略意义，感到责任重大而艰巨，于是夜以继日地工作。经过他和教职工的共同努力，克服了重重困难，至1934年夏，机械工程系已初具规模，相继建成机械工程馆、航空馆（内有航空试验风洞）、金工、木工、锻工、铸工等工场；先后聘请到刘仙洲、李辑祥、王士倬、冯桂连等知名教授，1935年还聘请美国航空专家华敦德博士主讲航空工程讲座。他对学生学习严格要求，培养学生具有扎实的基础和灵活运用所学知识的能力，以利于学生的成长。到1937年，机械工程系已为国家培养出了一批机械工程方面的专门人才，许多毕业生在各自工作岗位上取得优异成绩，成为企业、事业、科技及高等院校的骨干力量。

1936年，庄前鼎被南京国民政府资源委员会借调，担任资源委员会机器制造厂代理筹备主任，以生产各种航空发动机为主要任务。

1936年庄前鼎在清华大学电厂

“七七”事变后，工厂由湖南湘潭迁往云南昆明，庄前鼎则返回校工作。在此期间，清华大学机械系为当时航空委员会在南昌设计建造一座15英尺（4.572米）口径航空风洞（当时远东最大的航空风洞），但终因敌机轰炸频繁，该风洞设计最终未能完成。庄前鼎和航空组华敦德、张捷迁等教师一同撤退到成都，筹建清华大学航空研究所。1938年，又受命筹建西南联大航空工程系。不久，在庄前鼎领导下，清华大学航空研究所在昆明成立，他任研究所所长兼航空工程系系主任。1939年，航空研究所在昆明白龙潭建造5英尺（1.524米）口径长度达70余英尺（约为21.34米）的航空风洞，于1940年建成并投入运行。庄前鼎克服了种种困难，领导研究所和航空系开展了许多有价值的工作，如利用航空风洞进行机型性能试验研究，为航空委员会各飞机制造厂提供改良机型的技术资料；利用航空风洞进行空气动力学的研究等。

他还成功研制防毒面具；研究大米和大豆营养价值，倡议改良米和大豆的加工方法；研究“煤的分类”，创造性地提出燃料特性系数，作为衡量动力资源可燃矿产的质量指标。他著有《应用空气动力学》《兵器学》《煤的分类法》等书。

庄前鼎是清华大学机械工程学系和航空研究所的主要创建者，也是我国航空工程教育的重要开拓者。他长期从事机械、动力和航空工程等方面的科学研究与教育工作，为中国机械、动力和航空工程等学科的发展，以及相关学科人才的培养作出了突出贡献。

（文 / 王辉）

坚贞革命奇女子——熊天荆

在青浦革命历史征程中，有一位杰出的女子为新中国的建立、民族的解放和社会主义建设事业作出了重要贡献，她就是熊天荆。

熊天荆像

熊天荆（1902—1985 年），曾用名熊静，出身于青浦镇没落的官僚家庭。外祖母尹翔凤是一位受新思想影响的女子，不仅女工、字画水平高，而且亲自办新学，放小脚，也给熊天荆放了脚。在外祖母影响下，熊天荆在南京上中学，1920 年开始就投入了“学潮”，1923 年，经侯绍裘介绍她参加革命，进入上海大厦大学学习，并选入上海市学联。1926 年，熊天荆加入中国共产党，任大厦大学理化系学生党支书等职。

1926 年至 1927 年间，熊天荆参加了上海工人三次武装起义，特别是在第三次武装起义中，她被选为工人纠察队分队长，冲在战斗第一线，曾与另外一名男同志到淞沪铁路天通庵车站附近，撬了一段铁路，破坏了信号扬旗，阻止军阀部队从铁路进入上海。起义取得胜利后，她被推选为上海市临时政府委员，有革命“奇女子”之称。

大革命失败后，熊天荆上了国民党的黑名单，在嘉兴农村躲避追捕，后在党组织的安排下，她坐在轮船的舱底，去苏联莫斯科中国劳动大学学习，后被派到远东海参崴（符拉迪沃斯托克）煤矿工作。1933 年回国，任上海国民御侮自救会党团书记。1935 年 5 月，因叛徒出卖而被捕。被捕前她机智地处理了党内文件，并发出警报，通知其他同志转移。被捕后，她丈夫变节，申明不再干共产党了，而她宁愿脱离夫妻关系也不自首，在法庭上大义凛然，没有吐露任何口供，毅然进入牢房，体现了她的英雄气概。狱中，她患上肺病，吐血不止，但仍参加狱中绝食斗争。西安事变后，她与夏之栩、王根英经周恩来、叶剑英营救出狱。出狱后，她投入仍在押的陶铸、钱瑛等难友的营救工作中。1937 年冬至 1940 年春，她担任八路军驻西安办事处秘书，输送大批革命志士去延安。1938 年 5 月，她与第一任西安八路军办事处处长伍云甫结婚。

解放战争初期，熊天荆在陕甘宁边区任建设厅合作局局长、妇联副主任，参加保卫延安的战斗。她以边区妇联的名义发表文告，号召边区妇女行动起来，反对内战，保卫延安。1948 年春，调到石家庄任解放区救济总会工业合作组组长。同年秋，又被调至北平工作组准备接管北平的工作。1949 年初，北平和平解放，她担任北平市内五区区委书记，不久任内务部（后改名为民政部）优抚司、农村救济司司长等职，从事优抚、救灾和社会福利工作。

1978 年，熊天荆担任民政部顾问、党组成员。她曾被选为第三届全国人民代表大会代表，第五、六届全国政协常委，第三届全国妇女联

熊天荆与丈夫伍云甫

合会执行委员，中国红十字会副会长。1980 年，她代表民政部率领工作组，深入湖北重灾区调查和慰问受灾人民，被灾区人民誉为“共产党的好党员，人民的好公仆”。邓颖超曾对熊天荆、伍云甫之子伍绍祖（曾任国家体育总局局长）说道：“你们的父母都是党的优秀同志，他们不为名，不为利，默默无闻地长期在党的机关工作，这种精神很值得后人学习，他们的品德很值得宣扬。”

（文 / 王辉）

矢志不渝投身革命——顾氏三兄弟

顾德欢

顾氏三兄弟，即顾德欢、顾德熙、顾德祺，出生于青浦七汇乡上达村，祖上经济比较富裕。三兄弟幼年时，他们家在县城庙前街买了房子，就搬进县城住。三兄弟先后在县立第一小学和初级中学读书。

1930年，老大顾德欢考入交通大学，老二顾德熙考入同济大学第一附属中学，老三顾德祺于1936年考入北平辅仁中学。1931年，九一八事变后，进步学生到南京请愿，要求国民党政府抗日，顾德欢、顾德熙两兄弟也参加了游行。1935年，两兄弟又参加了“一二·九”学生运动，认识了胡乔木、陈正庆等党员。1936年经胡乔木和李昌介绍，两顾先后加入中国共产党。顾德欢受组织派遣，到北平任中共燕京大学支部宣传委员，参与发动大学生运动。七七事变后，他奉命回上海参与筹备领导平津救亡学生同学会，成为上海学委救亡协会党团成员。1937年八一三淞沪抗战爆发，顾德欢组织上海难民工作委员会并担任委员，兼任上海最大难民慈善收容所支部书记，负责在上海租界专门接受收容、安置、输送一批批青年到浙江山区国民党第三战区区域内及皖南新四军抗日根据地。

顾德熙与顾德祺在青浦组织旅外学生会，开展抗日救亡宣传，进行募捐和伤病员抢救。青浦沦陷后，1937年11月，顾德熙离开朱家角到上海，在上海难民工作委员会工作。随后，上海以送难民去内地开垦的名义，送一批年轻人去新四军参加工作，组织上安排顾德熙一起前往，到安徽军部教导团学习。后分派去铜陵、无为、繁昌中心县委组织农会和抗日武装。1939年初，中共江苏省委将顾德熙调至青浦游击区任中共青浦工委组织委员。同年10月，他作为七大代表去上海，在皖南新四军军部集中学习后出发去延安。抗战胜利后，顾德熙回到上海，在中共上海局书记刘晓领导下，任秘密中共淞沪工委书记，开展反内战的斗争。

老三顾德祺于1936年在北平辅仁高级中学读书期间，参加民族解放先锋队（简称民先队），翌年参加北平赴延安访问团，认识了延安青年组织和党政领导。八一三淞沪抗战爆发后，学校停课，顾德祺回青浦家乡。他凭借能歌善舞、有组织能力的特长，参加青浦旅外学生会，建立救亡歌咏队，队员包括王韬、叶昌丽等三十余人。他们排演了《东北之家》《一颗炸弹》《打回老家去》《放下你的鞭子》等短剧，先后在青浦、金泽、朱家角等地演出，场场爆满。同时，他们还配合红十字会为避难灾民募捐。1937年10月下旬，县城一片火海，顾德祺随母亲和姐姐去淀山湖避难。11月下旬，安顿母亲于亲戚家后，他赴延安寻找当年认识的朋友，后进入抗大学习（期间入党），毕业后分配去皖南新四军军部报到，在陈毅领导的第一支队政治部，后调去老二团，任文化

顾德欢（左一）与浙东第二游击纵队司令马青出席庆祝绍兴解放大会。

教员、政治处宣传干事。1939 年 3 月 7 日，日伪政府大规模“清乡扫荡”，在突围的激战中，顾德祺不幸负重伤而牺牲。

老大顾德欢 1939 年 1 月受党指派回青浦领导敌后抗战，历任中共青浦县工委书记、青昆嘉中心县委书记、淞沪中心县委书记、路南特委书记等职。1942 年，他带部队从浦东到浙东，历任中共浙东区党委委员、宣传部部长，《新浙东报社》社长等职。1945 年抗战胜利后，部队北撤整编，他任新四军一纵队政治部宣教部部长。1946 年他调回上海，任中共淞沪委员会书记、中共上海局外县委员会委员。1947 年，他到浙江指导工作，次年任中共浙东临时工作委员会书记、浙东人民解放军第二游击纵队政委。

1949 年浙江解放后，顾德欢历任宁波市军管会副主任、中共宁波地委副书记、书记，浙江省工矿厅厅长，浙江省财经委员会副主任、主任，浙江省计划委员会主任，浙江省委工业部部长，浙江省副省长，浙江省人民政府总党组副书记等职。1950 年任浙江省委委员，1953 年任浙江省委常委，1956 年当选为党的“八大”代表。

（文 / 凌耕）

顾氏三兄弟的故事被拍成红色短视频

舍生取义为和平——革命烈士钱泽球

青浦钱氏，多为吴越钱镠后裔。元明清三朝，青浦钱姓中出了不少名人。世居青浦城厢的许、钱两姓虽非大望族，却也家道殷实，诗书传家，人才辈出，尤其是在辛亥革命中领导青浦光复的许其荣、潜心研究“红学”的钱静方、在解放战争中舍生取义的钱泽球等人。

钱泽球像

钱泽球（1920—1948年），钱广福三子。自幼好学上进，在青浦县读完小学初中后，1934年就读于上海大夏大学附中。1937年抗日战争全面爆发时，他刚高中毕业，随家庭沿苏嘉路南下躲避战乱。1938年初，和大哥泽弘离家赴内地，行至汉口，因敌机轰炸，兄弟失散。他曾参加青年抗日救亡宣传队，积极宣传抗日救国。后由于武汉危急，他经韶关到香港，不久又由香港赴重庆，住在堂叔父许玄谷家。1940年，他考入国立西南联合大学工学院机械系，在全国著名的学府开始了大学生活。

在联大期间，钱泽球联合同学为抗日救亡奔走不辍，同时勤工俭学。1943年夏，他参加了昆明青年会的军人服务社，深入滇南建水的军中做青年宣传教育工作。1944年从联大毕业后，便投身于火热的革命斗争。1945年“一二·一”惨案发生后，他不顾国民党特务恫吓，参加了四烈士出殡示威活动。

抗战胜利后，钱泽球回到了上海。1946年，他与同学方祖望同去关岛谋生，因国内战争再起，立意回国参加战斗，便于1947年3月返回上海。

1947年4月，钱泽球经由中共北京大学中共地下组织成员介绍到东北解放区参加革命。起初由陈少功领导，随后被派往敌占区长春从事秘密工作。他通过在国民党新一军汽车修理厂以“少校技术员”名义领薪工作的同学的关系，搜集长春地区军政情报、部队防区和兵力部署、作战计划以及行动安排，并将这些信息一一提供给解放军。

同年10月10日，钱泽球策划了“海上大楼事件”。海上大楼是当时国民党储存军火的仓库，为了完成炸毁敌人军火的任务，他利用少校技术员的身份介绍了一名中共地下组织成员到该库做警卫，借机在该警卫顶班值岗时派人进入库内放火燃烧，然后开车逃走。“海上大楼”顿时浓烟火光四起，枪弹、炮弹爆炸声震动了整个长春市。大火由下午4时烧到晚上9时，炸毁“七五”山炮炮弹1000多发，“八一”重迫击炮弹400余发、“六〇”炮弹约3000发，严重打击了敌军士气。一时敌特严密搜捕，他不得不暂时离厂躲藏，危险过后又回厂继续工作。

为了迅速取得第一手情报资料，钱泽球把工作重点转移到搜集国民党谍报队的情报工作上来，并把所得情报连夜交送地下联络员转给解放区。这使解放区的领导部门对敌人的行动计划了如指掌，为长春的解放

国立西南联联合大学

做出了重要贡献。同时，他还组织了对国民党军队的策反行动。设法认识了国民党军队军法处处长，转而认识了政治处处长，继而当上了团政治指导员。国民党政治部利用政治指导员训练班来检查指导员的政治面貌，钱泽球遭到怀疑和盯梢。训练结束后，他回解放区一次，返回长春当晚被捕，那是 1948 年 4 月 2 日。

钱泽球被捕后，组织上多方营救没能成功。他在狱中坚持斗争，英勇不屈。1948 年 10 月 10 日，长春解放前夕，钱泽球惨遭毒手，牺牲时年仅 28 岁。他被葬于长春市烈士公墓。北京大学革命烈士纪念碑上，钱泽球烈士的名字赫然在列。1995 年，经过青浦区党史办的努力，终于让钱泽球烈士的英魂回归了故里。目前，青浦东乡烈士陵园内镌刻了钱泽球姓名和事迹，以供后辈瞻仰学习。

（文 / 张力华）

“孤岛赤子”——王韬

王韬（1921 — 1943 年），又名王瑞鹏，出生于青浦镇上一店员家庭。他自幼勤奋好学，在上海读中学期间，经常阅读鲁迅、郭沫若、茅盾等著名作家的文章，受到进步思想熏陶。全民族抗日战争爆发，他参加青浦旅外学生会，积极投入抗敌后援活动。上海成为“孤岛”后，他以“孤岛赤子”自励，拿起笔作武器，与友人一起创办《蜜蜂》半月刊，后又被聘为《亦报》副编，撰写和编发了很多战斗性的文章。

不久，日军进逼租界，局势动荡，刊物被迫停办。王韬便以小学教师为职业，身居斗室，潜心写作，先后在《申报》的“自由谈”、《春秋大报》的“剪影”、《大美晚报》的“夜光”、《文汇晚刊》的“灯塔”、《导报》的“晨钟”等副刊上发表了杂文、散文、诗歌、小小说、政论文等各类作品，成了当时“孤岛”文坛上一个较有影响的青年作者。王韬主张文艺的大众化，并身体力行，创作了《讨汪莲花落》《田班长》《夜半歌声》等作品，语言浅显，通俗易懂。民国二十九年（1940 年）7 月，王韬去苏北阜宁鲁迅艺术学校学习，不久加入了中国

王韬像

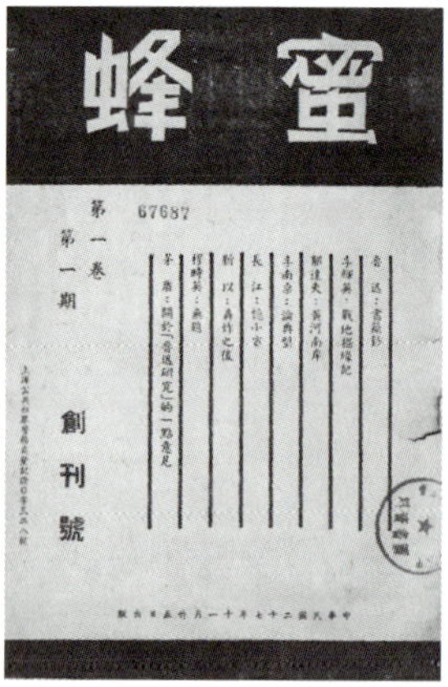

王韬和同学一起创办的《蜜蜂》半月刊书影

共产党。结业后他任新四军文化教员。民国 30 年（1941 年）12 月，他奉命回上海开展地下活动。当时环境险恶，他白天写稿，晚上外出活动，巧妙机智地完成党的任务。民国 32 年（1943 年）4 月 20 日晚，他因叛徒出卖被捕，在狱中受尽折磨，然不为强暴所屈。6 月 6 日，王韬被日本侵略军秘密杀害于江湾，年仅 23 岁。

（文 / 凌耕）

当代翘楚

亲和的老前辈——爱国名人张瑞钟

张瑞钟是一位文人，大家总是这样夸他：“教育、卫生，是民生大事。张老做得好，我们永远怀念！”

张瑞钟，1908年出生于青浦区香花桥七汇村张家库书香之家。新中国成立后，他先后出任青浦中学校长、青浦县人民政府副县长、县人大常委会副主任、县政协副主席，是一位德高望重、为青浦文教卫生事业作出特别功绩的老人，人们亲切地称呼他为“张老”。

张瑞钟常说：“教育发达与民族兴亡是并存的，我们要重视教育。”早在抗日战争岁月里，他积极配合党组织开展敌后的抗战教育工作。在青东联合办事处顾复生主任的倡议下，教育股工作制定了抗战时期青东的教育方针，张瑞钟任总指导兼七区辅导员，教师们自编小学抗日教材。人们还记得，抗战胜利后，县创立了“青浦县简易乡村师范学校”，张瑞钟出任校长，学校不仅培养了大量师生骨干力量，还秘密掩护党组织，成为县当时党的活动中心。

新中国成立后，张瑞钟成为爱国知名人士。1961年，时任县政协

张瑞钟在为学校题词

副主席、副县长的他与同仁们一起收集编辑《青浦地方小掌故试编》四册，为子孙后代留下了一份宝贵的文史资料。1989 年版《青浦县志·编纂始末》中写道："在回顾本志编纂始末之时，还应当提到的是，早在 50 年代末，本县有识之士对青浦县志编修工作进行了尝试和准备，曾邀集热心于此的同志，收集了大量资料，编写了《青浦地方小掌故》四辑。这对新县志的编纂，无论在思想上，还是在资料收集上，无疑都做了重要的准备。"

1981 年 9 月，县"两会"恢复，张瑞钟当选青浦县人大常委会副主任，重新回到了县领导岗位。这期间，他还受命担任青浦县红十字会理事会会长。

青浦县红十字会在 1924 年秋的齐卢之战中成立，是中国红十字总会的分会，会长为徐熙春。历史上，该会为收容难民、救济灾民，建立救护队，抢救伤残，消防灭火，设立妇孺所、疗养院，创建红十字医院等做出过重要贡献。新中国成立后，分会由县政府接收，全力投入抗美援朝、送瘟神群众抗疫运动。张瑞钟在一次理事会上深情地说："首任会长徐熙春先生在战火中开展红十字工作，我们要在县红十字会医院为

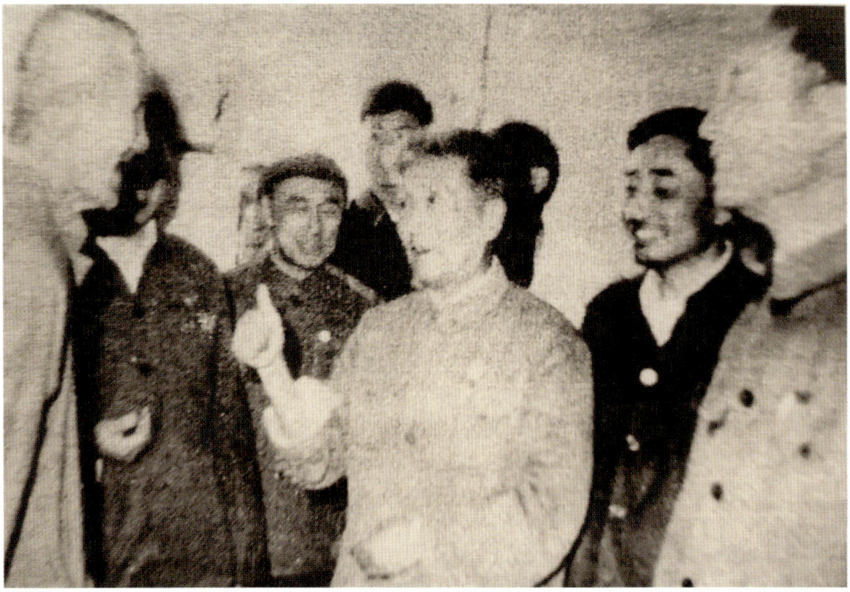

张瑞钟在敬老院慰问老人

熙春老先生塑个像，永远纪念他。”1989 年 12 月，徐熙春先生铜像落成，时任上海市红十字会会长王希孟亲自参加铜像落成典礼并致辞。

1988 年，中国红十字会组织开展“88 国际体育援助计划”活动，青浦县红十字会积极参与，动员 650 多个单位、6 万多人捐款，并举行了“千人长跑”仪式。所筹集的 40 万元捐款用于新建“青浦儿童乐园”。

1991 年，青浦青西境内遭受严重水灾，县红十字会通过上级组织向国内外呼吁支援。一些国家和我国港台等地区的红十字会组织纷纷捐款捐物支援青浦。

1993 年，县红十字会选派一名青浦中学红十字会的学生，作为第一个与其他红十字会青少年代表一起赴中国台湾地区参加冬令营的青浦县红十字会的代表，受到国民党元老、台湾红十字会会长幸振甫的接见。

1994 年 5 月，青浦县红十字会随上海市红十字会代表团赴美国、加拿大访问，第一次出境与国外红十字会组织开展交流。

人们夸奖这些“第一个、第一次”，足见县红十字会的辉煌成绩，先后获中国红十字会、上海市红十字会的表彰和奖励。

在一次红十字会理事扩大会上，张瑞钟指着白底红十字旗帜说：“这旗帜受到世界各国的尊重，不论战时还是平时，它是保护老百姓的旗帜。红十字的宗旨是人道、博爱、奉献，我们要关怀老人和儿童。因此，我们在这旗帜下做事是光荣的。”

1993 年 10 月 12 日，张瑞钟因病逝世，享年 86 岁。他曾说：“人一辈子图个啥，就是退下来后，大家都说这个人还可以，是做了一点事的。”去世前，他实现了平生最大的夙愿，加入了中国共产党，为自己画上了一个圆满的句号。

（文 / 柴毅进）

毕生奉献医学统计学——医学统计学家郭祖超

医学统计学是研究如何搜集、整理和分析医学研究对象的数据，并据此作出推断的一门学科，该学科于晚清时期从欧美传入中国，至民国时期逐渐发展起来。青浦人郭祖超就是其中一位早期医学统计学的开拓者和奠基人。

郭祖超（1912—1994 年），出生于青浦镇文人家庭。父亲郭庆镛原是清末秀才，重视对子女的教育，常告诫子女们：“鸡鸣而起，孜孜为利者，跖之徒也。”这句话深刻影响着郭祖超。郭祖超 14 岁以第一名的成绩被江苏省立第一师范学校录取，后被保送中央大学教育学院教育心理系，1934 年以系第一名的优异成绩毕业，并留校任教。1937 年抗日战争爆发，郭祖超只身随中央大学内迁重庆，深入黔、鄂、川腹地进行中、小学教育测验。1943 年，他调至中央大学医学院公共卫生科任统计学讲师，从此转向医学统计专业，并将其作为自己的毕生事业。1945 年，升任副教授。1947 年 9 月，由医学院推荐，世界卫生组织资助，郭祖超前往美国约翰·霍普金斯大学公共卫生学院进修生物统计，

郭祖超像

并加入美国统计学会。1948 年 9 月，他毅然如期归国，并拒绝了前往中国台湾的劝说。1951 年，他升任卫生统计学教授，时年 39 岁。后医学院改建为中国人民解放军第五军医大学，1954 年第四、五军医大学合校，他举家随校迁往西安。1980 年，他兼任中华医学会卫生学会卫生统计学组副组长；1984 年，被选为中国卫生统计学会第一届理事会副会长。1986 年，他晋升为一级教授，享受正军级待遇。

郭祖超治学严谨，科研成果和著述丰硕，尤以《医用数理统计方法》第一、二、三版最为卓著，在学术界产生了深远影响。第一版于 1948 年 9 月出版，立即受到当时教育部的奖励，并定为“大学用书”。中国台湾正中书局于 20 世纪 60 年代初又根据该书原版本翻印，至 1974 年 9 月已发行“台三版”，并由中国香港和日本的书店向海外总经销。后根据学科发展，此书又进行了修订改版，被专业人员视为经典，公认为中国医学统计学的代表性专著。1980 年，他首先将国外刚发展起来的“圆形分布”理论应用于克山病急性发作时间和脑电阻图上升角、主峰角的正常值研究，并报道推广，获军队科技进步一、三等奖各一项。1986 年，他承担了国家自然科学基金项目《医学研究常用统计模型及数据处理方法的研究》并研究编制中文交互式统计分析软件 SPLM，获得军队科技进步奖一等奖和国家科技进步奖二等奖。

郭祖超是军队卫生统计学创始人。从 20 世纪 50 年代开始，他开展军队卫生调查，着手探索创立科学的军队卫生统计学，直接为中国人民解放军服务。他曾率领小组来到当时的沿海前线地区——舟山群岛，进行了两个月的实地调查，为后来建立军队卫生统计学做了初探。1954 年 2 月，他奉命赴朝鲜参加抗美援朝卫生工作总结，提出了要对中国人民志愿军的卫生工作统计资料进行全面而系统的汇总，以利于我军在现代战争中的卫生建设。1956 年，他主编了《中国人民解放军卫生统计工作教范》，由中国人民解放军总后勤部卫生部于 1957 年颁布实施，

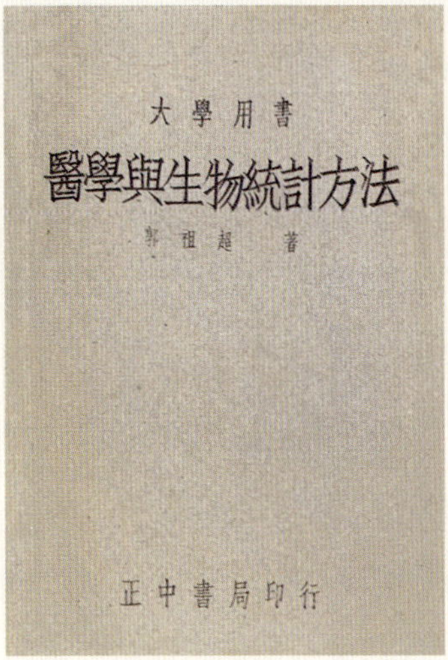

郭祖超《医学与生物统计方法》书影

从此全军部队、医院的卫生统计原始登记表格和指标分析方法有了统一的规范，对促进我军卫生工作的正规化、现代化建设起了推进作用。1981 年，他主编了《1974 年度全国应征青年体检资料的统计分析》一书。为更快地培养专业人员，他不辞劳苦，主办了多期全军军队卫生统计训练班，并赴各地巡回讲学。由于郭祖超以及其他同志的不懈努力，军队卫生统计已建立起完整的体系和充实的内容，成为军事医学中一门独立的新学科。

他执教 50 余年，辛勤培育了大量专业人才，遍布全国卫生和教育部门。他共培养出博士生 8 名，硕士生 21 名，其中包括中国第一位卫生统计学博士生。而由他的学生培养毕业的研究生人数更是数不胜数，形成了一支具有相当规模的阶梯式专业队伍。1996 年，他被解放军原总后勤部授予“一代名师”称号。

郭祖超平易近人，一生的志趣在于治学和育人，达到了忘我的境界，却淡于名利，令人敬仰。

（文 / 王辉）

选矿专家的家国情怀——张卯均

张卯均（1915—2003 年），青浦镇人。祖父张继斋为前清举人，推崇新学，是中国新闻事业的先驱。母亲金妤妮留下张静娴、张卯均两个孩子后撒手人寰。由于幼年丧母，父亲续弦后工作忙，继母又育有其他孩子，照顾不暇，张卯均遂由祖父抚养。

1927 年后，张卯均寄宿于上海养正小学、南洋中学就读。祖父治家极严，要求子孙安分守己，老实做人。他对 1931 年日本帝国主义入侵东北三省的侵略罪行非常愤慨，由此产生了强烈的富国强民、实业救国的愿望。1934 年，他考入河南焦作工学院采矿冶金专业。1940 年至 1949 年，任国民政府经济部矿冶研究所技正、主任，其间曾赴美国实习一年。新中国成立后，他历任重工业部有色冶金设计院等单位工程师、副总工程师、副院长，甘肃白银矿冶研究所党委副书记，北京矿冶研究总院副院长、总工程师等职，并兼任中国金属学会常务理事、选矿专业委员会主任委员、国家科委有色冶金专业委员会委员等职，是第三届全国人民代表大会代表，享受政府特殊津贴。

在五十多年的选矿研究生涯中，张卯均为我国选矿技术的发展做出

张卯均像

了重要贡献。

负责设计了我国第一座机械化砂锡矿重力选矿厂。为了确定生产流程和工艺参数，1954 到 1956 年，作为云南锡业公司新冠选矿厂的工程负责人，张卯均组织领导了该厂原矿牛屎坡砂锡矿的选矿试验，并在设计中首次采用了水力旋流器取代沉淀沟进行分级脱泥。经过多年的生产实践，水力旋流器已发展成为锡选矿的重要分级脱泥设备。在设计中，他还采用五层自动溜槽代替放槽、砖槽等人工富集细粒锡石装置，取得了较好效果。水力旋流器和自动溜槽的采用，不但结束了土法处理细粒锡矿泥的历史，而且提高了矿泥中锡石回收率，并使锡矿的选矿技术向前迈进了一大步，实现了全流程机械化作业。这在当时不仅具有国内领先水平，而且具有国际水准。张卯均在创立锡细泥回收技术方面做出了重要贡献。

提倡采用联合流程改进赤铁矿（红矿）选矿指标。1963 年，在红矿选矿攻关中，张卯均根据离心选矿机可以有效回收细粒锡石的特性，提出了采用这种重选新设备回收磁选尾矿中的红铁矿的建议，为发展磁选重选联合流程开辟了新的途径。冶金部将这项试验交云锡公司承担，取得了良好效果。1977 年，这一流程在鞍山弓长岭选矿厂得到实现，改进了选矿指标。1978 年，他在《我国红铁矿选矿新成就》一文中指出，过去单一焙烧磁选和单一正浮选之所以不能取得满意指标，尤其是精矿品位不高，原因在于未根据矿石性质采用多种选矿方法的联合流程。他提出，只有采用联合流程才是提高红铁矿选矿指标的方向。

为包头矿山资源综合利用作出了贡献。1978 年后，张卯均参与和组织领导了包头、攀枝花和金川三大资源综合利用的国家重点项目攻关。在包头矿山资源综合利用重点研究项目中，他担任攻关指挥部成员。当北京矿冶研究总院和包头冶金研究所在大量试验基础上提出浮选选择性絮凝脱泥选矿方法后，他积极组织了半工业实验，并取得了包头矿山资源综合利用攻关中多年来未取得的良好指标。用这种方法，1984到1986年，在包钢选矿生产系列上完成了工业试验。该项研究成果于1988年获国家发明一等奖。

他参与制定了国家一些重要的科研规划，组织和领导了众多的学术活动。同时，他还参与和编写了《中国大百科全书》（矿冶卷）和《冶金大百科全书》的选矿条目工作，主编了《新中国有色金属工业丛书》（选矿工业）和《选矿手册》等文献书籍，为发展我国的选矿研究，促进学术交流做出了贡献。

张卯均为人谦虚谨慎，与人为善，对人对己都能实事求是，从不邀功诿过，坚持秉公办事，以大局为重。在科研工作中，他推崇严谨的科研作风，热情鼓励、培养青年科技人员，深受选矿界新老科技人员的敬重。

他的成绩单里有妻子的重要一份，妻子高云与之相濡以沫，她为了家庭放弃工作，默默支持，使得家庭幸福美满。同时，张卯均也是弟弟妹妹们学习的榜样，尤其是与他同父异母的小妹妹阮波。阮波提到，1937年大哥回青浦与大家一起小聚，年龄相仿的都来听他的收音机里的新闻。阮波后来走上革命道路，哥哥的影响是分不开的。阮波两次被母亲关在房间里，两次都由弟弟张自申悄悄放出。其中一次，他们家搬到梅白克路（今新昌路），阮波在南方中小学念中学，弟弟念小学，这个学校是地下党组织工作的一个阵地。阮波突然被捕，全家才知道她已参加地下党组织。好不容易把她保出来，母亲把她关在房间里，弟弟就趁家里没人时悄悄打开窗子插销，使她得以逃到苏北新四军驻地。张自申小小这年纪这个举动也是受大哥的影响，为自己的梦想勇往直前。

1953年夏天，张卯均路过武汉，逗留4小时，与十六年未见的妹妹阮波相聚。那时阮波已是三个女儿的母亲，她特意从武汉市政府办公厅请假赶回家，为他做了四菜一汤：老黄瓜嵌肉、虾球香菇、清蒸鱼、油爆虾、冬瓜排骨汤。看到青浦老家的名菜，思乡之情油然而生，亲情

张卯均主编的《选矿手册》

更是从心里涌出。尽管他一直在外工作很少回青浦但还是打趣地笑着对妹妹说："今天这些菜是地主家的名菜吧？小妹你怎么会学到地主家的菜的呢？"又笑着问："你怎么知道我爱吃虾的？"阮波说："在家里看到的呀，想不到我们一别就是十六年啦……"可见兄妹情深！张继斋这位祖父的教导也一生影响着他的子孙们。

1955 年，阮波一家调回北京工作，去哥哥家里，看到哥哥夫妇两人就住在一间半住房里，灶间在走廊里，直到有了三个孩子才分配到三间住房。他虽是人大代表，一级专家，却两袖清风。张卯均与阮波一直想把祖父创建的愿学学堂建成一座传媒专科学校，可惜兄妹俩都缺乏资金。哥哥在妹妹面前表露："可惜我们真的无能呀！"

张卯均为中国选矿事业发展作出重要贡献，但是始终谦卑，被阮波称之为"追求完美的人"，在儿女们心目中是最可敬、可亲、可爱的父亲。

（文 / 枫肥）

中国工程院首批院士之一——中医学家董建华

青浦自古至今涌现了许多中医名家，而董建华就是其中非常突出的一位。

董建华（1918—2001 年），青浦镇人。其祖父、外祖父均为儒医，名闻乡里。董建华耳濡目染，对中医充满浓厚的兴趣。11 岁跟随前清秀才邹谱生、贡生赵雪炎学习古文；16 岁时，拜上海名医严二陵为师，跟师六年。1941 年，返回青浦，开业行医。期间，他还曾在秦伯未开办的中医函授学校学习。1951 年，带头组建青浦县城厢区联合诊所，任所长，并兼任青浦县卫生协会会长、红十字会副会长。1955 年，他被选送江苏省中医进修学校第一期进修班深造。1956 年，毕业留校任教，负责伤寒教研组工作。1957 年，他奉调北京中医学院。1960 年，被评为全国先进工作者。1963 年，调任北京中医学院东直门医院内科主任。1974 年，他出席联合国第 27 届世界卫生大会，并作了中医相关报告。1978 年，晋升为教授，同年任东直门医院副院长。1990 年 7 月，成为首批享受国务院政府特殊津贴的专家。1991 年 7 月，被评为首批

董建华像

董建华在诊疗中

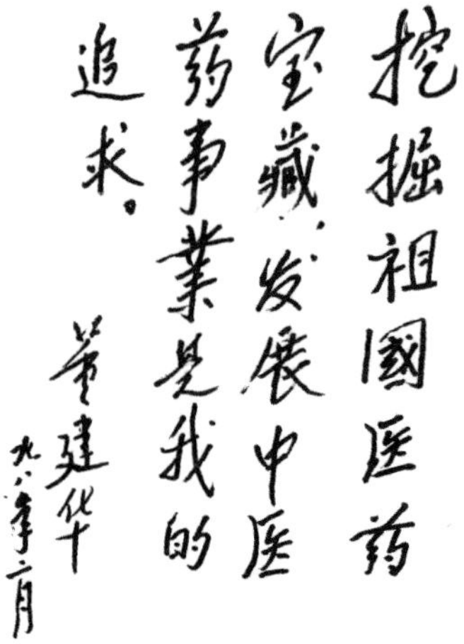

董建华题字

“全国继承老中医药专家学术经验指导老师”。1994年，当选为中国工程院医药卫生部首批院士。他曾任卫生部学术委员会委员、中国中医药学会常务理事及内科分会主任委员，全国政协第五届委员，第六届、七届、八届全国人大常委会委员。

董建华从医从教六十余年，在中医教学、医疗、科研等诸多方面，在继承传统的基础上博采众长，多有创新，科研成果突出，形成了独树一帜的学术思想。他专长于治疗内科、妇科、皮肤科、儿科疑难重症、多发顽症及中医内科急症。在脾胃病治疗方面，结合多年的临床经验，他提出了通降论、气血论、虚实论、标本论、湿热论，并创立了著名的“通降十法”，补充和完善了中医脾胃辨证论治理论，对消化系统的辨证和治疗上具有普遍的指导意义。在治疗热性病方面，他以八纲辩证为基础，提出了三期二十一候的温热病辩证的总纲，推动了温热病的深入研究，尤其在治疗急重热病方面取得惊人的效果。他主编了《伤寒论释义》《温病学讲义》《温热病论治》等中医著作，参与编写了全国第一部统编教材《中医内科学》，率先在全国开展二级学科的专业分化，促进了学校热病、脾胃病、脑病、老年病等三级学科的发展。在他的带领和努力下，北京中医药大学东直门医院中医内科学成为教育部首批重点学科。至今，他所传承的中医脑病科、肺病科、脾胃病科仍是国家中医重点专科，培养了许多中医学人才。他还无私地将医治胃病的药方献给药厂，如今，胃苏冲剂、荜铃胃痛颗粒等产品都已上市，造福了无数胃病患者。

他重视临床工作，除了在医院里收治病人外，还经常到矿区、农村、基层诊治病患，治好很多疑难杂症。医德高尚，想患者之所想，急患者之所急。他常说："用药不在多、不在贵，而要用得巧、用得准。"他一生看病无数，深受百姓爱戴。

他认为，"中医科学是在实践中产生和发展起来的，是经过几千年实践检验的，它不仅对中华民族的繁衍、发展和昌盛，作出了巨大的贡献，而且对亚洲和全世界医学的发展产生了深远的影响，是中华民族的国宝"。在担任全国人大常委会委员期间，他曾建言国务院设立国家中医药管理局，倡议中医立法，希冀用法律保障和促进中医药事业发展。后来都一一实现。

董建华是中医界成人之道、做人之道的典范与标杆，为我国中医事业发展作出了杰出贡献。

（文 / 王辉）

上海名中医——何承志

何承志，是青浦县中医医院（今青浦区中医医院）第一任院长，并荣获上海市卫生局颁发的“上海市名中医”称号。他常教导学生：“人家治不好的病，你也治不好，是庸医；人家治得好的病，你也治得好，医道一般；人家治不好的病，你能治好，才是医生应该追求的目标。”

何承志自20岁从上海中医学院毕业后，回家乡甘当一个白衣医生。在半个多世纪的从医生涯中，也许是祖辈的寄托，也许是人们的厚望，何承志潜心研究，医术高明，老百姓都这样说：“何医生的药方是良药，是神药。”

确实，闻名中外的金胆片，为成千上万胆道病患者解除了病痛。这是何承志在治疗胆道病的实践中不断革新的一帖精方。

何氏一族有八百年的行医历史，每一代都有代表性的名医出现。何承志在门诊中发现患急慢性胆囊炎和胆石的病人不断增多，而且还有不能治愈的案例。他按照自己的临床经验，参阅了元代医家李东垣的龙胆泻肝汤的药方，拟用了龙胆草、金钱草、虎杖、猪胆汁、穿山甲等几味中药的处方，患者服用效果明显。

青浦大盈镇东斜村一位胆囊切除胆总管引流术的病人，术后有两粒黄豆大小的残余结石，经何承志治疗，数天后排出结石。青浦县第二中学一位病人，右上腹经常饱胀疼痛，B超检查显示胆囊有结石，服用了何承志的处方后，饱胀疼痛神奇地消失了。第二次B超检查，胆囊内结石竟然没有了。

为了方便病人，何承志与周围的中药医师一起研讨，提取药物有效成分，制成了闻名遐迩的“金胆片”。1985年，上海市卫生局授予“金胆片”市科技成果三等奖。何承志是治疗疑难杂症的探索者和攻克者。曾有一位病人拜见何承志，悲观地说：“患了严重脉管炎，大医院没法治，只有截肢了。”何承志安慰说：“这病中医称脱疽，可以用中医的

何承志（中）与病友合影

何承志（左二）陪同原卫生部中央血防领导参观任屯血防陈列室

办法避免截肢。”于是，他运用寒热同用的理论、内外同治的办法，既开了附子、银花、元参、甘草等几味内服药，又开了一些活血通瘀的外用药。经过三个月治疗，该病人两只脚的严重脉管炎基本治愈了。以后，这位病人逢人便说：“我两只脚是何医生给的。”一个“给”字，是病人对何承志高超医术的最高评价。

即使在“文化大革命”中，何承志仍然坚守着一个医生的良心。一个重症孩子，家人急求何承志诊治，那时何承志没有诊治资格，在自己家里看病是不可能的，他们就秘密商定在附近一个不易发现的棚子里诊治，这是一个真实的故事。

另一个真实的故事则是有一天，何承志突然接到卫生院长通知，要他为一个监管自己的干部看病。病人说，我把命交给你了。后来这个干部的病有了明显好转。

20 世纪 80 年代初，赵巷镇有一位患血液病的姑娘，恳求何承志看病。可谁知道，何承志自己也不幸患肝癌住院了。而他却对医生说：“你们救我，我要救她。”于是，他坐起来接待了病人及家属，问了病情，用颤抖的手开了药方。

人们还记得，何承志癌病好转出院后，像往常一样，和医师一起查房，为病人诊脉。何承志超负荷地工作着。1997 年，他又患了脑血栓，以致半身不遂，长期住院治疗。他感谢探望的领导、朋友、病友，还用颤抖的手在纸上写“高兴”两字。

何承志是人民群众爱戴的老中医，党和政府给了他许多荣誉。1982 年后，他先后两次被评为青浦县先进工作者、青浦县优秀党员、上海市劳动模范、卫生部全国卫生文明建设先进工作者、全国卫生系统模范工作者。

2006 年 7 月，何承志因病逝世，享年 87 岁。送行的人说：承志是布衣，是天使，我们怀念他！

（文 / 柴毅进）

女作家——阮波

中国文化史中，若缺失了才女的篇章，便仿佛失去了一抹璀璨的光彩。历代都有关于“才女”的记载，那才华横溢、德才兼备、名作流芳的事迹，令无数人向往、敬仰，其故事让今人百读不厌。这里说的才女，她来自书香门第，大户人家的千金小姐，能文善歌，她的名字叫阮波。

阮波出生在青浦县城。1927 年，她出生的年代是中国革命严峻时期，父亲给她起名为薇青，坊间传说这孩子命硬，她母亲便将小薇青寄养在苏州。直至七岁，从苏州接回上海闸北区一家“平安旅馆”，来到祖父张继斋住的家。祖父看到小孙女，顿生怜爱，抱在怀里，让小薇青坐到他的大腿上。祖父戴着一副深度的近视眼镜，两眼炯炯有神，和蔼可亲。祖父高兴地对她说：“小妹，你回家啦，到青浦好好上学读书，到初中后跟你大哥一样住到上海我的家里来读中学，好吗？”小薇青点头应诺道：“好，我爱读书。”“好，好，好，爱读书是好孩子。”两天后，小薇青被送到青浦张府。母亲管教严格，不许她唱歌跳舞，她就一人独处，到后花园看祖父书房的三本线装的画册《石头记》。祖父发现了，他惊讶于她小小年纪能看懂这本书，便送她文房四宝以示鼓励，这使得幼小孤独的她倍感温馨，如打开了一扇明亮的窗户，对未来充满了希望。

小薇青从小学开始连续跳级，顺利升入初中、高中，结识了许多的爱国青年与同学以及具有民族气节的老师。她积极投身学生运动，办《海鸥》小报，参加演剧活动，到工人夜校教书。那时，大她三岁的乔石是学生运动的重要领导人之一。从出生到 7 岁的幼年生活让她懂得底层人民的苦难，而回张府后的童年生涯又让她深感大家族之间“侯门深似海”的复杂。幸好有祖父的疼爱，使她如在茫茫大海中找到一座航

1944 年阮波像 △

1950 年阮波像 ▷

标，有了明确的方向。

在 1942 年的深秋，15 岁的她由党组织介绍，穿越敌人的封锁线，与几位同学一起投奔新四军，参加革命。从此，她改名为阮波，寓意“愿（阮）成为一个忠诚的布（波）尔什维克”。打仗、行军，辗转于长江两岸、运河上下、黄河南北。她披着硝烟，一路征程，一路歌唱。在苏浙军区文工团演出《黄河大合唱》时，她担任《黄河怨》一曲的女声独唱，并自导自演了歌剧《白毛女》。阮波冲破家庭观念，认识了也具有传奇一生的挚爱——彭炎。彭炎曾任中国红十字总会副会长兼秘书长、故宫博物院的副院长，是一位社会活动家、外交家、革命家，同时还是一位诗人。

他们俩同生活了 45 年，相敬如宾，患难与共，结下了深厚的夫妻、战友、伴侣的情谊。在彭炎担当红十字总会副会长兼秘书长时，他们俩共用一张书桌。阮波在祖父那里养成了清晨 4 点半起床看书、写作，直到七点左右。然后彭炎是晚上七点半开始在办公桌上伏案工作，直至凌晨。阮波有时候还帮丈夫手抄文稿。他们夫妇恩爱，琴瑟和鸣。新中国成立后，彭炎在武汉工作，随后调至中国红十字总会，开展新中国的民间外交工作。

阮波从 1958 年开始创作，20 世纪五六十年代发表散文、科普作品、报告文学与短篇小说。20 世纪 70 年代后期，她开始陆续整理出版了七个电影文学剧本。其中，剧本《民族魂》《友谊篇》《野草颂》《陈毅与茅山三部曲》《芙蓉夫人》《智渡黑桥口》拍摄后由中央电视台选播，作为纪念新四军建军 50 周年的重点片；《画像》由南京电视台摄制并在全国播发；《湖畔情韵》则献给第四次世界妇女大会，并由中央电视台及全国各省市电视台在黄金时间前后播放五次。她累计发表作品超过 360 多万字。她的三部传记文学《百年正气》《生命的惊叹号》《从孤儿到省委书记》里面都渗透着她自己的情感，书写了一个个中国传奇式的人物。

1976 年阮波兼任《时代的报告》杂志社社长，中国展望出版社社长、总编。

她还参与倡议成立中国陶行知基金会、许涤新基金会等。中国展望出版社还出版多语种的外经贸领域的《中国对外经济贸易法规汇编》，以保护国家的法规与版权。

2014 年 9 月，她为青浦二中（原愿学学堂旧址）的发展出谋划策，并在青浦二中设立"阮波文学艺术奖"，为莘莘学子增添了追求美好生活的动力；她将 30 万元稿费捐赠给青浦区教育基金会。阮波深情地回顾祖父张继斋创办愿学学堂的初衷：办新学，重教育，在满目疮痍、千疮百孔的危难时刻，拯救国家、民族和人民于水深火热之中。祖父的火热信念和谆谆教诲一直铭刻在她的心头。

（文 / 枫肥）

中共党史专家——金冲及

金冲及，上海青浦人，1930年12月生。1947年考入复旦大学，是著名中共党史和中国近代史专家。他曾先后任复旦大学团委书记、教务部副主任、教学科学部副主任，文物出版社总编辑，中共中央文献研究室常务副主任、研究员，国家哲学社会科学规划领导小组成员，第七、八、九届全国政协委员，中国史学会会长，以及北京大学、复旦大学、中国社会科学院兼职教授、博士生导师，俄罗斯科学院外籍院士。

金冲及是新中国培养的第一代中国近代史学者。他一直坚守唯物主义者的本真，不忘马克思主义史学工作者的初心，在学术研究和日常工作中坚持从实际出发，坚持实践是检验真理的唯一标准。他始终以马克思主义的观点和方法去思考、分析、书写历史，在完成一部部经典史学论著的同时，为后辈留下了宝贵的精神财富。

收集青浦籍名人档案史料时，笔者有幸二次前往北京，采访金冲及，并撰写了有关文章。在前毛家湾一号他的办公室里，我们仿佛置身

金冲及

金冲及著作《经历：金冲及自述》

青浦名人办人员在北京前毛家湾一号采访中央文献研究室副主任金冲及（右三）

于一座图书馆之中：东墙壁是一长排书橱，放着琳琅满目的书籍；北面背对背两长排书橱，同样放满了书籍。南面靠窗的办公桌上，堆满了各种各样的书籍和文稿。在这里，金冲及坐拥书城，有时托腮沉思，有时疾笔而书……

金冲及怀着对于历史科学的执着和热情。多年以来，他辛勤笔耕，出版了一本又一本著作，先后主编或共同主编了《毛泽东传》《周恩来传》《刘少奇传》《朱德传》《陈云传》等领袖传记，生动描绘了中共领袖人物之传奇生涯，以及他们深邃的思想和崇高的品德。此外，他还著有《二十世纪中国史纲》（获第二届中国出版政府奖）、《生死关头：中国共产党的道路抉择》（获 2016 年中国好书奖）、《辛亥革命的前前后后》《孙中山和辛亥革命》《二十世纪中国的崛起》《二十世纪中国史纲》等一百多篇学术专著。

金冲及主办或参与筹办过多次大型学术讨论会，并多次出访日本、美国、澳大利亚、新加坡等国，出席在东京、神户、芝加哥等地召开的国际学术会议。

他说："历史知识所记录下来的，正是前人世世代代在社会实践中积累下来的丰富经验。某种意义上也可以说，历史知识是人类社会实践经验的总汇。"他治学严谨，有真知灼见。他的文章逻辑性强，思维缜密，文采斐然。

当年，上海主管文教的石西民副市长发现了金冲及的才华，于是将他抽调为中共上海市委写作组的重要成员。1965 年，石西民副市长从上海调任中央文化部党委书记、文化部副部长时，也将金冲及调去北京，安排在文化部文艺研究室工作。

1972 年，马王堆汉墓中出土的大量珍贵文物要进行深入研究，大量重要论文需要发表和出版。当时的国家文物局局长王冶秋一纸调令将金冲及任命为文物出版社副总编辑（当时无总编辑），不久后又任命他为总编辑。1981年，中共中央文献研究室受命写作《周恩来传》，当时主持工作的李奇通过中央组织部部长宋任穷将金冲及从国家文物局“借”了过去。借调的两年中，金冲及关心着文物出版社的工作，每周去两天看看。金冲及说：“做了两年义务工作，车费也自己搭上去的。”

两年后，他正式调入中共中央文献研究室。在这里，他取得了令人瞩目的学术研究成果，成为继胡绳之后中共党史研究领域里一位公认的权威！

2024年11月14日，金冲及在北京逝世，享年94岁

（文/凌耕）

从共青团员到中纪委委员——少将陈为松

1988 年 6 月，陈为松任军委纪委专职委员、常委。9 月 1 日，被授予少将军衔。

陈为松是青浦城厢镇人，1947 年夏天，他和青浦中学读书的同学结伴参加地下党员和进步学生举办的“暑期补习班”，通过阅读进步书刊，萌发了革命理想，小小心田播下了火种。

1949 年 1 月，中共松（江）金（山）青（浦）工委在青浦秘密建立团组织，原补习班的学生先后入了团，他们组织歌咏团，创办《新生》周刊，经常开展活动，传播渡江战役等胜利消息。

5 月 14 日青浦解放。青年团员欢呼雀跃，上街尽情扭起了秧歌舞。青浦解放后，松江军分区派人来青考察了解，经青浦县委推荐介绍，陈为松各方面符合要求。6 月 19 日，16 岁的他穿上新军装，佩上胸章，告别了家乡。

刚到军分区，他被编入政工队，陈为松很快成为演出骨干。之后，

陈为松像

他下警备团连队，又到营、团部当中心文化教员，工作出色，曾立过二等功一次，三等功两次。

1953 年，团里为了培养政治教员，送陈为松去南京解放军第三政治干部学校学习。毕业时，他被军事学院选调。从 1954 年到 1958 年，他在军事学院中共党史教授会、政治经济学教授会担任工作员、见习教员。军事学院精英荟萃，在学院里，他接触到了我军的许多高级将领和专家学者，并见到了院长刘伯承元帅，大大打开了眼界。1958 年 8 月，他随李毅将军去大同，在装甲兵学院哲学教授会和宣传部当助理员。

1967 年，陈为松奉命驻北京有机化工厂执行军管任务。1971 年底，他被调到北京市化工局军宣队，任命为局宣传处副处长。之后，他调回军委装甲兵政治部，任秘书处副处长、处长。

1982 年，陈为松被调到军委纪委案件审理处任处长。在案件审理中，陈为松坚决执行中国共产党中央纪律检查委员会（简称中央纪委）第一书记陈云提出的方针原则和“只唯实”的警言，按照“事实清楚、证据充分、定性准确、处理恰当、手续完备”的原则办案。

1988 年 6 月，中国共产党中央军事委员会调整中国共产党中央军事委员会纪律检查委员会（简称中央军委纪委）体制编制，新建纪律检查部，归总政编制，并作为中央军委纪委的办事机构。新一届中央军委纪委由王瑞林任书记，陈为松任副书记兼任纪检部部长。因王瑞林同时兼任邓小平办公室主任，故委托陈为松主持中央军委纪委的常务工作。

为履行纪检部门“保护、惩处、监督、教育”的职能，陈为松多次强调：“既要把查处案件作为严肃党纪的中心环节，又要把端正党风的着眼点放在对党员的教育帮助提高上。”他说，纪检部门“既要当包公铁面无私，也要做华佗刮骨疗伤”。

陈为松出色的工作赢得了党和人民的信任。1992 年 10 月，中国共产党第十四次全国代表大会召开，陈为松光荣地被选为党的十四大代表出席大会。18 日下午，大会选举了新一届中央纪委，陈为松当选为中纪委委员。

1998 年 8 月，陈为松离休。他从 16 岁从军，65 岁离休，军旅生涯 50 年，·直高度自觉，严格自律。

“最美不过夕阳红。”陈为松原本就喜爱书画诗词，离休后经数年专心修习，水准日升。他的作品经常参展，如北京军事博物馆举办的百名将军书画展、福建云霄将军山碑刻、深圳共和国老将军书画展档案专馆等，都收有陈为松的诗书佳作。圈内有人这样评价他的书画诗作品：“风虎云龙志，秀竹幽兰情。”

1987 年 5 月 4 日，中共青浦县委召开的“青浦县地下青年团团史座谈会”上，向他颁发了“地下青年团荣誉证书”。

2005 年 7 月，陈为松专程从北京赶到青浦练塘，参加了陈云百年诞辰纪念活动，随声而出创作了一首七绝《访陈云故居》：“虚心亮节高风竹，务实求真指路灯；窗外悠扬春一曲，联翩浮想忆伟人。”

（文 / 凌耕）

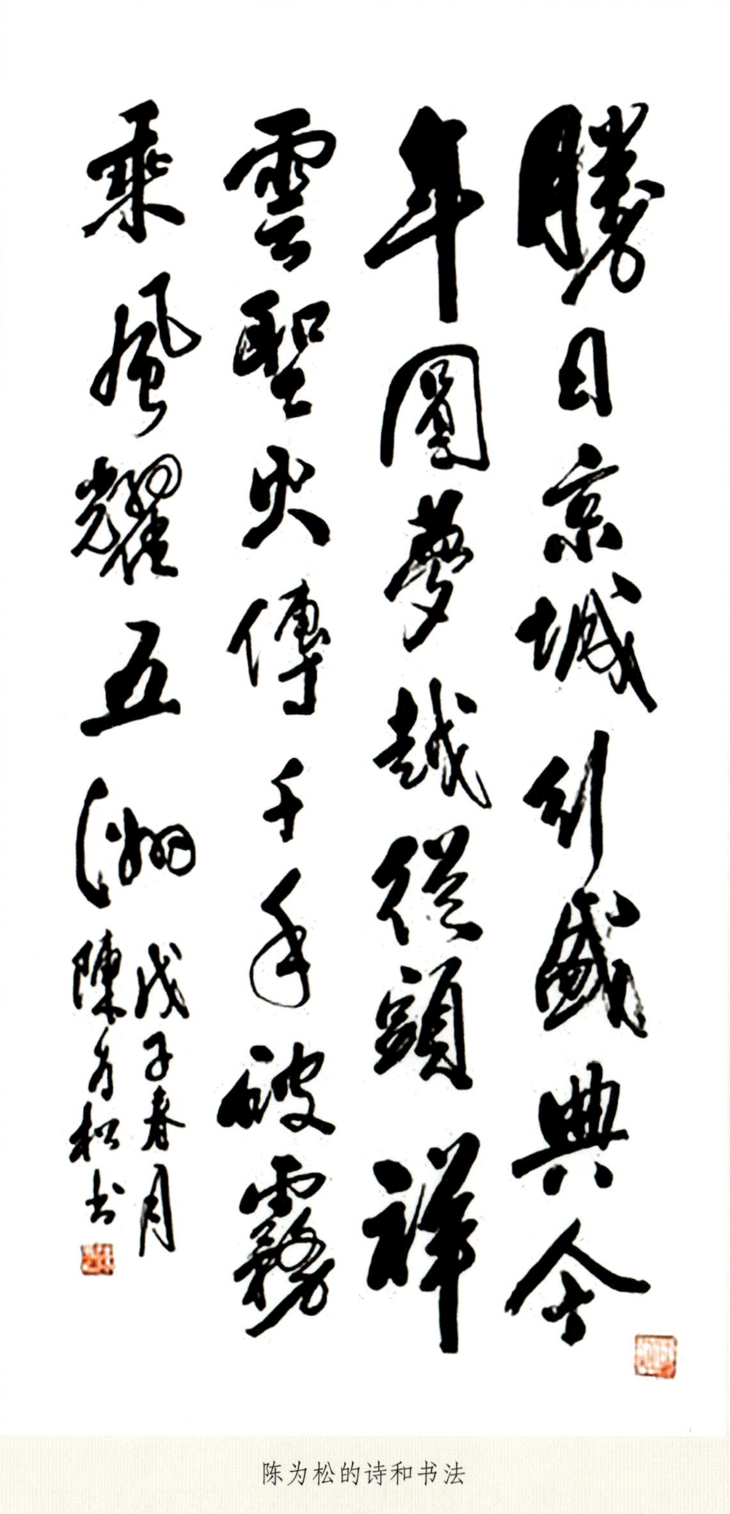

陈为松的诗和书法

画画不止的油画家——张自申

张自申是我国著名油画家、教育家，年轻时从青浦水乡走出去，退休后在故土安度晚年。他的很多油画作品被国内著名博物馆、美术馆所收藏。代表作品有《强渡天堑》《黄山深壑》《清风》等。其中，矿工系列油画《第八盏灯》等15幅作品被中国美术馆收藏。宗教题材作品《南无》、《红楼梦》金陵十二钗油画人物肖像、《醉东风》油画花卉、《青龙镇》等系列组画都是退休后的创作作品。他的作品在中国台湾、上海以及日本等国家和地区多次举办个人油画展。现已耄耋之年的老艺术家至今仍热衷于绘画，他曾言："生命不息，画画不止。"

1933年11月，张自申出生在青浦县城小西门城墙脚下，家中姐妹众多，他排行第八。青浦县城设有五座旱城门、三座水门。儿时的他时常去城门、水门玩，俯视护城河中的白帆行舟，眺望对岸的辽阔田野。绕城漫步到小西门的城墙脚下，便可到达他家。张家左为老宅，右是新宅，有楼有院，是别人眼里的大户人家——张宅。张家是江南大家族，书香门第。

张自申从小在浓郁的文化氛围熏陶下成长，童年时因抗战避难至金家庄。在淀山湖西侧小岛金家庄的世外桃源般的环境中，小姐姐张薇青（阮波）教他画画，使他爱上了绘画。后来，他在家中书房的一本画册里看到一幅写实的油画，画着尼罗河的帆船，受此画面的感染，开始照着画。后来，他又得教美术的老师沈祖光多次鼓励，开拓他的视野。此外，他还得到六姑父吴镜芙以及姨夫许玄谷艺术上的指导。在他的记忆中，初中毕业以前的十多年时间里，都是在战乱中度过的。几次逃难，几度转学，但在颠沛流离的日子里，有幸接触到画画，使他更加坚定了学油画的决心。

16岁时，张自申进入中南部队艺术学校，从事部队美术工作7年。

之后，他在万名报考生中脱颖而出，考入中央美术学院油画系，度过了5年学习生涯。他毕业于吴作人工作室，得到师辈们赏识，尤其是艾中信老师和吴作人院长的大力栽培。他进入吴作人工作室的第一幅作品——油画《养猪》入选全国美术作品展览。毕业后，他在安徽从事美术教育23年，在教学之余创作了不少作品。1984年，他调回上海，参与筹建重组上海大学美术学院工作，历任教授、副院长、院长，直至1996年初正式退休。

21世纪元年，张自申回到青浦这块故土，钟情于油画创作，勤耕不辍。他辅导家乡的青年美术工作者，协助他们创办民间画院和美术馆。此外，他还在青浦区博物馆举办画展，毫无架子地参加年轻画家的展览，为他们站台助威。

无论是在第二故乡安徽还是第一故乡上海，张自申都深入基层进行大量写生，同时也带学生们一起写生。他从人的关怀、人性的视角出

2006年张自申创作《享受阳光》

发，对生命本体的关注，观察入微，创作出大量的作品，并培养了不少新一代的画家，可谓桃李满天下。他与学生之间几乎都是亦友亦父的关系，毫无保留地教授给他们。尤其在物资匮乏的年代，他时常用自己的稿费请学生一起吃烤鸭。而如今的学生，如有新的烤鸭店开张，也必定请老师去品尝一回。

张自申在《八十独白：张自申返乡油画集》中提到："酷爱绘画的我曾想当个大画家。虽有数幅画作被国家级博物馆收藏，但总是感到不甘心、意难畅达……后因囿于行政事务繁重，那些年我无甚力作问世。至今思之，乃觉得有负年轻时的'丹青抱负'。"即便到了耄耋之年，他还是画不停，还是那样谦卑。画品是人品的一种折射，更是画家心灵的释放地。

张自申多次表示，绘画使得他的生活不再寂寞。无论何时何地，只要能画画就开心，能画画他就会觉得生活富有诗情。前几年笔者到他在青浦城隍庙的画室里，看到他与徒弟吴爱政一起合作创作"青龙镇"主题系列作品，这是对青浦悠久历史的一种回顾。他无论创作何种题材作品，都很有想法，要奔着大的创作主题而去，这是一位从中央美术学院出来的画家格局。

近年来，张自申又画了"家乡忆"系列油画，回顾自己经历的事情，用富有色彩的画笔真实地记录自己的人生经历。童年的逃难、儿时因英语差一分而留级、课堂上的顽皮、回家被揍、在上海帮助犹太女人脱险、上学路上采桑叶时被日本兵逮住并罚站的遭遇，以及后来找日本小孩子出气、避开印度警察等故事，都被他以饱满的笔触记录在三组油画《家乡回忆——童年》《抗战岁月——少年》《中学晨光——青年》中，每组 12 幅，很多已消逝的建筑，如青浦的老城墙，青浦县初级中学（前身为愿学学堂）一景，青浦大西门内大虹桥等，这些在历史长河里淹没的建筑，在他的画笔中又重现生机。他还自己用手机制作成"美

2019年张自申在曲水园画室创作《青龙镇》

篇”，每幅油画上配有文字和音乐，使得作品鲜活起来，也同时用儿时的童趣、少年的懵懂、青年的一腔热血述说着那段历史，也是我们中华民族在水深火热中一路坚强走过来的写照。2023年7月，“故乡的风——张自申‘家乡忆’系列油画作品捐赠展”在青浦区博物馆正式开幕。这36幅“家乡忆”画作全部捐赠给青浦博物馆，其中《红船》成为博物馆的镇馆宝贝之一。

张自申小时候时常去曲水园玩，与一群爱下围棋的老人对弈，最后他是“打遍曲水园无敌手”。晚年的他回到故乡，拥有一间自己的画室，似乎一直在与儿时的自己对话。后因城隍庙翻修，画室搬到了区委老干部局，新画室的题字由沪上著名年轻画家石禅所题。他依然每天忙于创作，在创作一幅幅赋予时代符号的绘画，绘画同时也在慰藉着他那颗追求艺术永不止境的心。

“生命不息，画画不止”是他的座右铭。

（文 / 枫肥）

著名建筑师与书法家——徐家铮

徐家铮，1936 年出生于青浦县城厢镇。1951 年青浦初级中学毕业后，考入苏南工业专科学校。1956 年以优秀成绩毕业，分配到北京水电设计院。1971 年北京水电设计院撤销，他被下放到浙江省七里泷水电部十二局工作。1979 年水电部华东设计院在杭州重建，他以技术骨干调入该院，历任专业组长、主任建筑师、总建筑师等职。

20 世纪 80 年代初，他主持设计了华东设计院大楼、机械研究所大楼及杭州水电中心大楼等工程。多次荣获国家设计金奖，还参与了浙江省重大建筑项目的评审及研究。

他自幼酷爱书法，20 世纪 60 年代初即师从北京书法研究社著名书法家王传恭（伯元），并受到当时北京著名书法家宁斧成、郑诵先、何炎（二水）等的指点。多年来，他遍学各家碑帖，博采众长，潜心于理

徐家铮像

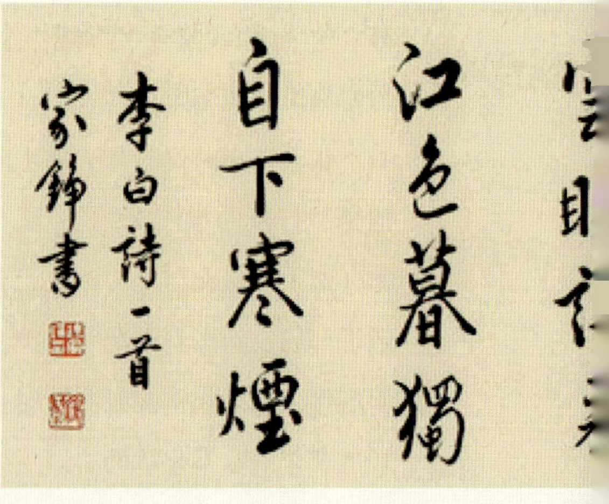

论研究和实践创作。他坚持学行书宗二王（王羲之和王献之），主学《圣教》《兰亭》，兼欧、米（欧阳询和米芾）诸家。

2014 年 3 月，徐家铮创作的巨幅《兰亭序》呈现在中新社记者眼前。该作品全长 12.6 米，高 2.4 米，共有 18 屏条，270 平尺。通篇起伏变化，错落有致。该力作用了三个小时一气呵成。创新要在传统的基础上进行，他的作品是走清、淡、雅的路线。《兰亭序》是王羲之的风格，也是他首次创作这么大规模的作品。经中新社报道后，新华网、人民网、新浪网、凤凰网、搜狐网、中国新闻网等多家新闻网站相继予以报道。

1986 年，他为杭州名刹净慈禅寺书《重建钟楼记》碑文，获第二届文艺奖。

1991 年，他又为普陀山慧济寺书《精刻历代名画观音宝像后记》碑文。其在隶书方面研学了《张迁碑》《石门颂》等汉碑，作品浑厚质

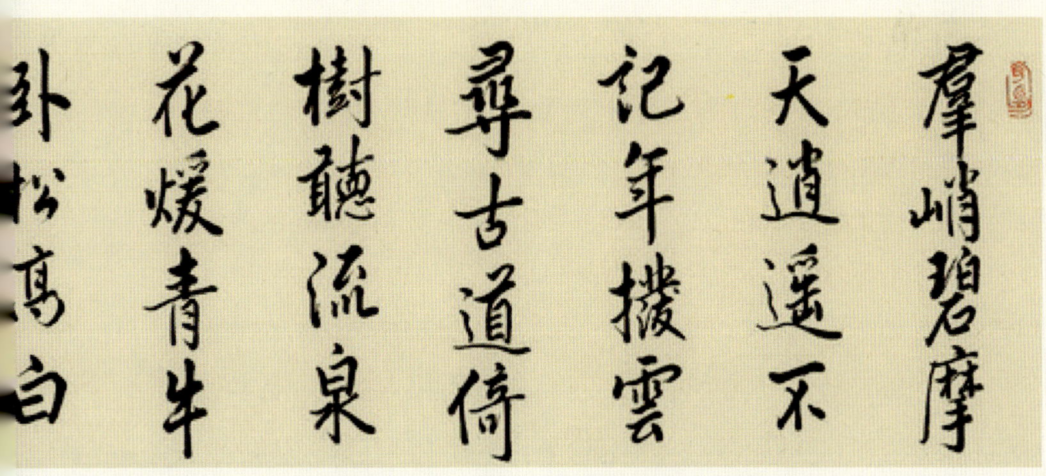

徐家铮书法

朴，变化多姿，每出新意。

1986年，中日兰亭笔会（日本东京）出展的“淡趣”少字作品，作为其代表作被收入作品集。同时，其行书和隶书作品在《书法》杂志上均有发表，并多次在日本、德国等地出展。曾出版《挥毫粹语》以及《建筑装饰图案》等。近年来，他的书法作品多次在各类书法比赛中获奖，其代表作有《洛神赋》《长恨歌》手卷、长卷。作品浑厚，气度大方，变化多端。

1991年，他的《孙子兵法》钢笔字帖，由浙江古籍出版社出版。2001年杭州出版社出版了他的《诸葛亮兵法》钢笔字帖，受到书法爱好者的欢迎。

2011年11月29日，徐家铮在故乡青浦举办了名为“书法人生”的个人书法作品展。他也时常辅导青浦书法爱好者，开展互动交流，提升书法爱好者的书法水平；并经常受邀为青浦新城新建的建筑题写匾额、楹联，为厚植家乡文化作贡献。

（文/沈大钧）

著名芭蕾舞蹈家——凌桂明

芭蕾舞剧《白毛女》是我国最有影响的红色芭蕾舞剧经典之一，自1964年首演至今，已演出1500多场。剧中喜儿和大春的扮演者已成为老百姓心目中的舞剧皇后和王子。大春的扮演者，就是著名舞蹈家凌桂明先生，他塑造的大春形象，成为几代人心中的经典。

凌桂明，1943年出生在青浦一个农民家庭，自小在农村生活，习惯了农民日出而作、日落而息的生活方式。那时候，村里有很多孩子在上完小学后就开始帮助家里人干农活了。凌桂明在小学毕业后，也和大多数孩子一样，回家种地。

只是，从小体弱多病的他总是干不了太多农活，这样的生活只维系了两年。他被学校的老师叫回学校，继续他的读书生涯。他真的很感谢当初叫他回来读书的老师，若是当初真的在田里干活，恐怕就没有后面精彩的人生了。

一次偶然的机会，凌桂明被选入去上海市舞蹈学校学习。对于一个农村小孩来说，能进入艺术院校学习是做梦也想不到的事情，所以他格

凌桂明像

外珍惜学习时光。由于条件不好又是插班生，所以他学习比别人更刻苦。学校发了饭盒、拖鞋等生活用品。平时在家一周能吃一次肉就不错了，而到了学校以后，他天天都有肉吃，这比农村生活好多了。就是这么个简单的原因，他非常喜欢待在学校，刻苦地练习舞蹈。1960 年 3 月入学，1966 年 6 月毕业，他在上海舞蹈学校整整学习了六年多时间。

他先后在舞剧《天鹅湖》《吉赛尔》和中国芭蕾舞剧《白毛女》《红色娘子军》等中担任主要演员。但对于凌桂明来讲，一生中最幸福的事情之一，莫过于演了现代芭蕾舞剧样板戏电影《白毛女》里的大春，并因此成为 70 年代众多观众心中的男神。他原本学的是古典芭

凌桂明扮演的大春

蕾，而当时被选中扮演大春时，已22岁。因为个子高、舞蹈基础好，还有一部分原因是出生在农村，更贴近这个角色，因此获得了这一机会。但由于已经接受了古典芭蕾的影响，所以他起初演的大春不像大春。于是，为演好这个角色，他多次下基层体验生活，和农民同吃同住；又去空军地勤部队体验生活，太阳下一操练就是几个小时，从每一个细节努力感受、诠释大春这个角色。

1958年，日本松山舞团要演中国的《白毛女》，这一事件让大家更坚定地要排练出属于自己的《白毛女》。1964年，第一场小型的《白毛女》在上海剧院上演。经过几场上海的演出后，由于效果不错，后来扩大规模，从中型再到大型演出。几经波折之后，《白毛女》获得了国家领导人的认可，周总理更是连续看了几十次。

觉得光荣的同时也非常辛苦。“白毛女”有替换的演员，而“大春”一直以来都是凌桂明一个人。所以无论是生病还是任何其他原因，他都必须坚持。有一次，他牙齿疼痛，肿了半边脸，但是下午正好是接待苏联来的国家领导人，所以他只有在另外一边嘴里塞了棉花，尽量让两边的脸腮看起来差不多。

凌桂明是国家一级演员，先后担任上海芭蕾舞团团长、上海市舞蹈学校校长、上海戏剧学院舞蹈学院院长、上海市舞蹈家协会主席等职。从17岁到73岁，凌桂明情系芭蕾56年，如今，他作为著名舞蹈家，对培养舞蹈新人责无旁贷。他谦虚地说：“要做的事情还很多，尚需发挥余热，加倍努力！”

（文/沈大钧）

和平使者出水乡——外交大使陈继峰

“我是喝了青浦的水，吃了青浦的米，在青浦这块土地上长大的。我热爱我的家乡。尽管离开家乡已经五十多年了，可是无时无刻不牵挂这生我养我的地方，梦里常常回到家乡。”外交家陈继峰如此说。

陈继峰出生在青浦一里桥村。幼年失孤，有外婆抚养长大。他聪明且勤奋，1956 年考取了江苏省松江中学（松江二中前身），1959 年考入了北京外国语学院留苏预备部学习俄文，翌年转入北京大学西语系专攻英国语言文学。他是陈家，也是生产队里唯一一个读书上学而且上了北京大学的人。1964 年，陈继峰被公派前往西非的加纳大学非洲研究所读硕士研究生。

陈继峰在青浦博物馆前留影

1973 年，陈继峰被派往我国驻尼泊尔大使馆工作，由此开始了他数十年的外交生涯。1985 年，他又被派往中国驻印度使馆任职，后任中共中央对外联络部亚洲一局副局长、局长，中国人民争取和平与裁军协会秘书长等职务。

用“唇枪舌剑”和“握手亲善”这八个字来描绘他的外交经历毫不为过。他说：“我的忠诚和胆略来自党的信任和祖国的重托。心中牢记国家和人民的利益，能够在复杂的环境中站稳立场，把捍卫祖国的利益作为自己终生奋斗的目标，我为此感到自豪！”

（文 / 张力华）

毕生奉献家乡的“神刀”——李镇当医师

李镇当原是中山医院外科的一名医生。20世纪60年代初期，作为“种子医生”，他响应中央“一定要消灭血吸虫病”的号召，来到青浦。

青浦曾是全国十大血吸虫病重疫区之首，也是全国最早消灭血吸虫病地区之一。当年仅有30多万人口的县域，竟然有15余万的血吸虫病感染者，特别是青浦任屯村的居民，感染率高达97%。由于长年累月的血吸虫感染，不少已是晚期血吸虫病患者。特别是任屯村疫情严重的照片，使人触目惊心，令人震撼。新中国成立后，党和政府对防治血吸虫病非常重视，毛主席把防治血吸虫病工作提高到“抗日战争”“抗美援朝”同等重要的位置，视其为事关人民生命健康和民族兴旺的政治大事来抓。

1957年，毛主席在上海召见上海第一医学院教授苏德隆，探讨消灭血吸虫病的有关问题。卫生部、血防局正式提出要求苏德隆教授负责青浦地区开展血吸虫病工作防治试点。苏德隆教授是我国防治血吸虫病的先驱。他在青浦建立血防试验田，中央血防办也在青浦建立血防试点，研究防治对策。在整个防治过程中，苏德隆教授深感青浦地区技术力量薄弱，缺少高质量的防治人才，因此建议上海第一医学院应和青浦建立合作平台，人员相互支援。于是，在20世纪50年代末至60年代初，上海第一医学院从上海中山医院、华山医院派遣了一批医疗技术力量，充实到青浦医疗卫生工作。李镇当、罗柱流等这批精英就是这样落户到青浦。

李镇当出生在江苏溧阳城关镇一个中学教员之家，他父亲是教员兼任学校教务长。他从小耳濡目染了父亲对工作兢兢业业的态度，养成了认真、负责、细致、刻苦的良好品质。他曾经考入上海财经大学，但是觉得医学可以治病救人，更符合自己的理想，于是他毅然选择退学，并于1951年以优异的成绩考入湖南湘雅医学院。在这所医学院，他接受了严谨的医学教育，并以优异的成绩毕业，后被分配到上海中山医院工作。在中山医院期间，他刻苦学习，精益求精，他的手术获得了同行和导师的称赞。1959年，李镇当跟随孟承伟教授来到青浦朱家角人民医院，为晚期血吸虫病施行晚血患者的脾切除术。在朱家角人民医院，他遇见了正在拍摄电影《枯木逢春》的女主角尤嘉，她正在朱家角人民医院晚期血吸虫病房体验观察晚期血吸虫病患者的生活状况。同时，也遇见了电影中苦妹子的原型、任屯村的杨爱珍。当时，杨爱珍正在接受治疗。这位本来年轻貌美的农村女子，因为患上血吸虫病，变成了腹大如鼓、骨瘦如柴的患者。通过综合治疗，她的症状逐渐有所改善。待腹水消退后，准备再进行外科手术。此时，她希望有一个精明的主刀医生为她进行切脾手术。后来在查房过程中，孟承伟教授决定由李镇当主刀，杨爱珍内心是多么高兴和激动。在手术室的无影灯下，演员尤嘉全程观摩了李镇当的手术全过程，为演好这部血防影片积累了丰富的经验。

手术成功后，杨爱珍获得了新生，并成为两个孩子的母亲。从此，

李镇当和吴肇光、杨永彰、罗德文等医务人员合影

她和李镇当主任结下了深厚的友情，这种良好的医患关系也给李镇当带来了无限的快乐。

《枯木逢春》是一部反映江南水乡村民和血吸虫病抗争的电影，影片中的苦妹子牵动了亿万群众的心，当时在全国引起了轰动。水乡人民都希望有像李镇当这样的医生到疫区去为他们解除病痛，获得新生。

李镇当下乡一年后，需要回到中山医院。由于青浦晚期血吸虫病病人众多，大家强烈希望李镇当留下。当时，中山医院把李镇当作为医院的医疗骨干，由于他在朱家角经过几百例手术治疗的实践，他的切脾手术已达到炉火纯青的地步，赢得了大家的称赞和关注。朱家角人民医院也多次到中山医院指名要求他到朱家角人民医院工作。经过上级领导的深思熟虑、权衡利弊，最终同意将李镇当派到朱家角人民医院。

李镇当来朱家角之后，水乡人民欣喜若狂。朱家角人民医院重新组建外科病房，调整人员结构，给李镇当配上了最好的助手，李镇当从此在水乡声名鹊起。他的精湛的技术和认真负责、和蔼可亲的态度，赢得了朱家角人民医院“神刀”的美誉。大量的患者纷纷要求他主刀，在短短两年内，他和他的团队把朱家角的医疗水平提升到相当高的程度。

李镇当不仅在青浦获得了很高的声誉，连浙江嘉善地区人民医院也邀请其团队去当地指导，帮助他们开展晚期血吸虫病手术治疗。1963年，李镇当带领朱家角人民医院的医务人员，到西塘人民医院进行切脾手术示范，提高了当地的医疗水准，并为当地切除了60多名晚期血吸虫患者的脾脏，引起了极大的社会反响。

当时，笔者、李镇当和青浦人民医院的内科主任罗柱流曾经都有在中山医院学习和工作的经历，有相同的理念，对血防工作怀着同样的热情，我们不忘初心、牢记使命，在县卫生局领导魏耀贤的关怀和支持下，组成血防小组。在工作中，我们相互了解，情如手足，被群众称为青浦血防战线上的“三驾马车”，经常奋斗在血防战线上。

任屯村患血吸虫病村民合影

1970 年，上海派出大批医疗队来到青浦农村，特别是中山医院卫生工作队。在不同时期，诸骏仁、林佑善、杨永彰、刘厚锯、吴肇光、吴光汉、王承培、王国民等医生来青浦，和当地的赤脚医生紧密合作。他们一起开展了晚期血吸虫病的调查，查出了一万多名晚期血吸虫病患者，并给予分类处理，对其中的 1526 例患者进行手术治疗。李镇当在这些手术中，起了重要的作用，他和团队采取了防治结合，内外科合作治疗晚期血吸虫病新理念，大大降低了晚期血吸虫病的死亡率。李镇当与团队不断地总结经验，发表了许多论文。李镇当发表的《脾切除减低手术死亡率的经验》获得了青浦县科技一等奖，对当时全国晚期血吸虫病人切脾手术治疗起了指导作用。

1982 年，李镇当从朱家角人民医院调到了青浦人民医院，担任了外科主任。1983 年，他又担任了青浦人民医院副院长，兼任外科主任，青浦医学会常务理事、外科分会会长。任职期间，他对青浦外科做了全面规划，扩大外科床位，增加手术项目。从此，青浦人民医院的外科工作又呈现一派崭新的面貌。他还主编了《急腹症》和《外科出诊》两本书，由上海人民出版社出版，对帮助和提高农村中级医师

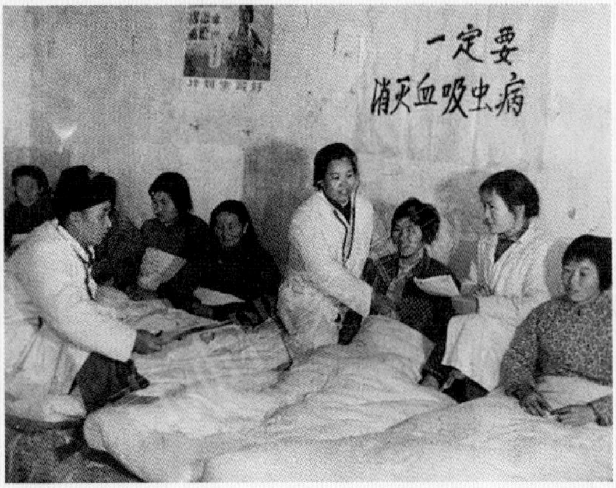

医务工作者在为血吸虫病患者治疗

水平起了很好的作用。

退休以后，李镇当仍然不断进行医学探索，把救治病人看成自己最幸福的事情。他积极参加青浦高知协会免费医疗咨询活动，每周四下午都来现场为许多慕名前来咨询的患者答疑解问，给予患者医疗上的指导和心灵上的安慰。

李镇当晚年长期患病住院治疗，中山医院青浦分院的领导和医务人员给了他无微不至的关心和爱护，让他感受到了医院的温暖。原上海市人大常委会副主任、中山医院教授吴肇光和外科主任吴光汉来医院病房探望他。当年接受李镇当手术治疗的苦妹子杨爱珍也多次来医院探望卧病在床的李镇当。水乡人民都深深地惦念李镇当，对这位曾经为青浦消灭血吸虫病并做出卓越贡献的医务工作者表示敬意。

李镇当医生对病人极其负责，解释病情耐心细致。对重危病人能及时抢救；对重大手术后康复出院的病人，他经常利用个人时间上门随访，了解并巡访术后恢复状况，并给予指导。

——曾经共事的病房护士长赵娟娟

罗柱流、李镇当(中)、黄其晶被群众称为青浦血防战线上的“三驾马车”

李主任没有高知的架子，对于手术室护士亲切关心。病人术前紧张，李主任都会耐心开导，使病人消除顾虑；当其他医生术中碰到困难或发生紧急情况时，李主任都会及时赶到，解决难题，转危为安。因此大家对主任的去世，深感悲哀。

——曾经的手术室同事吉桿群

同李主任一起参加医院管理工作8、9年时间里，他一直是我尊敬的老大哥。我们经常一起沟通，把对方的材料、自己的看法及存在的疑问提出来，一起商讨如何处理。碰到发生医疗差错或事故，也是一起进行调查研究、分析情况、吸取教训并改进工作。我们彼此分工，共同加强对职工开展教育以避免类似情况再次发生。

——曾经的同事林惕三

（文/黄其晶）

他为家乡留下永恒的“瞬间”——摄影家朱习理

朱习理先生是一名摄影爱好者，他出生于青浦古镇蟠龙镇，工作后一直居住在青浦城厢镇。他为人开朗直爽，工作热情，大家都亲切地叫他“大老朱”。

他很早就投身革命，由于家境贫困，12岁即去徐泾东边的老宅米行当学徒，在富农家看牛种田，后参加顾复生抗日“三支队”的舟山部队。1945年9月抗战胜利后，在重固镇召开新四军北撤大会时，他因个子矮没能随军北撤。在北新泾米行做了一年多学徒后，他考取了青浦县立简易乡村师范（简称简师）。在这里，教导主任（党支部书记）吴友仁发展他加入了党组织。简师的民主政治气氛很浓，他们出墙报、读红色书籍、唱革命歌曲，引起了国民党特务的注意和监视。毕业后，他被分配在实验小学单级部任教。1949年7月，他参加了县委第二期干训班学习，成了青浦县委秘书处文书兼机要员。后来，他被外派任练塘区区长，后又成为青浦文化馆和青浦博物馆的主要负责人。

几十年来，大老朱与摄影结下了不解之缘。当年在学校工作，他就用一架柯达方盒子、无光圈快门的相机进行摄影。担任县委秘书和在文化部门工作后，他更是经常摄影，一直去曲水园对面的王均成照相馆冲照片。1962年，他加入上海市摄影家协会，被选举为理事、常务理事，分管上海农村摄影工作。在这个平台上，他经常举办各种图片展览，拍摄反映农业互助运动、人民公社化等的照片，并不时向上海报社发稿，提供了大量反映水乡农民建设新农村的新闻纪实照片。他在协会中也有机会与许多资深摄影家交流学习，如战地记者俞创硕、陆诒等，后来都成了他最好的朋友。

来到人生的暮年，“大老朱”的家成了一个老照片仓库。面对这些凝结着他几十年心血的老照片，他与夫人一起将这些老照片归纳为一个个丰富多彩的专题，如《崧泽文化实录》《穷里浜翻身记》《上山下乡集》《情系练塘》《纪实西藏》《红雨洒遍任屯村》等，并印制成摄影集或专页，赠送亲朋好友，受到了人们的欢迎。他特别注重革命历史的记录，曾循着青浦共产党员的足迹，深入采访，拍摄、收集了大量摄影史料。他将这些照片举办“青浦革命烈士展览”，编辑《青浦抗战史》画页，出版三本烈士小传，还自费录制光盘赠送教育部门，为青浦革命史的研究和普及作出了贡献。

他尽一切可能让更多人分享他的摄影成果。在中日邦交正常化20周年之际，他在日本东京举办了“春意盎然的上海青浦”摄影展；在澳大利亚昆士兰市艺术馆举办了“朱习理生活与艺术”摄影展，反映改革开放十几年来上海农村新风貌；推出《青浦辉煌五十年》摄影集，全面展现水乡农村五十年来欣欣向荣的巨变。

近年来，他陆续将照片分类整理，捐给了上海市档案馆、陈云故居暨青浦革命历史纪念馆、青浦区档案馆、青浦区民政局和青浦区博物馆等单位。他还筛选出一批照片提供给淀山湖新城发展有限公司，为青浦新城建设贡献了自己作为一个老摄影工作者的热忱。

“大老朱”的人生平凡而又精彩。一个甲子以来，他一直与摄影机相伴，与国内外同行彼此切磋经验，增进感情。他被美国加州摄影协会聘为常年顾问，两次成功访日进行摄影交流。台湾103岁的老摄影家郎静山两次到青浦访问，与他结下深厚感情，郎静山回到台湾后亲手书“寿”字寄赠给他。世界华人摄影协会主席杨绍明更为他题词“青浦是摄影之乡”“农民摄影家朱习理老师”等留念。

朱习理拍摄的大量老照片，既是多姿多彩的青浦历史的缩影，也是中国革命建设历程的真实记录的一部分。它们让如烟往事在人们记忆中复活，让人们在回望和凝视历史中回味和反省昨天，在与历史的参照中，去创造和迎接更美好的明天。因此，这一个个“瞬间”，无疑将是永恒的！

（文/凌耕）

下篇：

业态多元的繁荣商业

自从有了剩余产品，就有了交换，市场也由此产生。

青浦老城厢历经多年的发展，随着人们消费需求的增加，商业设施的种类和体量逐渐增多。这些商业设施的集聚，形成了不同商业街区。业态多元的繁荣商业，有力地推动了地区经济的发展，给人们带来各种各样的商品和服务，也让人们有了更多就业和创业机会，很多人有机会实现自己的梦想，为社会创造更多价值。

现在，传统的商业模式正在被现代化的商业模式所取代，商业活动的范围和规模不断扩大。老城厢地区出现了大型商厦、国际品牌店等现代商贸体，它们逐渐成为城市的地标或著名景点，吸引了大量游客前来，也让老城厢地区人们的生活更加便捷和丰富多彩。

老城厢传统商贸

老城厢商贸简史

青龙镇为青浦区历史上最早的商业集镇，在唐天宝年间已是店铺林立，商贩麇集。明万历元年（1573 年），县治从青龙镇迁至唐行镇（青浦镇）后，县城商业日盛。

至明末，老城厢已形成繁荣的商业市镇。清康熙年间，商业街市不幸遭遇大火焚毁。乾隆年间的《青浦县志》记载：“太平桥北有业铜者，以熔铜致火，时因久旱，百物爆然，遇火即炽，横中南北，延烧几十家。”清末民初，商市有所恢复和发展，镇西、北商店米市茂盛，码头街、聚星街至桥梓湾一带，成为商业区。

民国初期，青浦镇成为县内仅次于朱家角的商业繁盛之地。有米行几十家，衣庄、绸缎、洋货、茶食、糖、国药、南北行货、竹行、木行、酱园店等上百家商铺。商业以米为大宗，每年除当地销售外，还外运至沪浙苏等地，并转京、津及海外。衣庄、绸缎、洋布、茶食、药材等大商号，年营业额达二三万元以上。全民族抗战时期，商业中心移至北门外北大街。

抗战胜利后，商业分为城南、城北两市。

老城厢的工商业组织始于清代末年，宣统元年（1909年）成立城厢商务公所，民国四年（1915年）改称商会。商会初设总理或所长，民国后改称理事长。商会会员由公会集体会员和商会会员组成，是私营工商业的民间团体，同业公会是商会的基本组织。它在历史上曾起过积极的作用，对反帝爱国运动表示支持，在沦陷时期曾抵制日货。民国时期，商会被国民党政府控制，但也有爱国的工商业者反对国民党政府的横征暴敛。

新中国成立前，私营商业占据市场主体。

新中国成立后，随着国营商业和供销合作社的建立，商业结构发生了巨大变化。20世纪50年代初期，全县商业由国营商业、合作商业和私营商业三部分组成。

1949年下半年，城厢镇筹建新的工商业联合会，动员各工商业者积极向政府献粮，捐献飞机大炮和认购公债，支援抗美援朝。1952年后，又多次举办城乡物资交流会。

新中国成立后，党对资本主义工商业采取利用、限制、改造的政策。1954年下半年，城厢镇出现了一批以加工、订货、经销、代销为形式的国家资本主义企业。如米厂为国家加工大米，绸布店为国家经销棉布，米店为国家代销粮食等。1955年5月，有41户工商户组成百货、酱酒、烟纸、饮食4家合作商店。

1956年1月中旬，在社会主义改造形势推动下，全镇掀起了私营工商业公私合营的热潮。1月17日，南货、豆腐两个行业最先被批准公私合营。1月24日，全镇所有私营企业被批准实行公私合营。

工商业社会主义改造形式大致有四种：

公私合营企业。粮食加工、南货、茶叶、棉布、茶食、酒酱、中西药七个行业共36户，组成6个公私合营企业，并设立了20个门市部和

1个加工场。

合作商店。有饮食、百货、烟纸、鲜肉、水果地货、理发、切面、豆腐、照相、酒酱、洗染、窑煤石柴等16个行业157户，组成14个合作商店，设立83个门市部和5个加工场（作坊）。

经销、代销店。糖果摊、水果地货摊、复制摊、百货摊、篮筐摊、柴主人和发报7个行业共312户，组成6个经销、代销小组。

管理小组。旧货、皮匠、钟表、茶馆、旅店、书场、浴室7个行业，组成4个管理小组。

1956年1月，城厢区经过工商业社会主义改造后，镇上国营商业有6个门市部，职工22人；合作社商业拥有13个门市部，职工65人；私营商业拥有346个门市部，职工718人。

至1957年第三季度，对私营商业的改造进一步深入，全镇改造私营商店540户，涉及职工906人。改造后，有合营商店10个，职工255人；合作商店12个，职工303人；联购联销组8个，职工72人；自负盈亏户18个，职工276人。

20世纪50年代末，全县商业实行由县商业局统一领导的管理体制。

1963年，青浦县物资局成立，负责经营国家统配物资。

“文化大革命”期间，商业部门实行国营商业的管理办法，改变了供销合作社原有管理制度，关闭了农副产品集市贸易，国营商业独占市场，集中管理，集中经营，商品流通受到影响。

1966年，老城厢有商业网点50余个。

1978年8月，县商业局撤销，由县供销社对全县国营、合作商业实行统一管理。

党的十一届三中全会以来，全县供销商业以改革为中心，组织商品生产，促进商品流通，取得较大发展。物资局系统也改变了依靠国家计划分配的单一渠道，大力组织计划外货源，经营品种扩展到 5690 种。个体商业和农贸市场相继恢复和发展。1978 至 1985 年，社会商品零售额平均年递增 14.5%。1985 年，社会商品零售额达 39379 万元，其中供销商业占 93.6%。供销社还加强了横向联系，组织专业联营或联办，为农民提供商品信息，促进了专业户、承包户的迅速发展。

改革开放以后，老城厢商业网点骤增，尤其是集体网点和个体网点有了大幅度增长。

20 世纪 80 年代至 90 年代，青浦县商业、服务业管理机构由政府部门直接管理，后逐步转向间接管理或综合管理，并多次撤并管理机构。商业企业以国有、集体为主，逐步转向私营、个体商业企业为主。

20 世纪 80 年代后期至 90 年代初，青浦商业先后在老城厢建起一批具有一定规模的商场，如青浦商厦、百货大楼、东原百货、四兴大楼、食品世界、稻香村商场等，购物环境和商业形象明显改观。

1996 年青浦企业文化节

20 世纪 90 年代，商业区主要集中在城中东路、城中南路、聚星街、庙前街、码头街，其中聚星街北段和菜场路为个体小商品贸易市场，农副产品集市则分设于宝庆街、庆华一路等处。

1990 年 6 月，县百货公司票证办公室被撤销，商品的计划分配逐渐向市场调节转变。20 世纪 90 年代中后期，商业经营业态发生了新的变化，连锁店、超市等新型经营模式快速发展。

1998 年，县城内已形成二横（公园路和城中东、西路）、二纵（青松路、青安路和城中南、北路）的“井”字形商业中心布局。

2020 年 9 月，位于城中南路 489 号的上海供销 e 家品牌集成店（青浦店）开业，集中展销长三角地区的特色农产品及上海老字号品牌产品 60 余种。

目前，青浦老城厢更呈现出一片商业繁荣、商贾云集的繁华之景，各大商场商铺林立，南北百货名品汇集。

（文 / 沈林荣）

老城厢商业名街

聚星街

老城厢著名商业古街，位于青浦老城区东北部，与庙前街并行，街道全长约350米。新中国成立初期，该街商业发达，两旁明清建筑鳞次栉比。20世纪七八十年代，聚星街商店林立，有五金交电、鞋帽百货、餐饮、水果、南货、油漆、土特产等大小店铺100多家，两旁则有小商品摊、玩具摊、童装、水果摊、杂货摊等，种类繁多。其中较突出的有：

城厢五金修配商店，始建于1966年9月，坐落于聚星街26号，店铺占地面积26平方米，主要业务是修配钥匙，兼营修配拉链、电筒、打火机等。

青新皮鞋店，创建于1987年5月，坐落于聚星街2号。店铺面积11平方米，主要经营各种鞋类。

上海淀山湖快餐厅，于1986年5月8日开业，位于聚星街9号，

聚星街

由青浦镇供销服务公司、商榻乡工业公司经理部、旅法华侨章璇女士合作经营，餐厅用房面积 70 平方米，主要经营快餐、饮料、糕点、酒类等。

20 世纪 90 年代初，聚星街被规划为步行街，街市两端用圆石墩阻隔，禁止机动车和非机动车通行。随着市镇建设的不断发展，街市两边的旧房被改建成大型商场和广场，其长度比原来缩短了约二分之一。至 2000 年，聚星街两边的店铺有 60 多家，经营着服装、鞋帽、小五金、小百货、小商品等，其中，街上的青浦企荣服饰商行在 1998 至 2000 年连续三年被青浦县政府命名为“顾客购物放心店”。

（文 / 沈林荣）

码头街

家庭买汰烧，买是首当其冲，最为头痛的事儿。天天上街买小菜哪里便宜？去集市买鱼肉类哪里新鲜？这往往是老百姓日常最为关切的话题。码头街，就是老百姓最为称赞、最具人间烟火气的集市街。

老城厢的码头街地处城中东路 635 号，它的形成历史可以追溯到清

码头街

代，其街道呈南北走向，南接县前街，南首是南门街，间有宝庆寺与南门塔隔河相望；东邻宝庆街；西壤城中南路；北连城中东路，早前建有东西向的杨家桥。

七十多岁的宋先生自小便居住于此，他告诉笔者，民国前码头街中心是一条南北总长不足 400 米（包括现停车场）、宽不超过 6 米的城河。其时整个河两岸都是草房搭成的一排排商店。城河南首有一座城墙，往前是护城河。当时码头街城河水运兴隆，是来来往往商船转运物资、交易农副产品的重要场所。

随着时间的推移、社会的发展，新中国成立后不久，人们开始填河筑路，许多商家拆除草屋，建起平房或楼房开店搭铺，逐渐形成了现今的热闹繁荣景象，码头街成了城内重要的商业中心。码头街不仅在青浦商业上占有重要地位，还在当地的历史和文化中扮演重要角色。码头街不仅是一个商业中心，还保留了许多老青浦的风貌和民宅，展现了当地的历史变迁和生活气息。如今，码头街西南面依然保留着好几幢清代中式二层楼建筑和传统商铺，使其成为一个充满历史韵味和现代风情的特殊集市。

漫步青浦码头街，仿佛穿越在千年繁华都市之中。这里的石库门建筑风格古色古香，路灯和店招都精心设计，与整个街区的建筑风格相得益彰。而这里的特色美食更是让人流连忘返。

现今，码头街菜场南北总长约 200 米，东西宽约 100 米。十多年前新建的美食街长约 50 米。菜场西边石库门里弄，洋溢着最淳朴幽然的气息，细细品味，还能感受到老城厢特有的韵味。它的周边保留着 20 世纪 80 年代风貌的民宅，店铺鳞次栉比，来往的行人络绎不绝。

由北朝南的码头街主街上排满了近百家林林总总的商铺店家，其中包括南北杂货、新鲜水果、特色炒货、百货食品、豆制品工场等，品质优良，现货任选；还有休憩茶馆、酱油酒店、白铁修伞、理发浴室、旅馆饭店、小吃点心应有尽有，货商兴旺。一天到晚，特别是早市期间，顾客接踵而至，人流拥挤。

浏览完码头街南北主街，不自主地来到东西小门街。从北朝南，由东西方向开设的三个小门街及一个摊位街依次为：以餐饮美味为主的码头街 1 号门——美食街，以肉品类为主的码头街 2 号门，以水产类为主的码头街 3 号门。三个小门街里的各类货品分类精细，琳琅满目。同样是东西向的南端菜市场摊位街，各类农副产品商贩有序地铺开，让人们自由选购，价格随行就市。

一路向西，便来到了码头街新建的美食街。漫步在美食街，仿佛穿越到了 1573 年的繁华都市之中。而这里的特色美食更是让人流连忘返，如小笼包、生煎包、排骨年糕、红烧肉等上海本地的经典美食，每一口都是地道的上海味道。现在的美食一条街虽然店铺很多但面积不

码头街石库门

大，南北风味菜不少，但堂吃的人不多，快递员穿梭其间，多以外卖生意为主。

在这熙熙攘攘之中，有些店家最是吸引人驻足品味。这里有家广东潮州美食饭店“煮流碗乐”，热情好客的女主人章妙燕和店主卓先生这对小夫妻，历经艰辛创业，十多年来举目无亲，从零开始，却凭借诚信经营、不断创新的精神，打着粤菜的旗号，回馈社会，为消费者提供真材实料的菜肴、格调高雅的环境以及贴心优良的服务。

菜市场周边，很多上了年纪的人在家待不住，出来摆流动摊位贩卖蔬菜做起了小生意。他们聚集在一起买卖闲聊，说笑逗乐，描摹出了一幅具有青浦本土气息与地方特色的画卷。码头街菜场——这个历史最悠久、物品最丰富、价格最便宜的菜场，因最具人间烟火气而美名远扬于大美青浦。

（文 / 高雪原）

宝庆街

青浦有名的宝庆街，位于老城厢唯一的佛寺——宝庆寺附近。宝庆街与“年老”的佛寺“相依”，和“年轻”的华伦商场“相傍”，又和“老底子”的电影院、“一定好”食品商店、青浦二中、百货大楼“相亲”，同时与菜场街和著名的码头街“相伴”，它的地理位置之繁华，可想而知。

宝庆街南北走向，起于城中东路，止于环城东路，是老城厢的名街之一。地名上，它分为宝庆街、宝庆街老弄和宝庆街新弄。表面看，整条街普通得不起眼，低矮的土瓦民居散落在弄堂里，与不远处的高楼形成特殊的街景。但是，如果你早起漫步于此，便会发现墙上有不少醒目的民宿标志。那阳台上的鲜花，漂亮的窗帘，你一定感到意外，在如此有限的空间里，商贩的吆喝声此起彼伏，热闹非凡。有人这样形容，一幢华伦被分成了“两半”，一半给了码头街，一半给了宝庆街。一眼望去，窄窄的人行道没有树木，只有一些来去匆匆的人流。如果你有心将宝庆街逛到底，你便会发现街路两侧起码得有上百家店铺。

这里有一家老店新开的床上用品店，以前是小音响店。据店主回忆，商铺里的各种规格的音箱、文玩、播放器、磁带和U盘都是硬通货。很多爱唱歌、跳广场舞的阿姨专门来此挑选。毕竟好东西不等人，渐渐地，宝庆街有了一点小名气。一位中年男子来看音响器材，见铺里都是床上用品，有点失望。摊主介绍，这位先生也算是老客户了，但受三年疫情影响，现在我改行了。这位先生说：“我的全套音响都是这里淘来的，现在过来看看白相相。”

被誉为“名出角里，吃在宝庆”的朱家角点心店，已经在宝庆街经营很多年了。一位大爷刚从公园里打完太极拳路过，听说这里有一家不错的馄饨店，便要了一碗香喷喷的鲜肉馄饨。老板是朱家角人，他表示自己虽无大本事，但小梦想倒是有一点。几年前来到青浦宝庆街做起了传统小点心生意。托一条繁忙的城中东路和一个公交站的福，生意马马虎虎，还过得去。民以食为天，他希望未来能再开一家分店。

宝庆街

一圈逛下来，这里的确很有“宝庆”范儿。宝庆街南段的环城东路文庙街，过去曾有宝庆桥，现是宝庆街新街。如今的璞樾门第新民居透出了几分文气和典雅。宝庆街北段是老街，城中东路口的宝岛眼镜店环视着每一个行路人。店里一位年轻人算得上是老师傅了，他正帮着顾客挑选眼镜片架。他介绍说，渐进多焦镜是一种上方看远，下方看近，上下度数不同的镜片，是目前最受老年人青睐的。镜片加镜架一般三百元搞定，还有五十元一副的偏光镜也是“爆款”。

在这里，买不买东西不重要，重要的是和认识的店主老板叙叙旧、嘎嘎讪胡[1]、领领行情、聊聊变化、看看商机。这对于老青浦人来说，无疑是一件开阔眼界的事情。不少杂货小店被挤在“下只角”[2]。看得出，大家对宝庆街充满了情怀，同时也夹杂着担忧。随着网购电商的发展，坐凳的做不过跑腿的，快递成为路上的一道风景，这在一定程度上多少影响了实体店的生存能力。人们不禁要问，以往的街头热闹还会来吗?

经营了四十年的娟娟烟酒杂货店，店主刚开始卖东西时，心中难免揣着忐忑与忧虑。“怕名声不好，担心娶不到媳妇。”他这样解释，“虽然现在国家政策稳定了，这种小铺也不用交税，我们安心做小买卖，但生意没有以前的旺，回头客都是附近的居民老人，基本没有盈利。好在房子是自己的，成本也低，这是大实话。”

街不在贵贱，有顾客就好。转角处，见仅3平方米的缝纫小店，突然想起“新三年，旧三年，缝缝补补又三年”的年代。缝纫阿姨边缝边说，平日来缝缝补补的人还真有，想不到年轻姑娘也多起来了，瞧对面的服装店，十多年时常有顾客过来要求把衣裤剪短补长翻行头。

宝庆街，全长不足五百米，稍不留神就会出街，而它的故事却藏在

1　“嘎讪胡”：吴语方言，无事闲聊的意思。

2　“下只角”：泛指比较落后的区域。

了民众的记忆里。四百多年间，确实有过许多人在宝庆街上放飞着自己的梦想。自古以来，只要有人的地方，就有买卖。可以想象，数百年来，无论掌灯备船的码头街，还是拜佛求安的宝庆寺，仅一步之遥的宝庆街，自然成了人们吃穿住行的落脚地，并生生不息。只是时代的车轮碾到了今天，宝庆街被列入 2024 年区政府旧城改造 A5 地块，但这里的商家并没有说再见，人们期待着未来宝庆街的升级版。是的，人们对生活始终充满着希望，只是彼时人们又会生长出怎样的梦想呢?

（文 / 柴毅进）

庙前街

庙前街因在青浦城隍庙南侧而得名，起自城隍庙，讫于城中东路，南北向，长度 311 米，宽度 4.10 米，路面为水泥结构，与聚星街并行。庙前街开辟为小商品集市。

众安街

青浦老城厢在 20 世纪 80 年代填河筑路之前，有一条繁荣的商业街——众安街。众安街依傍着一条东西走向的市河北岸，东起太平桥，中间穿过和平桥堍，往西过鱼行桥堍，再往西止于大通桥堍。全长约有 500 多米路。

众安街和平桥堍以西，以居民住宅为主，上下两滩都是青瓦白墙的老式小楼。上滩房屋多有进深的大宅门，以方家大宅最著名。街面虽有供生活用品的店家，但这里却集中居住着多位名医。例如，鱼行桥堍东面是名医何承志住宅，斜对门是另一位名医吴仁山宅，两位都是中医全科医生。还有后成为国家名医的董建华、中医内科名医陈祖康，以及中医疮疖外科、人称“张歪嘴”的名医，都居于这条街。跨过鱼行桥，附近有妇科名医胡方梅和小儿科专家唐映书的住宅。有趣的是，20 世纪

庙前街

50 年代，这些医生全部加入了青浦联合诊所，联合诊所就开设在众安街附近，过鱼行桥的县后街上。

众安街和平桥堍以东，是条热闹的商业街。它东起太平桥，太平桥南是码头街，北是聚星街，所以当时众安街就在这个商业圈内。这条街上鳞次栉比开设着各行业店家，下塘街面有两家肉庄、鱼行以及煤球店，上塘街路口有卖大饼、油条等的点心店，东面就是大众书场。书场两层楼，楼下有老虎灶，全天供应开水；楼上是茶馆书场，可以容纳上百位听客。每天下午走过这里，能隐隐听到悠扬婉转的弹词演唱声；如果有响档先生（著名的评弹演员）上演，书场还增设夜场。书场往东，有陈家烟纸店、裁缝店、周坤全打铁店、高万兴铜匠店，东面路口是保和堂中药店。这条街从早到晚行人熙熙攘攘，除了因为这里供应的都是本地人的生活用品，又有娱乐场所，还因为这是一条步行去商业中心的交通要道。

20 世纪 60 年代初，国家经济困难，生活用品紧缺，大部分凭票计划供应。例如，众安街上肉庄门前，常出现清早排队的现象。后来出现了用砖头、破篮、杂物替代主人排队的奇特现象，“主人”在肉店开门前现身，凭票购物。这一幕生活体验，至今老人还记忆犹新。此时，众安街商业一度陷入萧条。

后来，青浦镇镇政府和青浦镇税务所等镇级机关单位入驻众安街，区文化馆青浦镇分馆也设在这里，下滩还开辟了书报阅览室和图书借阅处。众安街成为老城厢的文化站，并增设了录像厅、游戏机房，吸引了许多年轻人，成为一镇政治文化中心。

改革开放初期，众安街的商情又活跃起来。原来的肉庄、鱼行和其他老店都货源充足，全天营业。街上还出现了新兴的行业。当时，刚刚时兴穿牛仔裤，众安街东口就有摆摊卖牛仔裤的，小老板自己穿着牛仔裤叫卖，生意好到货物供不应求。后来，老板开服装店，专门经营时尚服装；西面路口，有摆摊为顾客摇羊毛衫的，因为式样新、羊毛纯，加上量身定制，特别受到妇女青睐。由于生意好，店家外包给一批散户，帮忙加工摇羊毛衫，老板还在别处开了连锁店。

根据市政规划填河筑路，众安街已经消失多年，它已融入平坦宽阔的城中西路和城中东路之中，但人们不会忘怀它曾经是老城厢商业中心的一员。

（文 / 钱昌萍）

口述者：陆永昌

钟锦华

北门街

老城厢的北门街是旧区改造保留下来的一条老街。现在看北门街，它依傍着东大盈江，从吊桥一直向北延伸到海门桥桥堍，一百多米窄窄的老街冷冷清清，零星有几家缝衣店、理发店，只有两边由铺面改建成的鳞次栉比的民居和穿堂小弄，在告诉人们这里曾经是商业老街。

东大盈港和它的大小支流贯穿老城厢，南通太浦河，北通吴淞江，北门外的海门桥横跨江上，沟通东西两岸，水上交通非常便利。北门外过吊桥，这里傍水宜居，清代已经有原住居民，形成北门街的雏形。

清末民初，有独具慧眼的商家，先后在海门桥东堍北面的开阔地，开创多家轧米作坊，后来发展成有一定规模的机械轧米厂，其中最有名的是日升米厂。后来还有槽坊、榨油坊、染坊、糖坊陆续入驻。在北门街，造房出租的房地产业悄然出现。例如，有位米厂老板有了资金积累，就沿街造房出租，他的房产占有半条街。他自家营造外观中西合璧的三层楼房，成为北门街一景。北门街从吊桥向北行，跨过海门桥东堍，蜿蜒延伸到界泾桥附近，全长有500多米。

鸟瞰北门街 ▽

在北门街定居的一部分是原住居民，他们大多居住在青瓦白墙的老房子里。例如，在近海门桥的下滩，有两开间的“魏一源药店”，早在清代开设，临街是店堂，后进有家人居住的楼房。过吊桥，就见北门街上张家的“祥和兴南北杂货店”，上下滩共有四个门面。北门街的中间有蔡家三开间门面的“源泰禄水果地货行”等。北门街上有更多是外来做生意的商人和前店后作坊的手工业者，如元顺糖坊，其上滩有两个门面，三进深的工场和仓库，下滩也有门面，临街是糖坊的店面，后有自家有河埠，便于上下货物和汲水。陈家的“久和染坊”第一代是从绍兴过来创业定居的，开设在上滩，前有店堂，后有工场和大晒场。工厂、作坊外来的雇佣工人，他们拖儿带女在这里成家，大部分租住在北大街两侧的矮平房内，人聚成市。

北门街路牌

为满足人们生活所需，各种行业陆续出现。除了原有的米行、糖坊、酱园、南北干货店、糖果杂货店等，沿街又陆续开设了豆腐店、饭店、酒庄、肉庄、茶馆、理发店等。药店旁边开设了祖传国医“金家诊所”，方便了人们求医问药。此外，还有一些小门面的手工服务行业也陆续立足于北门街。北门街近农村，农家自产的菜蔬家禽，渔民捕捉到的鱼虾，在北门街都可以设摊或兜售。

全民族抗日战争期间，北门街却出奇的繁荣。那是因为老城厢两次遭到日寇飞机轰炸，成片房屋被毁；土匪又趁机肆意抢劫居民财物，导致城里满目疮痍，经济萧条。百姓四处逃难，许多人家都迁到北门街和小西门一带，使得北门街人口陡增，住房紧俏。青浦沦陷后，各城门都有日军把守，老百姓进城都得向日本兵行礼，验“良民证”，有时还会遭到无故辱骂或殴打。因此，当时居住北门街的老百姓都尽量不进城，生活所需的农副产品，自有农家从水路运来。北门街又新增添了菜市场、鱼行、点心店、蔬果店、百货商店、照相馆、绸布店、服装店、成衣铺等，大小商铺陡增到一百多家，北门街的商情有了提升。直到新中国成立初期，北门街成为老城厢最繁荣的街区之一。

新中国成立后，北门街的商家，积极支持新筹建的工商业联合会，积极向政府献粮，捐献飞机大炮和认领公债，支援抗美援朝。1956 年，青浦经过对私营工商业的社会主义改造和行业调整，老城厢的老店、名店挂上公私合营的招牌。青浦成立了县供销合作联社，下属许多行业统一布点。北门街中小商家积极响应政府的对私改造，于是北门街有了很大改观：大多数小门面店铺关闭，百货、五金、棉布等店铺迁出合并为分类的“公司”。北门街只留有统一布点的“城东供销合作社门市部”、理发店、点心店等，还有几家合作社的“代销店”。大部分店面改成居民住房。但这时，市属“巨浪仪表厂”（后更名为“上海自动化仪表六厂”）落户北门街，临近海门桥堍，沿街铺面改成“巨浪厂”工人宿舍，上滩多间连片的旧房改造成仪表厂装配车间。上百名工人都先后从市区举家迁来定居。几年后，“巨浪厂”在工厂东侧翻建老房，建成家属宿舍“巨浪新村”，又在本镇招收了一批青年人入厂。北门街商情渐退，但市属厂的落户给北门街带来海派文化和本地文化的交融。

步入改革开放年代，老城厢范围不断扩展，青浦商厦、食品世界、农工商超市和华联超市陆续开张，城中东路、公园路、盈中西路等一批现代化的商业街区形成。过去老的商业街，演化成餐饮一条街、服饰一条街、小商品市场……唯有古老的北门街镶嵌在一片繁华之中，散发着浓浓的烟火气，见证着老城厢商情的沧桑变化。

（文 / 钱昌萍）

小西门街

在青浦老城区西护城河畔，有一片粉墙黛瓦的仿古建筑群，就是小西门老街。这里石板成路，古色古香；夜市灯红酒绿，食客慕名纷至沓来，构成了老城区独特的风景。

小西门老街，是清咸丰三年（1853 年）为防护修石驳岸而辟成的碎石街，旧时又称来苏街，与原小西门“来苏门”相通，由此往西经赵屯浦（今老西大盈港）可达苏州城。改造前，有住户 105 户，楼房 20 幢，平房 8 幢，街两侧还分布着一些弄堂，如小西门街 116 弄（熊家弄）、小西门街 122 弄（小西门弄）、小西门街 52 弄（茅正泰弄）等。

2004 年，青浦区启动旧城改造。在保留小西门老街原有街巷格局和风貌的基础上，将原有破旧的房屋拆除，重新予以规划修建。至 2006 年，小西门老街基本建成并对外开放。其间，由中国美术学院策

小西门老街石板路

小西门老街夜景

划举办了“黄盒子·青浦中国空间里的当代艺术展”，作为传统民间文化复兴和创意文化再生产的代表性的案例，该展受到公众和业界的关注。

改造后的小西门老街以一条石板路老街为核心，两旁分布着二十多组仿清代至民国建筑风格的房屋。老街狭窄而蜿蜒曲折，石板路面由一块块老花岗石铺就；两侧坡顶样式的屋面和老虎窗、临河的吊脚楼和窗棂处的“美人靠”颇具水乡意味；曲巷通幽，宽阔处建有传统戏台、砖砌仪门，别有洞天。南侧小溪上则保留一座万福古桥，原汁原味地再现了青浦明清时沿河市井的古韵风貌。

后因经营问题，小西门老街停滞多年。如今成功转型开辟成美食一条街，在青浦小有名气。这里集聚了宴归坊、最江南、阅味楼、一户蚝、兴合等餐厅酒楼，还有不少酒吧、咖啡吧、茶室，增加了市井的烟火气息。每当华灯初上，吸引着许多四方食客前来品尝美食，体验水乡老街的生活百态。

（文 / 王辉）

三元路

据2011年3月版《青浦区地名志》记载，三元路南起城中西路，北至吊桥。长730米，车行道宽7至14米，水泥混凝土路面。该路系由长426米、宽仅4米的三元街拓宽改建而成。1984年填埋三元河后改建成水泥路面道路。2001年9月至2002年7月，改建城中西路至城中北路441米道路，与城中北路、一线街、支家路、城中西路交接。

忆往昔，岁月悠悠。三元路，早在清康熙年间就有相关记载。它南北走向，原是一条小河浜。当年西岸大部分是居住区，其中有一小部分是低矮的棚舍。县自来水厂、竹棕社（摇绳厂）、青浦内河运输公司船舶修造厂、上海东沟船厂、机关托儿所（今仁博医院）、城西竹材部等单位在西岸。东岸则是青浦装卸站、县蔬菜批发部等。

据三元路与一线街岔路口45号门牌的屋主人老包介绍，他这房子原先是青浦房地产管理局修理部仓库，主要提供门窗修理、油漆和锯板等服务。如今他退休了，常邀三五好友在这儿坐坐，吃吃茶，聊聊天。

今天的三元路（双号门牌）上，有三元新村多层住宅楼房近30幢。一路向北，有盈浦街道市场监督管理所、上海青浦青房物业管理有限公司、上海继拓土地规划设计勘测有限公司、上海仁博医院等单位。而在

三元路街景

三元路上（单号门牌），一路向北主要有青浦区土地监管事务中心、上海市青浦区住房保障事务中心等单位，穿过城中北路继续向北，是上海桥梓湾购物中心。三元路左右街面总约有 250 家商店和餐饮店，其中涉及“吃”的约占 80%。

三元路 4 号的家隆五金建材店，主人自 2005 年从福建南平市浦城县到三元路开店，至今已有 20 年时间了。他经营的五金、水暖、电线、灯具、涂料、伟星管、防水用品等品种齐全，极大方便了附近居民的装修装饰需求。

在三元路 66 号门店，有家综合商店，专门供应油盐酱醋、烟酒等日用小商品。店主徐女士一家在 40 年前从浙江台州市温岭县（今温岭市）箬横镇来到青浦，刚开始 12 年在菜场边卖豆制品的同时经营小店。在以后的岁月里，经营着这家小店是他们的生活来源。徐女士的亲属也大部分在青浦做小买卖，生活过得比较宽裕。徐女士也早在城里购买了两套住房，还在老家翻造了老房子。

在三元路 246 号，2012 年 7 月开张迎客的汉庭上海青浦东方商厦酒店，经营面积 2108 平方米，配套客房 71 间。打开房间的后窗，可一览无余观赏到青浦护城河。

三元路 270 号门店的陈阿姨缝补之家，店主是赵屯人，14 岁开始学裁缝，一直在乡间走村串户、东奔西走。在 1984 年，她进城后在乔家栅、北门街租借店面做女红。让她欣慰的是，她的长子大学本科毕业后自己创业，为美化青浦城市出力；次子做美发工作；孙子在部队当兵退伍回青后，正在完成他心中的大学梦；孙女在某中学任教。陈阿姨早在城里买了居室，每日下班到家后，老伴总是已烧好夜饭，等待共餐。笔者与陈阿姨告辞之时，“哒哒哒……哒哒哒”的缝纫机声又响起，这声音仿佛是陈阿姨和三元路走向成功和幸福的完美音符。

（文 / 陈雪林）

五库浜路

“五库浜”这个地名由“五舍浜”演变而来，“舍”与“库”同音。“五舍浜”最早出现在光绪《青浦县志》中的青浦县治图。据乾隆《青浦县志》记载：“登瀛桥。在五十保，县治南。乾寿桥。在五十保，县治西。”如今，“登瀛桥”和“乾寿桥”分别位于南向的“东登园”小区和北向的“乾寿街”，都在同纬度的五库浜路上。

据 2011 年出版的《青浦地名志》“五库浜路”条目记载：“南起老朱青路，北至城中西路。长 0.60 公里（600 米），宽 3 至 20 米，水泥路面。车行道宽 7 米，两侧人行道各宽 2.50 至 6.50 米，铺设彩色道板。与老朱青路、福泉街、城中西路交接。因在填埋名为五库浜的河道辟建而成，故名。”

五库浜路原是一条河流，南面通往小西门，北面通向城河。当时有座小石桥，桥堍边约有 20 多亩（约 13333.33 平方米）农田，这田地属当时的城西公社新路 3 队所有。路的南侧曾是县党校和县民兵训练打靶场、县粮食局粮仓、煤球厂所在地；路的北面，老的县人民武装部也在

五库浜路街景

这里。如今，区自来水公司、庆丰新村均建在这里。

曾经的五库浜东岸有梅家教堂（天主教），西岸乾寿街那里有一座耶稣教堂。这两座教堂属小型教堂，每逢“节日”，附近渔船集中停靠在这里，渔民们上岸后即进堂朝拜。

今天的五库浜路，不但有青浦区税务局第十九和第二十税务所、东方证券、上海青瑞税务律师事务所等，还有青浦区财政会计学会、青浦区财经培训中心等机构。在城中西路333弄西部花苑内，南向有9幢多层楼房，名为“东登园”，即取名于登瀛桥。

（文 / 陈雪林）

庆华一路

改革开放以后，青浦经济发展和城市建设日新月异，众多居民小区在青浦城区相继拔地而起，极大地改善了市民生活。而地处城区中心的庆华新村，则是改革开放后青浦较早建造、规模最大的居民小区，成为当时居民心神向往的居住地。

庆华新村所在区域，原来是青浦老城厢周边最为破落的地方。旁边的新泾路在改革开放时还未有路名，此路沿护城河原有客运轮船公司，开辟青浦至苏州、淀东、朱家角、商榻、金泽、练塘等多条航线。于是，许多挑夫和流民择地建造泥墙茅草屋，居住在今医院路一带（原为船舶之所），人们呼之为“叫化浜”，是脏乱差的典型。1978年3月至12月，县政府决策由上海六泉房地产开发公司承建庆华新村。1979年，庆华新村行将交付使用，因值中华人民共和国成立三十周年大庆，故而将住宅小区取名“庆华新村”。

庆华新村地段好，商业、教育、文化设施齐全，市民日常生活极为方便。庆华一村与庆华二、三村中间，有一条东西贯通的庆华一路。此路东接青安路，是青浦老城区商业繁华之处，有维也纳国际酒店，还有中国珠宝、中国黄金、老凤祥银楼、老庙黄金、中国珠宝等金店，可谓“黄金遍地”。庆华菜场位于其中，周边生煎、小笼、烧卖、馄饨、面条、客饭、香烛、桃酥、金星果业、全家商店应有尽有。路南有中医院、上海仁博医院、益寿春药店、凯特利广场、上海桥梓湾购物中心、东方商厦、曲水园等；西向即充满文化底蕴的北门街，粉墙黛瓦依旧，还有盈浦街道社区文化体育中心、庆华幼儿园、庆华小学等。3 路、6 路、16 路、17 路公交车南行东去十分更是十分便利。这里不但购物、医疗、娱乐、游乐场所便捷密布，而且沿环城河为环城水系公园，花卉蔓生，河岸廊亭相连，风景绝佳。

（文 / 张建明）

城中南路服装街

20 世纪 90 年代初，青浦镇在老城厢规划商业布局，为体现市场营销特色，由城中南路的实小路口向南至青浦二中校门口街道为服装街，总长 300 米。设在此路段的商铺大多经营各类服装和鞋帽。至 2000 年，服装街的经销店有 30 多家。

老城厢名店

富春楼饭店

富春楼饭店开设于城厢聚星街，为蔡富元独资经营。当时，该店有职工 10 人，设有八桌圆台和四桌方台。每天营业三市，从早上 7 时直至晚上 9 时。早市供应各色面点，按季节变换品种，较有特色的有红鸡面（正月）、鳝鱼面（五月）、羊肉面（八月）。中晚市为酒菜，菜肴品种有五六十种之多，并包办筵席和菜。较有名的有“一鸡三吃”“清汤鲫鱼”“活炝虾”“火夹肉”等。开店伊始，生意见好。因市口好、店堂大、花色多、味道鲜美纯正，生意越发兴隆，影响颇大。抗战胜利后，上海来佘山游玩的人很多，一般到青浦就餐，并爱好水产。因此，春秋两季和星期假日，大量供应时鲜水产，每日接待顾客千余人，日营业额达四五十石米价。1947 年为全盛时期。

1956 年，该店公私合营后主营点心。20 世纪 60 年代后，店面翻建，易名为庆丰饭店，但百姓口中仍爱称其为“富春楼”。

祥发糟坊

祥发糟坊在清同治十年（1871 年）开设，本部在城厢县后街，1949 年时店主为吴品吉。据 1918 年《江苏实业视察报告》记载，祥发糟坊为民国初年青浦最大的糟坊。除本部外，在青浦北门、西门、黄渡、白鹤、重固都设有分店。该糟坊主营糟作酿造，产品有黄酒、白酒、酱油、乳腐等。黄酒每年用料 4000 石至 6000 石米，折合吨位 300 至 450 吨，白酒每年用料 2000 石米左右，折合吨位 150 吨。

祥发糟坊每石米可酿黄酒 200 至 300 斤（100—150 千克），酿白酒 80 斤（40 千克）左右。名品有竹叶青黄酒，主销上海王宝和、言茂源等酒店。全民族抗战时，主要工场被毁，从此不振，后改为祥发酱园。新中国成立后，实行公私合营，改为青浦县酿造厂，后转产为青浦县食品厂。

大革命时期，祥发糟坊在中国共产党领导下，曾建立青浦县第一个酱酒业工会。

锦康绸布号

锦康绸布号位于码头街，1916 年由汪微庭开设。初建时，店面分设在码头街两侧，上滩两个门面，下滩一个门面。经营品种除丝绸、呢绒、棉布外，还兼营棉纱、棉花、毛线等商品。清明节和秋收后为旺季，日销棉纱 40 小包左右，花衣（棉花絮）100 斤左右。下滩一个门面以小商品为主，有软缎、滚条、纽扣、衣针、丝线、袜子、晴雨伞、葵扇等日用百货。全民族抗战前，年营业额在 7 万元至 8 万元之间，当时合糙米一万石（750 吨）。抗战全面爆发时，码头街被炸，上下滩店面均毁，后迁至北门外营业七八年。当时日军把守城门，农民不敢进城，城外畸形繁荣，绸布号生意颇为兴隆。抗战胜利后迁回城内，1948 年，在国民党政权实行“八一九限价[1]”经济管制时，锦康绸布号资本损失三分之二。“锦康”经营有信誉，向上海进货可拖欠货款一月之久。店内各类花色布常年备有 500 匹以上，棉纱以申新厂的“人钟”牌和嘉丰厂的产品为主。新中国成立后营业正常，1956 年参加公私合营，曾为青浦县主要棉布店。

1　“八一九限价”：1948 年 8 月 19 日，国民党政府发行金圆券取代 1935 年 11 月起用的法币。金圆券的发行是为了应对当时严重的通货膨胀和财政危机，当时国民党政府在军事上连连失败，损失惨重，统治区日益缩小，农村凋敝，整个社会民怨沸腾，南京国民政府处于四面楚歌之中。金圆券的发行目的是希望通过新的货币制度来稳定经济，恢复人们对货币的信心，并为政府筹集资金以维持战争开支。

青浦百货商店

青浦百货商店建于1954年底，位于青浦镇聚星街北首、公园路口，是县百货公司所属的全县最大的一家百货商店。初期规模较小，1956年扩建至营业面积671平方米，仓库面积150平方米，设有51只售货柜台。

20世纪80年代，青浦百货大楼移址城中西路与城中南路口西南处营业。大楼共5层，营业面积扩大至2060平方米，主要经营百货商业、五金交电、日用杂品、黄金首饰、针纺织品、家具、烟酒糖茶、裱花蛋糕，扩大了服装、金银首饰、彩色电视机、皮鞋等高档商品的经销。2002年企业改革社企分开后，由云湖集团经营。1997至2000年连续四年被县政府授予“顾客购物放心店”称号。

20世纪70年代青浦百货大楼

20世纪80年代百货大楼

青浦食品世界

位于青浦镇公园路665号，隶属青浦县烟草糖酒有限公司。20世纪80年代至90年代，食品世界是老城厢颇受顾客欢迎的食品商店，营业面积600平方米，主要经营各类食品和南北杂货。在商业信息更新变化和商品日益繁多的情况下，食品世界坚持以特色食品经营为主。2000年，该店完成销售收入1650万元，利税243万元。1999至2000年，连续两年被县政府授予“顾客购物放心店”称号。

2010年，青浦食品世界关店，之后被拆除。

东原大厦

东原大厦于1996年9月竣工。大厦高64.3米，共16层，为老城厢首幢高层建筑。一至三层为综合百货商场。

益寿春药店

益寿春药店创办于1971年，位于青浦镇公园路525号，是股份制企业，隶属于上海云湖医药有限公司。营业面积240平方米。店内设医保定点药房、西药柜、中成药柜、中药配方柜、保健品柜等5个柜组。全店员工28人，其中执业药师1人，从业药师2人，药师1人，中药

益寿春药店外貌

青浦东原大厦外景

士9人，中药四级工11人。药店以合格的药品、规范的管理、优良的服务取得顾客的信赖，建立起良好的信誉。职工朱鸿德连续三次评为“上海市劳动模范”。药店连续4年被评为上海市农业农村委员会“文明单位”，并获得“双信”金奖，还获得“文明班组”“红旗文明岗”等单项荣誉称号。

1995年，益寿春药店完成营业额350万元，上缴税收14万元，实现利润16万元。1999年，完成营业额760万元，上缴税收30.4万元，利润达到34.2万元，与1995年相比翻了一番。2003年，完成营业额1500万元，上缴税收60万元，利润达69.7万元，与1999年相比，又翻了一番。

稻香村商场

稻香村商场于1989年开业，位于公园路544号，隶属青浦县烟草糖酒有限公司。营业面积2400平方米，主要经营卷烟、食品、服装、百货、针织、鞋帽等商品。商场秉承顾客至上、信誉至上的服务理念，坚持诚信服务，热情待客，把好服务质量关，企业的经济效益连年得到增长。经营的商品有日用小商品、玩具、化妆品、针棉织品、毛线、铝制品、胶鞋、凉鞋、手表、缝纫机等十多个大类，共计2700余种品种。随着商店经营范围扩大，商场还增加了电风扇、半导体收音机、收录机等家用电器的经销。

商场先后获市、县文明单位称号，1997至2000年连续四年被县政府评为“顾客购物放心店”。

金叶超市

金叶超市连锁店于1997年由县烟草糖酒有限公司与合作商店联营。改革之前，县商业局体制由全民、集体、合作商店组成（人员）；

改革之后，合作商店难以为继，在县商业局的协调下与县烟草糖酒有限公司连锁合作。1997 年先后在城中南路、城中北路开设金叶超市连锁店，主要经营日用百货、食品糖酒、卷烟货等商品。之后，全县各镇金叶超市连锁店先后开业。

青浦宾馆

青浦宾馆创建于 20 世纪 50 年代，位于青浦镇城中北路 79 号，前身为青浦县政府所属的机关招待所。1983 年，县机关招待所新建会议室和客房 2 幢，有 43 间房间，93 张床位。新建的青浦宾馆于 1987 年 4 月落成使用，有 82 间房间，172 张床位，客房全部装有空调设备。1997 年，青浦宾馆投资 7000 万元，按照三星级宾馆标准建造 9 层、建筑总面积 1.55 万平方米的主楼，有豪华型套房标准房、单人房共 119

青浦宾馆

间和 226 张床位。

2000 年评为青浦区旅游涉外饭店，接待人数 61347 名，其中境外游客 808 人，客房出租率 50.8%。

老城厢第一家超市

老城厢第一家超市建于 1991 年 12 月，在青浦商厦二楼西侧辟出 100 平方米营业房，开设“自选屋”小超市，是青浦县最早的超市型商店，经营的商品主要有食品、小百货、儿童玩具等。

青浦粮油食品超市商店

1994 年 11 月，青浦县粮食局下属的粮油贸易公司在庆华一路 84 弄 16 号庆华新村内（庆华菜场东面），开设了青浦粮油食品超市商店，营业面积 100 平方米。该超市主要经营粮油食品、烟酒糖果、日用百货、南北杂货等商品。由于顾客对新型商店销售形式不熟悉、不习惯，所以生意清淡，效益低下，最终于 1998 年初关闭歇业。

财兴酒店

青浦第一家连锁超市

该超市建于1996年底，位于青浦镇海盈路。由青浦县供销社与上海联华超市公司合作组建联华超市青浦有限公司。

老城厢饭店

新中国成立前，老城厢有袁永顺、富春楼等饭店。这些饭店配有名厨高手，以善于烹制水乡名菜而闻名遐迩，如响油鳝糊、醉虾、锦肠、糖醋鳜鱼、青鱼划水、鸡丝拌洋菜、莼菜鸡丝羹等。点心有小笼汤包、冬笋烧卖、鳝爆面、红羊面以及沿街商贩的豆腐花、线粉汤、油氽臭豆腐干等，深受群众欢迎。

新中国成立后，老城厢有富春楼、和平桥饭店等。1966年11月，成立饮食服务公司。1969年，向阳饭店在城中南路开业；1974年，东风饭店在城中东路开业。1986年，青浦实验饭店建造、开业，隶属于青浦县教育局三产企业，位于支家路西端。

联怡酒家（青浦店）

桥梓湾大酒店

2000 至 2010 年，先后有桥梓湾大酒家、青浦财兴酒店、联谊酒家（青浦店）等一大批酒家相继在老城厢开业。

（文 / 沈林荣）

附：漫步美食一条街

漫步于五厍浜路，一路上，私房菜馆鳞次栉比，相约而来的食客络绎不绝，可以发现这里已成为老城厢的美食一条街。

山羊咖啡店的招牌“GOAT 山羊咖啡”引人注目。店主是青浦人，由于价格公道，生意还不错。店员小伙子告诉说：“公元 6 世纪，在非洲埃塞俄比亚高原的咖法地区，有个名叫卡迪的牧羊人，到新草原去放牧，突然发现羊群蹦蹦跳跳，兴奋异常，即使入夜亦无法睡觉。于是，

山羊咖啡门店

老厨房门店

田园酒家门店

他跑到阿比西尼亚修道院求救。修道院院长及修士调查发现山羊是吃了矮树丛上的红色果实，才显得特别兴奋。于是，他将果子采摘下去，煮成汤汁饮用，果然一夜无法入眠。院长把这种汤分派给做晚礼拜时打瞌睡的僧侣饮用，效果极佳。这种提神‘药’由此流传开来。”这个门头招牌的创意就是这么来的。

川味老厨房于 2019 年 12 月开业，餐厅有三层，设有大桌、小桌，可一次同时接待 150 人。来自四川省达州市的店主龙云珍说，他们的主要招牌菜有都江堰胖头鱼、手撕兔腿、辣子鸡（四川名菜）等。川菜特色在于清鲜醇浓、麻辣辛香，突出麻、辣、香、鲜，油大味厚，重用“三椒”（辣椒、花椒、胡椒）和鲜姜，一菜一格，百菜百味。

田园酒家于 2017 年 11 月开张迎客。有三层楼，一次可同时容纳 200 多人用餐。店主朱师傅说：“我店特色菜有红烧河鳗、松子鳜鱼、响油鳝丝、油爆河虾、红烧鮰鱼等，主要供应青浦产的水产品菜肴。”由于价格平民化，田园酒家迎来了众多顾客，特别是退休的中老年群体，每天络绎不绝。

山东特色餐厅门店

山东特色餐厅的主人陈先生来自临沂，饭店于2023年12月底开业，也有三层楼，一次可接待100人。特色菜主要有驴肉（冷盆）、临沂炒鸡、清蒸鲤鱼等。

“范店206”的主人姓范，“范”与“饭”是同音字；“206”是饭店坐落门牌号。该饭店于2019年7月开张，有三层，一次可同时容纳180人就餐。以本帮菜为主，特色菜有红烧河鳗、白切大肠、一鸡二吃、红烧干丝等。说起饭店的白切羊肉和红烧羊肉，范老板眉飞色舞地表示，20世纪70年代开始，父辈就在自己老家的大盈乡下自养自宰，现在则每年向本地散养户收购，以满足食客的需求。

五厍浜路上规模最大的饭店是青浦财兴大酒店，它于2004年5月开张迎客，一次可同时接待宾客380人。店老板是本地练塘人，姓沈名强，他很有经营头脑。大酒店主要供应本帮菜、粤菜、川菜和融合菜等，集各派系菜肴之精华，满足青浦人民和各地游客的美食需求。

五厍浜路上还坐落着浅臻楼私房菜馆、汇丰生活超市、鱼头馆、迈泉烟酒、赞隆饭店、伍拾食伍、禧粤德饭店、万岁咖啡等商铺。夜幕徐

范店206门店

财兴大酒店外貌

徐降临时，五厍浜路上各家饭店灯光闪烁，楼阁上盘绕着灯带、灯管，营造出镂空美感，宛如水中飘浮的仙境！镬子里香气四溢，五厍浜路美食一条街美不胜收！

（文 / 陈雪林）

集市贸易市场

城厢镇集市贸易历史悠久，素有声誉，自明清以来，兴盛不衰。20世纪60年代初，青浦镇地区开设自由市场（即集市贸易），允许农民将农副产品上市出售。“文化大革命”期间，集市贸易绝迹。改革开放以后，集市贸易得到恢复和发展。1980年，老城厢有以农副产品为主的农贸市场三处：三元路农贸市场、庆华一路农贸市场、青浦桥水果贸易市场；以小商品为主的集市贸易也有三处：菜场路，聚星街（公园路至一线街一段），宝庆街小商品集市贸易市场。1985年，青浦镇地区集市贸易成交额达585.03万元，其中肉禽蛋类88.58万元，蔬菜类206.78万元，水果类39.51万元，日用品类15.34万元，家畜类16.97万元，水产类181.47万元，其他36.38万元。1990年后，随着城区不断扩大，城镇居民逐年增多，集市贸易市场呈现扩张趋势。镇政府会同县工商局协商，在城东、界泾港等地新建了几处农贸市场。

（文/沈林荣）

青浦三元河菜市场

附：穿越摩登岁月，感受“繁花”情怀
——记民用小商品市场龙头“华伦”

20世纪80年代初期，青浦各地的个体经济有了较快发展，形成了农副产品市场和轻工业小商品市场。其中青浦老城厢最为发达，出现了第一个经政府部门批准的露天小商品市场简易流动摊。不少领到证的个体户大声欢呼：“终于能堂堂正正做生意了！”当时还有一句话：“对外开放看徐泾，对内搞活看华伦”。1997年，政府为了改善城区形象和满足不同层次的消费需求，在盈浦街道城中东路635号集贸市场原址扩建了4000平方米的华伦小商品市场，分上下二层和沿街店面。至2025年，整幢大楼现有约350余家经营服装、鞋帽、床上用品、小百货的有证个体经营户入驻，是青浦目前规模最大的民用小商品龙头市场。

华伦小商品市场

“华伦”寓意风华绝伦。市场管理人员表示，华伦是一个专业的商贸市场，摊铺上的每样商品都是民生必需品。商品虽小且价格低廉，但也有市场，这就是市场经济的作用。不少在此经营的个体商户曾是80年代最早设摊的第一批下海经商人，他们每天起早摸黑采购、买卖、流通，如今大部分商贩都已年老退休了。有一对夫妇曾在市场里经营过羊毛衫批发零售业务，一度走俏全青浦。他们当年的创业精神至今仍激励着新的创业者。

弄堂是记忆，把青浦的昨天和今天都编织在了它的经纬之间。这个位于码头街与宝庆街交汇处的华伦小商品市场，与马路对面的四兴大楼遥遥相对，是一个年代感和时尚感共存的老城厢标志性网红区域，一直是青浦最热闹的地方。无论是老青浦人、新青浦人还是外籍人几乎都光顾过这里。该市场以其丰富的小商品种类、实惠的价格和良好的购物体验而声名远扬。这里人气旺盛，从吃穿用到日常用品应有尽有。周边交通四通八达，特别是每逢双休日和节假日，这里已经有了沪上当年“南京路”的风貌。虽说商品质量一般，但价格便宜实用，是人们休闲购物的好去处。

不少城里城外的老年居民至今仍然喜欢乘坐公交车前来，寻找那份独特的购物体验和怀旧情结。市场内商品琳琅满目，从日常生活用品到各种特色小商品、小资品等应有尽有，吸引了越来越多的青西青东顾客前往。人们总是怀旧的，已经习惯了的蛤蜊油、老布鞋、陶瓷杯、搓衣板、手电筒、纽扣、蜡烛、小工艺品等充满历史韵味的民俗老物件也能在这里找到，有的只要两三块钱，绝对的良心价。在这座人民的城市，再也不愁买不到那些便宜而急需的零散小杂货了。

老百姓说，别看商铺里的东西不起眼，但很接地气。因此还有人赞道，“做人家”的青浦人总是喜欢来这里淘价廉物美的小东西，就算不买任何东西，逛逛看看也是过了一把眼“瘾”的。这就是青浦老城厢的

“街区+商区+社区”，华伦的“小江湖”。

一位老阿姨拎着菜篮子在柜台上试着鞋，显然是刚刚买好菜。“阿姨就欢喜穿这种鞋呀。”那些布鞋都用牛皮纸包装。比邻码头街菜场，顾客买好菜来华伦逛一圈也时常有。秋天到了，皮肤容易干燥，龟裂的手部和脚后跟擦一点马牌油，比那些国外的护肤品更管用。这样的一个小商铺充满人情味，是如今豪华大商场里感受不到的。

华伦小商品市场、老式经典的杂货铺、灯火辉煌的高楼，碰撞出传统与摩登交织的火花，彰显着这个城区的包容与变迁。老茶客可以停留看看新开的咖啡馆，买一杯咖啡，也是一种赶时髦。市场内还有一家六妹绸布旗袍定制店，独具匠心地推出了“繁花”同款旗袍，它融合了传统手艺与现代设计，将女性的柔美与旗袍的典雅完美融合。穿上这样一款新旗袍，仿佛就能亲身遇见那个摩登年代的风采，举手之间尽显魅力，令人忍不住多看几眼。青浦各镇群众戏曲舞蹈团队也纷纷前来团体订购旗袍，店主徐美珍激动地说：“想不到现在有许多中年妇女喜欢旗袍，我们已经为各文艺团体亲自制作了几百套新款旗袍。”

在盈浦人的口传中，华伦市场独具特色，经典而完整。码头街这个石库门里弄，洋溢着老城区最淳朴的古典和烟火气，充满着盈浦“凯旋

华伦小商品市场
小商品琳琅满目

华伦小商品市场内景

门”之味，它的周边保留着几处老青浦风貌的民宅，鳞次栉比的美食店铺林立，来往的行人络绎不绝。

而另一侧宝庆街的老民居，时光从来未曾把它遗忘。如今，残垣断壁已被修补，抒写着另一种精致与优雅。灰清的砖瓦，刷新的楼房，盛开的晚樱，绵长的石板路，串起了一部“花样年华”，勾起了人们对往日的怀想，成为一处怀旧打卡地。

（文 / 柴毅进）

商品展销会

商品展销会起源于城乡物资交流活动，历史上常与庙会、节汛结合在一起。20世纪50年代初，政府为了活跃城乡经济，促进工农业生产，曾先后组织多次城乡物资交流大会。1952年8月至11月，在城厢、朱家角、练塘镇举办过4次，参与人次有20余万，购销金额达79万元，其中销售占72%，收购占28%。销售额中私营商业占54%，国营和合作社商业各占23%。60年代，商业部门为搞活商品流通，扩大商品销售，发展批发和零售两类形式的展销。

1962年冬，县商业局组织各专业公司举办批发展销商品种类达4000多种，各基层供销社和合作商店批货106万元，超计划 83%。70年代后期，商业部门在青浦镇又举办过两次大型物资交流会。1980年10月16日至19日，参与者最多时达4万余人次，4天成交311万元，规模之大，摊位之多，商品之广，花色之新，创历史纪录。1981年4月，县五金公司首次举办毗邻地区批发展销活动，江、浙两省毗邻县的商业单位派员参加。随后，百货、烟糖、药材等专业公司也相继举办展销活动，以扩大消费。

80年代以后，青浦百货商店经常开展工商联合展销和节令商品单项促销活动。自1987年起，开始举办商品展销会。初期商品展销的目的是为方便消费者购买商品。然而1989年，市场销售疲软，在春节、劳动节、国庆节期间举办了3次大型零售展销会。是年，供销社各公司共举办18次批发展销会，联合供货单位举办各类展销会、供货会180多次，各基层供销社举办零售展销50多次，成交金额4400万元。1990年，供销商业系统实现销售额978万元，批发展销成交金额5020 万元。1991年，县供销社公司举办批发展销会20次，实现销售额3398万元；举办零售展销会21次，实现销售额1093 万元。1993 年9月25日至10月4日，县供销

1993年城东中路商品展销会

1995 年“青浦之春”
城中路商品展销会

社有8家专业公司、19家基层供销社在城中路上搭起38个展销摊位，10天时间实现销售额451万元，其中零售额 243 万元。1994年9月25日至10月4日，为配合“94青浦文化艺术节”的举行，在青浦鞋城东侧道路两旁举办展销会。县供销社有27家企业32个摊位，在10天时间里实现销售额43万余元，平均每户企业每天实现的销售额不足1600元，展销销售趋势下降。

百年商业历程，见证了青浦老城厢商贸发展和市民生活极大的变化，也见证了青浦老城厢城市建设和经济发展的辉煌成就。相信未来青浦老城厢的发展更快，市民生活更美好！

（文 / 沈林荣）

老城厢小吃

味蕾上的时光记忆

青浦老城厢，犹如一个装满岁月故事的珠光宝盒，而其中的传统小吃则是那宝盒中璀璨夺目的珍宝，散发着诱人的光芒，诉说着从古至今的变迁。

旧时，在耄耋老人的童年记忆里，青浦老城厢的传统小吃就极负盛名。

清朝咸丰年间，漕粮北运规模宏大，运粮船动辄千百艘，首尾相接，历时数月才能抵京。因此，那时在老城厢里出现了一种吃食叫“庙饼”，供运粮船户充饥所用。庙饼产量颇多，且制作工艺讲究。其甜馅是用上等干菜（萝卜干）蒸熟后，掺入窨藏经年的白猪油拌匀，再用文火熬制到一定火候后盛入尺盆备作饼馅。所谓窨藏，即把熬好的白猪油盛入巨缸密封埋于地下，露出其面，经一年以上时间，并需轮流窨藏不致中断才可。庙饼的味道鲜甜香酥，入口即化，经久不变质，因此驰誉沿海各省。据说，庙饼的生产和销售位置在青浦城隍庙西辕门西面的一个南向门面，铺名为“叙仙斋”。

“果酥”则是青浦老城厢旧时光里另一份忘不掉的美味。创始人曹菊生，其名即铺名。果酥为纯手工制作，产量不多，但制作工艺亦是讲究。其选用大圆粒花生米，先刨成屑末，再把白猪油用文火熬制一定火候后盛入尺盆中，然后将花生屑末掺入，用力搅拌使之匀和，待其凝结后，用模压制成块状，最后将每六块装入长方形纸盒中出售。据说，其味酥甜香糯却不腻口，无需咀嚼，老者尤其爱吃，质量较苏州采芝斋的花生酥有过之而无不及。当时，上海先施公司年年来订货，畅销沪渎。曹菊生的果酥制作手艺无师传授，他自主研发，不断改进，相当不易。

曹菊生有个哑女，成年后一起帮忙打理店铺，但毕竟是小本经营，仅供少数人享用，生意很难有所发展。曹菊生病逝后，他的哑女外嫁他乡，果酥制作便无人传承。

如今，随着历史的变迁和时代的发展，青浦老城厢的传统小吃在新旧交织的烟火气中变得更为浓郁生香。

老面生煎是青浦老城厢里的网红小吃。清晨五点的城中西路325号的卷帘门准时升起，店主沈潘荣和面团的沙沙声唤醒了整条街巷，老面发酵的麦香混着菜籽油的焦香，在斑驳的梧桐树影间氤氲开来。这家不足三十平方米的西部生煎店，用十九载光阴熬煮出一锅市井传奇。

店里的锅灶间泛着岁月的包浆，案板中央的擀面杖已磨出凹陷的掌痕。沈师傅坚持用老面点酵，凌晨三点就要开始“养面”——这是他从父辈手中继承的独门技艺。面要醒足三个钟头，才能像云絮般松软却有筋骨。说话间，他手腕轻抖，将浑圆的剂子旋成蝉翼薄皮，包入清晨现绞的夹心腿肉。铸铁平锅滋滋作响时，浇淋菜籽油与清水的手势依旧保持着二十年前学徒时的节奏，仿佛在演奏一首未曾变调的老城厢晨曲。

当第一笼生煎揭盖时，焦糖色的脆底在阳光下泛起油星，腾腾热气里蒸腾着半城人的乡愁。头发花白的老街坊循香而来，用缺角的搪瓷碗端走三两只，坐在角落的凳子上细品——这口香脆里裹着物资匮乏年代里难得的油香，是弄堂婚礼时的流水席，是老虎灶边的家长里短。年轻人则捧着打包袋匆匆赶路，齿尖刺破薄皮的刹那，滚烫汤汁在口腔炸开的鲜香，恰似给快节奏生活按下的暂停键。

沈师傅转着手中那锅诱人的生煎：“2006年开的店，那时我才二十出头，握起锅铲时，只当是糊口的营生。没想到，在这里风雨无阻坚守了这么多年，让四个煤球炉撑起了三代人的屋檐。如今想起那些错过的同学会、缺席的亲友旅行，都化作食客们‘多加两客’的乡音里。”

午后，最后一位食客拎着打包盒走向公交站。生煎店里依旧亮起的暖黄灯光，如同老城厢永不熄灭的灯塔。玻璃窗上凝结的水雾里，映照出外卖骑手、下棋老者、周边居民的身影，他们用唇齿间的温热，续写着关于坚守与传承的城市寓言。这方寸之间的烟火人间，正用最朴素的麦香肉鲜，将流动的时代凝固成可触摸的永恒。

小笼是青浦老城厢里另一份令人垂涎的美味。青赵公路98号路边的梧桐还未醒透，四时饮食店的灯光已刺破凌晨四点的黑暗。店主盛刚的擀面杖在案板上划出弧线，三十六载光阴将掌纹深深刻进木纹肌理。现绞的夹心肉在晨光里泛着玛瑙光泽，透薄如纸的面皮裹住盈盈一汪“江南春”。

蒸汽是见证者，多一秒则塌，少一秒则生。盛师傅的蒸笼在沸水上轻轻震颤，六分钟的魔法让十八道褶子吸饱云雾精华。揭盖的刹那，玲

“西部生煎”店

珑小笼在晨雾中舒展身姿，薄皮下汤汁轻漾，恍若封存着老城厢的晨昏四季。学生们拎着打包袋奔向教室，归国游子拖着行李箱直奔蒸笼，老饕们掐着冬笋季来赴时令之约——这笼被称作"卫生小笼"的承诺，是三十六年凌晨一点半的坚守筑就的丰碑。

调羹接住的第一口汤汁最是金贵。米醋顺着翡翠般的褶纹蜿蜒，齿尖刺破云纱的瞬间，滚烫的鲜甜在味蕾炸开漫天星子。隔壁紫菜蛋皮汤的氤氲里，老板娘数着冬笋上市的日历说：因为边上是学校，我们也陪伴了学生三十多年，很多留学归来的孩子称这里是“家”的味道。说话间，晨光漫过墙上的老照片，1988年开始创业的这对小夫妻正对着如今发福的蒸笼微笑。

关于店名，不明就里的食客曾以为，“四时”这店名有些文艺范儿，是取了“一年四季”之意，实则“四时”是妥妥的写实派，凌晨四时就能吃到新鲜出炉的小笼才是店名真正的出处。“四时”不是风雅，是生计，是夫妻俩与星辰相伴的生存哲学——当第一缕曙光爬上庆华小学的围墙，他们的蒸笼已飘香两个时辰。那些错过的懒觉、缺席的聚会，都已化作食客们“多加点醋”的熟稔叮咛，在晨雾散尽的店堂间轻轻回响。

“四时饮食”店内顾客盈门

“猪油大馄饨”更是隐匿在青浦老城厢里的绝味。凌晨四点的月光刚漫过屋脊，宝庆街226号的砧板声已惊醒了沉睡的码头街。店主杨巧弟的斩肉刀在铁木案板上起落，三十五载光阴将砧板劈出月牙形的凹槽——这把刀自1990年便在淀峰村的馒头铺起舞，辗转城中南路和城中东路的烟火，掠过码头街两度迁徙的风尘，最终在华伦小商品市场的檐角扎下根，如同迁徙的雨燕总在旧巢处衔泥。

筒骨在铁锅里翻滚出乳白的汤底，手工绞制的夹心肉仍保留着淀峰村做馒头时的劲道。老板娘沈三妹指尖翻飞间，云片似的面皮裹住“春光”。沸水翻涌的大锅里，元宝般的大馄饨载沉载浮，猪油花在骨汤里绽放成雪莲。碱水皮子咬开的刹那，肥瘦相宜的肉馅在唇齿间奏响晨曲，原汤的鲜香里好似浮沉着码头街旧时的桨声灯影。鼎盛期二十人的后厨，如今只剩两把老骨头。可客人的碗，永远比店里的灶台热闹。常客们熟稔地搬出摞在墙角的小矮凳，就着馄饨热气浏览着手机。那些自觉回收的碗筷和桌椅、代收快递的嘱托、送在门口的时令蔬菜，让逼仄的店面延伸成连街的厨房。

蓝花布盖着的猪油坛子，藏着店主1990年创业时的秘密。当琥珀色的脂膏在碗底化开，老街坊们便似回到了物资匮乏年代的年夜饭桌上，无不满足。学生们把粽子塞进书包时的嬉闹，老食客们订购半成品面食的电话，新婚夫妇来订喜宴米糕的羞涩，都在十平方米的空间里发酵成老城厢的集体记忆。

当猪油大馄饨的最后一滴汤汁被喝尽时，宝庆街的市声方才真正苏醒。沈三妹笑盈盈地擦拭着案板，三十五载春秋在木纹里腌渍出油润的光泽。看着店主夫妇忙碌的身影，墙上的老黄历似乎停在1990年某个吉日，那对系着围裙的年轻夫妻不会想到，他们揉进馄饨皮里的晨昏，早已成为半城人戒不掉的乡愁。此刻东方既白，新包的馄饨正列队跃入沸水，如同过去万千个清晨，等待唤醒又一轮市井烟火。

青浦老城厢的传统小吃，承载着老城厢人的勤劳与智慧，见证着岁月的历史变迁，是味蕾上的时光记忆，是心灵深处的温暖慰藉。它们用最朴实的味道，勾勒出一幅充满烟火气息的生活画卷，让我们在忙碌的现代生活中，找到那份宁静与美好。

（文 / 董芳）

老城厢的美食趣闻

老城厢祖传工艺的烧卖、馄饨、阳春面，价廉味美，老百姓特别喜爱。不仅如此，还有多家饭店的美食，也别具特色。

宝庆街上，有一家丁聚顺饭店，它开设比富春楼早，到20世纪50年代，已经是三代传人。这家饭店最早就在店堂门口摆上“山头”，就是有玻璃镶嵌的操作台，顾客隔玻璃罩，可以看着配菜师傅配冷盆或选购

长街深巷里的老派点心店

熟菜，确保食品的新鲜干净。后来就有店家效仿，形成风气。

聚星街青浦饭店的原址是周友记饭店。周友记饭店只有一开间门面，老板周贵其就是掌勺师傅。饭店虽小，却有出名的四大名菜：糖醋鱼块、走油蹄子、响油鳝丝和炒三鲜。城厢的老食客，喜欢携三五知己，在这里小酌，品味美食。

众安街上有一家林园饭店，饭店也不大，但有“看家”特色菜，就是椒盐排骨。不管堂吃还是外卖，顾客必点椒盐排骨。他家的排骨肉多，煎得透，口感松酥鲜嫩。刚出锅的排骨，蘸上他家的鲜辣酱油，吃起来真是美滋滋，满口留香。据说，他家的鲜辣酱油是祖传秘方，独此一家。

聚星街上有一家协和丰茶水店。“茶水店”，就是专门经营茶歇伴茶零食的店，现代已经鲜为人知了。协和丰是前店后作坊，主要制作和销售寸金糖、糖豆、猪油麻饼、山楂糕等。现代人很少有知道寸金糖的了，就是外面包裹一层薄薄的香脆糖衣，里面是花生芝麻糖酥，每粒一寸长，用花色纸包着，煞是干净、好看。每到春节，为讨吉利，寸金糖特别热销。每年秋后到初春，协和丰就烘制油酥肉饺出售。肉饺是窄窄的长形，三寸左右，像手指粗细；中间是肉馅，外包油酥面粉，十多个肉饺排列整齐，烘烤到熟，洒上一层芝麻就出锅。肉饺要趁热吃，味道和现代的鲜肉月饼差不多，但肉饺皮薄，口感更细腻。肉饺价格比较贵，一般都是富人家购买，当作下午茶的点心。

家住老东门的顾祖恩，从他父母开始，就专卖各种粽子。顾祖恩是他大名，但他的绰号“顾癞子”更有名气。他家的粽子特别信得过，糯米品种好，粽子包得结实有样。他家里就是工场，家人和外请雇工，流水作业，边裹边煮，还供不应求。他家的粽子以原汤加水煮制，人们都说：“顾家粽子就是好，即使白水粽味道也赞来！”

沈友根是新中国成立前从苏北过来落户在混堂浜的，他家开了一家炒货店。每年栗子上市，因为他使用的是净糖，炒沙也是专用的老沙，所以炒出的栗子壳好剥，栗子肉完整。他家店门前摆一口有圆台面大的铁炒锅，炒铲柄一米半长，加上大铁铲，足足有十多斤重。翻炒一锅栗子要几个小时，要怎样的大力士才能胜任？沈有根聪明，他在炒铲柄中间拴一根麻绳，吊在门框的梁上，他只要顾及铁铲的翻炒，省了他大半力气。他一边炒一边还要有腔有调吆喝，招徕顾客，所以生意红火，这也成为老城厢一景。

在老城厢，有位提篮叫卖卤菜的潘阿东家喻户晓。阿东家住码头街最南的陆家桥边，他几十年如一日，每天下午在家做他的卤菜，第二天上午外出叫卖。阿东卤菜，主要有卤鸭、卤肠、卤蛋、五香豆腐干和卤麻雀，他用的是自家的老汤，卤出的菜确实味道纯正，咸淡适中，鲜香俱全。老百姓喜欢买阿东的卤品，除了价廉物美，还可以和他聊天砍价。每天清晨，他提着那三层吊篮，先去茶馆店卖卤菜，那里有吃早茶的老顾客。2分钱一块豆腐干，8分钱至1角钱一只卤麻雀，价廉味美，很受欢迎。早茶落市，他开始走街串巷提篮叫卖。阿东声音洪亮，叫卖声很有特色："酱鸭吃伐——吃伐，吃伐吃伐……"这连着的"吃伐"声渐低，像是回声，然后又依次叫着酱蛋、五香豆腐干。叫卖声婉转，传得也很远，以至孩子们会跟在后面学叫。年复一年，阿东老了，一直叫卖到他再也提不起吊篮。

（文 / 钱昌萍）

口述者：陆永昌　钟锦华

元顺糖坊

古老的青浦镇是个水城，所以形成多种近水的行当，其中炼制饴糖的糖坊有多家，最负盛名的是北门外的元顺糖坊。饴糖，当地人称净糖。元顺糖坊位于北大街海门桥桥堍的延伸段。下滩的元顺糖坊有五开间门面，是糖坊最早的工场。它面对北门街，西枕东大盈港，沿河是自家的宽敞河埠。糖坊北面隔几个门面就是日升轧米厂，斜对面的上滩也有两个门面是糖坊工场，最具规模时，过海门桥，河西还有四五个工场。

元顺糖坊是当时典型的手工作坊布局。北门街上滩的两间门面，是“前店后作坊”，门面摆放各式存放净糖的糖缸，供顾客选购、订货或零售。门面后是天井，这里排放着几口大缸，用于淘米，浸麦芽。第二埭房子是炼糖工场，砌有灶头，旁边是放稻草的柴间。第三埭房子作为仓库，楼上是住房。下岸房屋靠河，并不进深，沿街就是工场。后滩的河埠非常重要，既是上下货物的码头，又可方便汲水。

元顺糖坊初创于清末民初，由王姓和张姓两家合股开设，就是“王家出钱，张家出力”，即王家投入房产、设备、资金，而张家投入技术和具体操作。说是分工，但相互配合得十分融洽。王家勤俭操持，账目公开；张家舍力劳作，技术毫不保留。两家老板、家人都参与工场的劳动，雇佣工人很少。20世纪30年代，王家第二代老板因抱病帮助顾客装货上船，一失足落水，病情加重，不幸故世，当时才31岁。其妻孙贞梅一面抚养年幼的儿女，一面顶替亡夫的工作，能干的她，仍然将糖坊管理得井井有条。后来王、张两家分工，河西的工场由张家父子管理，河东的工场由王家管理，两家仍用“元顺”牌子。王家儿子承担了财务，女儿王秀英16岁就参加糖坊的劳作，生意仍然非常红火。

因为元顺糖坊牌子老，净糖质量最好，所以在青浦糖坊中可称“老大”。糖坊的规模是看炼糖的灶头数，即每只灶头一口炼糖锅，每口锅日产净糖近一百斤。元顺最大规模时，发展到18只灶头，即日产净糖数百斤。元顺的净糖除了销售本县，还销售到上海、松江等地。主要是供给糖果厂、糖果店作为原料。一部分是供给较大的酱园。酱园将净糖再炼制成焦糖，是为产品着色用，这属纯天然的“色素”。也有商贩小批量进货的，他们购买净糖用于自制一些麦芽糖制品。元顺糖坊对于大小顾客、远近顾客都诚信服务，所以口碑极佳。

元顺糖坊在青浦镇上算不上大企业，但每逢镇上有什么慈善活动都慷慨解囊。最有影响的是20世纪20年代曾独家捐资，在北大街创建了用于消防的“洋龙间”。当时北门街有商铺一百多家，房屋、人口相当密集。元顺就出资购买英国货的人力水泵和多节水管，并在沿河建“洋龙间”。北门一带如有火情，就用人力压水，通过水管供水救火。有“洋龙间”后，北门街才有了“救火站”。

元顺这样传统的手工操作糖坊，一直坚持到新中国成立后1956年公私合营。孙贞梅在新中国成立时已经年过半百，但她仍坚持参加夜校学文化。后来，元顺糖坊并入青浦酿造厂，设手工操作的糖坊部，她在糖坊部任管理。她十分敬业，搬到糖坊的小阁楼上一住就是几年，楼下就是炼糖的灶头，她可以日夜关注着炼糖。直到1965年，年近七十岁的孙贞梅才退休回家，可见其敬业的精神。

净糖是怎样制成的呢？净糖制作的原料是米和麦芽。当年元顺糖坊附近就是日升米厂、林家米厂和万公米厂，元顺制糖为了降低成本，很少用大米做原料，主要是购买米厂轧下的碎米，即粞米做原料。麦芽是自家购进的大麦发芽而成。制糖的灶头是特砌的，很大，一开间门面只能两边各砌一灶，中间留有操作空间。灶面上镶嵌一口铁锅，直径有四尺左右（约1.33米），铁锅沿口砌高近一尺（约0.333米），再配一大锅盖。大铁锅旁卧一小铁锅，专用烧水。灶头后的烧火孔很有特点，它口很窄，灶肚里面很深，烧火时手持一把稻草直接送入。这样烧火，火苗集中，又不散火量。小铁锅后卧着两口缸，这两口缸的底部凿有管道相连，靠外那口缸底再凿一孔，有管道通到灶墙外，灶墙外地下埋着一只小缸。烧水铁锅和两缸下面是灶头烟囱的通道，所以烧水锅和两只缸是能接收到灶火产生的余热的。此外，制糖的工具是石磨一副，大、小木盆多只，包括盛放净糖的小缸、木制桶和其他小工具等。

制作净糖的工序如下：

第一步：先将米粞在大缸里洗净，放在大缸里浸泡一天；大麦洗净后需浸泡一天一夜，让大麦发芽。

第二步：将浸好的粞米（或大米）放在大铁锅里蒸，蒸成粞饭（米饭）。粞饭蒸好后，启锅，晾一会儿待用。同时，将麦芽放在石磨中磨（牵磨的方式如同磨豆浆，二人牵磨，一人喂料并加水）。磨出的是乳白色的麦芽浆，其质地比豆浆厚些。

第三步：用大木桶将粞饭盛入，并将麦芽浆倒入。一人用小铁铲翻，另一人用竹刷帚和，二人配合翻拌成麦芽粞米饭。

第四步：在两只缸的底部放上竹筛。然后将麦芽粞米饭放入缸内。晚上将小铁锅的水烧热，有热量通过烟囱时使缸里的麦芽粞米饭发酵。一夜间还要往缸里烧热水数次，这样缸里有浑浊糖水通过竹筛漏出，漏到缸底。清晨开缸底外通的小管，顺着小管流出的就是净糖的原浆。原浆漏聚在灶外另一只小缸内。

第五步：将原浆舀入大铁锅，架火熬糖，使水分蒸发。糖浆渐渐变得黏稠、透明，如琥珀色。糖浆可根据需要熬成不同程度的稀稠，如酱园所需的糖浆要稀一些，而糖果店需要的要稠一些。初办糖坊时，熬糖全靠经验，后来有了试表，可以看度数，检测糖浆的稀稠。净糖制成后，放在缸里存放；如有订货单，则使用专用木桶存放，然后根据订货所需送往各地。

糖坊也有“下脚”，但不浪费。淘米留下的泔水和发酵后的麦芽粞米饭渣，都是非常好的饲料，由养猪农家定期用船收购载去。

（文 / 钱昌萍）

现代商贸体

世纪联华青浦店

世纪联华青浦店西临城中北路，北连盈港路，属青浦老城厢的边缘。青浦老城厢形似龟背，古人常以龟背占卜凶吉。在现代青浦人看来，龟背兆盛世。“龟背”边上的世纪联华青浦店，不仅是全区男女老幼皆知的“大卖场”，而且从其横空出世、品牌升级的成长历史，人们可清晰地看到整个青浦区不断发展的景象。

横空出世时的初心

2003年9月28日，经营面积30000平方米的世纪联华青浦店横空出世，成为青浦老城厢地区最大的超市。开业伊始，全店上下就明确了“顾客第一、追求卓越、创新引领、坚持诚信、执着零售”的指导思想。可贵的是，开业二十多年来，这个体现为人民服务初心的指导思想已铭刻在全体员工的骨子里，落实在经营工作的每一个细节中。

“顾客第一”，就是把顾客的利益和感受放在首位。世纪联华青浦店为顾客提供洁净的购物环境、便捷的结算方式及完善的售后服务，还提供多样化的商品选择：无论是日常生活用品、食品饮料、家居用品还是电子产品等都能满足顾客一站式购物需求。还设立了母婴室、儿童洗手间、顾客服务站等便民设施，并辅以送货上门、7天无理由退换货等服务项目，为消费者提供了更加贴心的购物体验。

“追求卓越”，就是不断树立更高的目标，任何时候都不满足于已取得的成绩。为顾客服务无止境，没有最好，只有更好。

“创新引领”，就是不仅要与时俱进，要根据形势的发展不断推出全新的服务项目，不断提升服务品质，还要引领青浦区各超市提升服务层次。因为联华超市是青浦区内大超市，理应有引领责任，理应有这份社会担当。

“坚持诚信”，就是不卖假货、过期货，不以次充好，坚持做到货真价实，不弄虚作假。介绍商品、回答顾客询问都实事求是，所有承诺都及时兑现，售后服务准时到位。

“执着零售”，就是一以贯之地做好零售工作，全心全意地为每一位顾客服务，认真负责地做好每一笔生意，哪怕只是微不足道的金额。来的都是客，善待客人是世纪联华青浦店员工的责任。

品牌升级后的辉煌

世纪联华青浦店开业时大受顾客欢迎，但从店长到普通员工都很清醒：在叫好声中不可故步自封。社会在进步，时代在发展，只有与时俱进，不断做好品牌升级工作，世纪联华青浦店才会永远靓丽，这棵大树才会常绿。

世纪联华青浦店进行过多次装修和品牌升级，最具革命性的一次品牌升级是于2018年12月30日转型升级为“世纪联华plus”。这一转型升级以消费者为中心，以新零售模式服务于消费者，不仅提升了品牌形象，还引入了更多新鲜商品和时尚购物元素，以满足消费者日益增长的需求。

“世纪联华plus”商品种类更丰富：它以“四餐（三餐+下午茶）”为服务核心，建立了场景化的服务零售体系，商品种类涵盖了食品、生鲜、日用品等多个领域，为消费者提供了全方位的选择。

作为转型升级后的最大亮点，“世纪联华plus”引入了以海鲜为主打的鲜活市集及配套的堂食餐饮区，为消费者带来了边逛边吃的全新体验。海鲜、烘焙、现煎牛排等美食应有尽有，满足了消费者的味蕾需求。堂食餐饮、特色美食、鲜活海鲜成为消费新亮点。

“世纪联华plus”还在数字化经营方面实现了一次飞跃：门店配置了数字化IOT设备、全链路数据平台及数字化分析运用构成的智能全链路产品，如智能感知摄像头、智能互动屏、智能自助收银机、无人货

世纪联华青浦店 ▽

世纪联华 plus”引入以海鲜为主的鲜活市集及配套的堂食餐饮区

“世纪联华 plus”引入的特色服务项目之一：环球美食

“世纪联华 plus”引入的特色服务项目之二：现场烘焙

“世纪联华 plus”引入的特色服务项目之三：果汁吧

“世纪联华 plus”引入的特色服务项目之四：洗护中心

柜、“三枪”试衣魔镜、海尔智慧生活家电馆等，实现了从传统大卖场经营向数字化经营的转型，成为3.0智慧门店的雏形。扫码购、自助收银专用通道的设置，解决了顾客排长队的问题；扫码点餐系统利用“吃”这个高频行为线下反哺线上；自提点和前置仓的打造着力于提升拣货效率和外卖取货效率。

“世纪联华plus”还引入特色服务项目，满足顾客休闲购物、时尚体验新需求，如设立八大专区和各种个性化区域以增强购物体验；增加升级服务项目，让世纪联华更有温度；首次设置了邻里中心，拉近社区交流距离。

把爱带进社区的坚持

“社区好生活，联华用心帮”，走进社区、把联华的爱带进社区，是世纪联华青浦店一直秉持的信念，是二十多年一直坚持的行动。慰问有困难的居民，为老年人理发等为民服务，全体店员都看作是一种社会担当，乐此不疲。

近年来受到电商冲击、客流量减少的影响，但世纪联华青浦店通过不断创新和优化经营策略，仍然保持了较好的经营态势。全体员工坚信：不管遇到何种挑战，他们都能承担起那份社会担当。

（文 / 周本清，照片由世纪联华青浦店提供）

上海桥梓湾购物中心

上海桥梓湾购物中心，位于青浦老城厢黄金地段，占地35亩（2.33万平方米），是由上海云湖投资有限公司和上海尚申投资有限公司联手打造的市郊第一个社区型购物中心，该中心被命名为百联桥梓湾购物中心（委托百联集团管理三年）。该中心于2005年11月底竣工，12月底对外试营业。建成后，两家公司共同组成了上海桥梓湾置业有限公司。2009年，由上海桥梓湾置业有限公司自行管理（后更名为上海桥梓湾实业有限公司），百联桥梓湾购物中心更名为上海桥梓湾购物中心，俗称“桥梓湾商城”。

市郊第一个社区型购物中心 ▽

上海桥梓湾购物中心开张以来，生意兴隆，近悦远来，长盛不衰。众多顾客何以对它情有独钟？

人见人喜的环境

上海桥梓湾购物中心东侧紧邻建于明代万历年间的青浦城隍庙和建于清代的古典名园曲水园，主体五栋楼群错落有致，不乏欧式建筑。顾客踏入这古今交融、中西合璧的梦幻空间，无不心生欣喜。

购物中心总建筑面积62727.33平方米，分为A、B、C、D、E区及地下车库六个部分。A1区为休闲区，入驻的商家有桥湘缘、筷乐酒馆、青隐茶室等。旁有护城河环绕，建筑风格凸显了江南水乡的临园滨水和欧式风格的完美结合。A2区是桥梓湾花园大酒店，明清古典建筑风格，是全家相聚小酌、朋友推杯换盏的佳处。

B区有欧式建筑，也有古典建筑。一层为品牌专卖区，汇聚了60多种国内休闲品牌；二层为商业街，多元化商户入驻；三层为米莱8号，是年轻人周末休闲娱乐的理想聚集地。

C区的建筑风格具有里弄石库门的特点，由多家中外知名连锁餐饮企业经营，各类休闲小吃招人驻足。

D区地下室一层西侧至五层是著名百货——东方商厦青浦店，地下室一层东侧是世纪联华超市。

E区一至二层是大型的天猫电器城，三层为1456.87平方米的“魅”KTV。

上海桥梓湾购物中心将现代商业形态和传统建筑、欧式建筑、历史文化有机融合，形成“商中有景，景中有商”的独特形态，缔造了青浦老城厢、新江南的亮丽名片。

在德国柏林举办的世界建筑风格设计大赛中，上海桥梓湾购物中心建筑脱颖而出，得到法国著名建筑师兼城市规划师尤纳·弗莱德曼、柏

鸟瞰上海桥梓湾购物中心

林建筑博物馆馆长亚当斯等世界建筑大师的充分肯定，并获得了“世界城市发展创新奖”。

应有尽有的设施

现代人购物，重在花钱买愉快。一个大型购物中心，要让顾客乘兴而来，尽兴而归，必要的配套设施不可缺少。在桥梓湾购物中心，各类设施应有尽有，这也是近悦远来的一个原因。

桥梓湾购物中心别出心裁地开辟了儿童玩乐区，真是考虑周到。全家外出购物已成为节假日的一项重要活动，吸引了儿童的同时也吸引了家长，孩子们高兴了，大人们购物的兴致也更高。

地下停车库面积有8023.85平方米，能容纳180辆车，这为消费者提供了一个安心购物休闲的良好保障环境。

桥梓湾花园大酒店环境雅致，美味佳肴，丰俭随意。被评为“上海市十佳健康餐饮一条街”的C区，汇聚了味千拉面、霸王茶姬、小杨生煎、必胜客欢乐餐厅、陈香贵、喜姐炸串等各有风味的美食。不少顾客来到桥梓湾购物中心，计划在此赏景、购物、用餐。

位于中心位置的桥梓湾广场，有配套的长桌、长凳，供消费者喝茶聊天；也有长椅让长者小憩。洁净的五星级智能公厕有适老化、适幼化装置。

丰富多彩的活动

青浦老城厢以及周边的居民爱到桥梓湾购物中心逛逛，不光是为购物，桥梓湾广场经常举办的各类活动也吸引着附近的男女老少。

桥梓湾广场面积1200平方米，广场备有可搭建的演出舞台。舞台面积长9米，宽6米，高0.75米；舞台上方有50平方米的大型显示屏烘托演出场景，广场可容纳1200人以上参与活动。

广场坚持举办各种公益活动，每年举办公益活动均在50次以上，是青浦区各有关部门开展宣传教育活动的主要场所之一。主要活动有“新春系列年俗活动”“盈浦街道校园文化展示活动”“市民文化节——桥梓湾天天演”、110反诈宣传、119消防宣传、国防教育宣传、疾病预防宣传等。

儿童游乐区

地下停车库

◁ 桥梓湾广场

青浦五星级公厕 ▷

◁ 广场活动

餐饮一条街

每次活动，公司都安排三名管理人员以及设备维护人员、保安队伍，举办活动有一套完整的管理程序，并记有台账。每次举办大型活动都得到了区公安局各科室及盈浦街道各部门的大力支持，保证各次活动顺利进行。

桥梓湾广场丰富多彩的活动深受市民欢迎。青浦区各部门都看好桥梓湾广场，把它作为举办活动的首选场所，如“国防教育宣传”“青浦区淀山湖艺术节群众文艺天天演活动”等都安排在桥梓湾广场。

满载而归的体验

桥梓湾购物中心商品种类齐全，时尚与实用并存，名牌与优惠同享。没有顾客买不到的，只有顾客没有想到、进店后“一见钟情”而把商品迅速放入购物车的。“随意选购、满载而归的体验真爽！”发出这样慨叹的新老顾客还真不少。

上海桥梓湾购物中心以多种业态并存，吸引不同消费需求的消费者。D区地下室的世纪联华超市，提供各种品牌的油盐酱醋米面茶等生活用品，让顾客放心选购。追求高品质生活的中青年一到桥梓湾购物中心，购物欲望便被一下激发。“一站式”消费服务、多元化经营模式吸引了诸多国内外知名品牌入驻，包括时尚的男女服饰、珠宝首饰、钟表眼镜、皮具箱包、鞋帽、童装童玩，家用电器等，还引进了东方商厦、天猫电器、百年老店吴良材眼镜、红星眼镜、七匹狼、冠军、ATK等品牌。

桥梓湾购物中心于2010年初被青浦区人民政府授予“青浦区文明单位”称号。2011年至2020年间，连续七届被上海市人民政府授予“上海市文明单位”称号。2017年7月至2018年7月，该中心被上海市企业诚信

东方商厦

世纪联华桥梓湾店 △

天猫优品电器 ▷

桥梓湾广场夜景 ▽

荣誉墙

创建活动组委会评为“五星诚信创建单位”。2020年，它又被上海市市场监督管理局评为“三星消费维权联络点”。2011年12月，桥梓湾广场被上海市文化广播影视管理局评为“上海优秀文化广场”。

（文 / 周本清）

附：商业黄金地段桥梓湾的前世今生

桥梓湾即青浦老城厢公园路666弄，是妥妥的商业黄金地段。其实，这条坐落于北门吊桥堍的短短弯曲街道，在青浦建城后的几百年间原本十分冷清，并非商业街。20世纪初，有一家朱姓住户颇有商业头脑，首开专营轿子出租的商行，生意竟然兴隆起来。而后，有饶姓人家开了一家茶食店，但门庭却较为冷落。那时交通落后，这里出城只能坐船或步行，下乡收租、讨债、走亲戚、踏青、上坟都很不便，因此租一顶轿子就成了有钱人的首选。于是，没几年，五六家轿子行在此先后

桥梓湾旧影

开张，规模大一点的有六七顶轿子，七八名轿工。因此，这条街就被称为“轿子湾”。20世纪20年代至30年代，有文人把“轿子湾”谐音改为“桥梓湾”，寓意“小桥流水桑梓情”。这个雅气的名称既保留了轿子湾的历史信息，又富有诗情画意，得到广泛认同。

桥梓湾真正热闹起来是在新中国成立后。1950年7月，青浦百货公司在桥梓湾公园路口开业。百货公司商品种类齐全，货源充足，又是国营单位，信誉度高，吸引不少顾客。还下设批发部，人流量自然增加。1990年9月，青浦商厦横空出世，桥梓湾一下成为青浦城区的商业宝地。

2005年11月，集购物、旅游、休闲等多种功能于一体的商城——桥梓湾购物中心竣工，并于12月对外营业。桥梓湾从此就变为不断拓展的青浦城区的商业黄金地段。其中，青浦百联东方商厦则是桥梓湾购物中心的一个闪光点。在桥梓湾这块商业黄金地段的变迁过程中，先后问世的大型综合商场青浦商厦、青浦百联东方商厦功不可没，而精心打造桥梓湾购物中心的桥梓湾实业有限公司更是作出了贡献。

青浦商厦于1990年9月1日开业，位于原青浦百货公司商店旧址。1990年，它从县百货公司划出，独立建制为青浦县供销社的直属企业，是一个零售兼批发的大型综合商场。商厦建筑面积8811平方米，主体五层、局部七层，营业面积2500平方米，注册资金230万元，经营商品品种达8000余种。

青浦商厦是上海市郊六大商场之一，是当年青浦地区规模最大、设施最现代的一流大商场，也是青浦第一家使用商业电梯的商场，一至三楼设有上下电梯，仓库则设有专用货运电梯。

1990至1992年，青浦商厦完成商品销售总额8864.42万元，其中商品零售额8342.41万元，商品批发额522.01万元，完成利润总额210.76万元，上缴税金总额187.4万元。

1997至2000年，青浦商厦连续四年被县政府评为“顾客购物放心店”。2000年，青浦商厦合并于已迁至城中东路与城中南路的青浦百货公司。

桥梓湾商业街

青浦百联东方商厦位于桥梓湾购物中心，与上海四大古典名园之一的曲水园毗邻而居，是上海百联集团在上海市郊开设的第一家东方商厦连锁企业。

商厦成立于2005年9月14日，于同年12月30日正式对外营业。商厦开张后，坚持以顾客为主、诚信经营的理念，取得了当年开业即盈利的佳绩。开业近二十年，商厦长盛不衰，先后被评为上海市文明单位、上海市“巾帼文明岗”（客服中心），是上海市消费者维权联络点。

商厦开业之初，正是青浦区各业蓬勃发展、居民生活水平大幅提高之时。东方商厦领导班子经过反复研究分析，有的放矢，决定把商厦定位为在青浦区引领消费时尚、以优质品牌取胜的精致百货商店。与青浦区当时的一些大型百货商店相比，青浦百联东方商厦拥有的品牌属于中高档层次，很多品牌在青浦区是独一无二的。良好的品牌优势，吸引了

桥梓湾商业街

众多追求高品质生活的消费者。

2006年中秋节，是青浦百联东方商厦开业后的第一个中秋节，商厦首届月饼节开幕，相继推出近二十个知名品牌的月饼，包括首次登陆青浦市场的“哈根达斯”月饼、百年老店的“杏花楼”月饼，还有充满名流气质的“半岛酒店”月饼等。“哈根达斯”等许多月饼在青浦市场首次亮相，一上柜台就引来众多顾客前来选购，同时也吸引了不少企事业单位为员工购买中秋月饼。

同年，商厦及时引进了“浪琴”“雷达”手表，提升了商厦的经营档次。同时，增加了男装品牌，新调整进场的有“喜来登”“梦特娇”“邦纳斯”“乔治白”等品牌。2007年，商厦先后引进不少知名品牌：床上用品有“罗莱家纺”“卡帝乐”等，手表有“奥米伽”，化妆品有“克里斯汀·迪奥”“兰蔻”，职业女装有“宝姿”“利莱”，男士休闲服饰有“浪肯西裤”“蓝豹西服”“LACOSTE”。这些高档品牌商品让追求时尚的消费者眼前一亮。

时代在不断进步，消费者在不断追求时尚，青浦百联东方商厦也在不断与时俱进。2011年12月底，引进当季最流行的苹果手机专柜，进一

东方商厦天王手表柜台

青浦百联东方商厦节日活动

步提升了商厦的时尚风。

2021年新引进的餐饮品牌“禄兴记”开业以来，使传统百货模式有了新的突破和发展，践行了创新发展的经营思路，以百货为主，适当嵌入功能性品牌，打造时尚、经典的百货商场。

节日文化助阵是东方商厦另一亮点。东方商厦重视节日文化的传播，挖掘节日文化的内涵，把节日文化建设作为凝聚人心、提升消费者购买节日礼品的有效措施。

商厦推出的节日营销主题词紧扣节日特点，令人难忘。“购物赠亲友，圆满过元宵”元宵节营销活动主题词洋溢浓浓的节日氛围，寄托满满的祝福。“爱在心礼，感恩母亲”母亲节营销活动的主题词提醒消费者别忘了母亲的恩德，更别忘了购买礼物送给母亲。“七夕传情在东方”七夕节营销活动主题词耐人寻味：您在东方商厦购买什么礼物最能表达情意？“月耀百联，情系东方”中秋节营销活动主题词简洁明了，还巧妙地镶嵌店名，让消费者留下深刻印象。“孝亲敬老，东方有礼”重阳节营销活动主题词语意双关：孝亲敬老是我们东方人的传统美德，东方商厦有足够的孝亲敬老礼品供你挑选。每一个节日，不管是传统的还是近年来设立的，青浦百联东方商厦都推出有意义且不乏新意的营销主题词，在弘扬传统文化的同时，提升了商场的人气，自然提高了营业额。

青浦百联东方商厦还结合各个节日安排有吸引力的活动。例如，举办“六一”特别系列活动，包括“东方杯”少儿书法、绘画展和“六一”当日的“看谁爬得快”“儿童时装秀”活动。围绕“六一”开展的七天活动时间，使五楼儿童天地成了儿童尽情玩耍的乐园，礼物销售额大幅提升。

过节日去东方商厦已成为不少青浦人的共识：消费者可感受节日气氛，挑选合适礼品，参与节日活动，留下美好印象。针对节日特点设计的各种营销活动，增添了节日欢乐祥和的气氛，引领了青浦区的消费时尚，商场本身的知名度和赞誉度也随之水涨船高。

（文 / 周本清　沈林荣）

万达茂商圈

一座城市最有人气的地方是哪里?

当然是商业广场购物中心——那里人声鼎沸、车水马龙。

一座城市最有活力的地方是哪里?

当然也是商业广场购物中心——那里店铺鳞次栉比、游人熙来攘往。

一座城市最具魅力的地方是哪里?

当然还是商业广场购物中心——娱乐休闲花样翻新,新奇创意抢眼吸睛。

商业空间作为都市生活方式的引领者,不仅兼具休闲娱乐和场景体验的功能,也同时扮演起集娱乐、艺术、体验、社交于一身的全新角色。青浦就有一座集休闲、餐饮、娱乐、购物、旅游为一体,将大众化的购物趣味与小众化的艺术情怀相结合,把商业地产与文化、创意、艺术、互动于一体的广场购物中心,那里就是将场景化体验空间与现代化、综合化商业相结合的极具人气、活力、魅力的青浦商业旗舰——“万达茂购物中心”。

“万达茂购物中心”坐落在青浦著名的旅游打卡地——“双桥”西岸,位于青浦区淀山湖大道以南,朱家角路以北,丁家湾路以东和黄泥娄路以西的青浦区淀山湖大道851号,其占地面积为8.8万平方米,总建筑面积为44.7万平方米,停车场面积近17万平方米。购物中心分为A、B两座,是目前青浦区超大体量的城市商业综合体。

“万达茂”外观呈莲花状,寓意“盛世荷开八方客,一鹭莲升吉祥来”。其色彩亮丽、如梦幻般的造型设计,凭借独特的建筑风格、人文魅力和艺术美感,以惊人的“外貌”,达到了先声夺人的“吸睛”效果。

“万达茂”周边成熟社区、新兴社区及产业园区林立，消费力充沛。地铁17号线淀山湖大道站可以直达，交通便利，道路通达，尽享优势区位。从青浦城区的任何位置出发，无论自驾、乘公交、乘地铁均可轻轻松松迅捷抵达“万达茂”。其北面有崧泽高架，南面有G50沪渝高速，都设有至青浦的上匝道口，出口距离“万达茂”约15分钟车程。

2019年6月22日，这是上海青浦“万达茂”具有历史意义的一天，这座文化旅游城市的商业综合体开业了！凭借优越的地理位置，独特的建筑装饰，“万达茂”从诞生之初就注定了与众不同，一开业便成了青浦最具辨识度的城市形象大使和城市新地标。

“万达茂”在商业新业态经营中，它坚持艺术品位与商业发展并

“万达茂”夜景

重，以坚守高端服务品质为发展方向，将大众化的购物中心与小众化的艺术情怀相结合。在满足城市高端群体各种休闲购物需求时，努力打造集文化、创意、艺术、互动于一体的场景化体验空间，努力扮演好一个面向城市广大消费者的集艺术、人文、购物、社交于一身的“新角色”。

“万达茂”购物中心分为A、B两座，商业建筑面积约24.7万平方米，共4个楼层，面对的消费群体已经不再是单独的区域人群，而是城市家庭、全年龄段人群和周边省市的旅游人群。青浦“万达茂”是一个全季节、全天候、全年龄层的超级购物中心。

“万达茂”购物中心不仅引入一线品牌旗舰店和万达影城、大玩家、宝贝王、西西里小镇、超级物种、三扈制造局、SPAO、卡尔飞车等数家主力店。其中，近百家是首入青浦的知名品牌。“万达茂”还拥有国内仅有的全场景汽车乐园和充满奇趣的梦幻雨林儿童主题乐园。消费者在此不仅能获得极好的购物体验，也能感受到极美的视觉冲击和游乐享受。

“汽车乐园”位于B座，约9600平方米。是“万达茂”的经营团队精心打造的国内第一个以“汽车”为主题的大型室内乐园，涵盖动感游乐区、炫彩攀爬区、激情赛道区三大主题专区。乐园内还引进十余项领先国内的IP游戏设备，如冠军车手、穿越欧亚、引擎穿梭、疯狂飙车、赛车俱乐部等。乐园以电影《机械公敌》《创世纪》中的未来概念车为参考，提取了汽车金属元素、未来派、科幻、时尚动感等相关时尚主题元素，为顾客打造“新、奇、趣”沉浸式体验的汽车文化主题乐园。三大主题专区，十大特色游戏设备，暗藏神秘“黑科技”，融合速度与激情的狂野汽车体验，为游客演绎不一样的科技大冒险。

“儿童乐园”位于万达茂A座，占地面积约6000平方米，是“万达茂”的经营团队针对0-15岁亲子家庭推出的“超级家庭”游乐场。乐园涵盖蜂巢王国、昆虫狂欢、森林探险、海底小纵队四大主题园区，并全面引进了蚂蚁世界、昆虫派对、森林作战、竞技电玩等中大型原创游乐设施，满足孩子探索的有关需求。同时融合了世界最新概念的运动元素，是集新奇、安全、运动、娱乐、高科技、文化、教育培训为一体的大型休闲运动乐园。此外，“万达茂儿童乐园”也是全国仅有的一家层高达9米的室内大型乐园，以全新设备和全心服务助力孩子们快乐成长。

如今，商业已不再是单纯的住宅配套，而是生活方式的引领者，是一个消费时间和滋养情怀的场所。上海青浦“万达茂”拥有两个主题特色街区——西西里小镇和三扈制造局。西西里小镇是由国际著名品牌空间团队设计，采用蓝白相间的地中海式异域风格，给生活在这座城市中的人们一隅安静；三扈制造局则以霓虹灯和万国建筑等元素，打造老上海风情的主题街区。特色街区内多处网红打卡分享点，为万达广场的顾客提供一个家庭游玩、朋友相聚、商务往来的舒适空间，让购物成为全新的休闲体验和娱乐方式。

“万达茂”商业中心开业后，其周围迅速形成了独具特色和风采的“万达茂商圈”。“青浦万达茂金街”就是“万达茂商圈”最吸睛的亮点。

“万达茂金街”毗邻“万达茂”，坐享地铁17号线的交通便利，周边配套齐全。这里有活色生鲜的超级卖场、邻里便捷的精品洗护店、24小时全天候的便利店及社区诊所；还有针对孩子的不同兴趣开设的舞蹈、乐器、绘画等艺术培训班，以及篮球、编程、机器人等爱好培训班……这些体验式购物街区已经涵盖餐饮、服饰、生活配套、儿童娱

万达茂商圈全景分布图

乐、咖啡酒吧、社会服务等主力业态，成为解决日常生活需求并提供高品质生活服务的理想场所。

在万达茂商圈这些集聚人气、充满温情的小店里，城市生活做到了“若有所需，皆有可能”。这些一半艺术一半生活的美好场景，吸引着四面八方的朋友，让人们停下匆忙的脚步，来青浦万达茂商圈，悦享轻生活的悠闲时光。在领略购物愉悦的同时，也能体会文化和艺术带来的独特享受。

“万达茂”商圈带给市民前所未有的购物娱乐体验，同时也再次刷新沪西商业的新高度，成为引领青浦城市消费的风向标和时尚消费的新高地。

（文 / 李叔年）

青浦吾悦广场

吾悦广场是新城控股集团旗下的城市综合体项目品牌，也是一种新兴商业模式的创新。

吾悦广场的商业定位是致力于为消费者提供全方位的购物、娱乐、休闲体验，其设计和运营策略都体现出对品质生活的追求。

青浦吾悦广场于2014年12月20日开业，开业当天客流量突破30万，创下了青浦商业开业的新纪录。

“青浦吾悦广场”已成功入驻H&M、优衣库、C&A、丝芙兰、家乐福、丰收日、铜锣湾、新华书店、孩子王、大光明影城、玩具反斗城、莫莉幻想等主力商户，入驻商户超过200家，入驻品牌超过1000个，其中有70%的商家是首次入驻青浦。

青浦吾悦广场内景一

青浦吾悦广场的商业业态相较于传统业态，规模更大，业态更合理，管理更科学，经营范围囊括影业、量贩式KTV、大型电玩游乐场、餐饮不夜城、时尚购物中心、城市步行街等一站式业态。在商业体量、主力店规模、业态组合等方面，青浦吾悦广场勇开风气之先，在引领青浦消费新时尚方面，功不可没。

青浦吾悦广场是青浦现有商业体系的升级换代，成为开创青浦商业新纪录、新业态的里程碑！

青浦吾悦广场地处青浦环城水系公园内圈的淀山湖大道和漕盈路大道交会处。此处正是青浦“一城两翼”的黄金枢纽，也是淀山湖新城黄金走廊的交通枢纽。从地铁17号线漕盈站步行到“吾悦”仅需约29分钟，周边还分布着青浦15路、11路、19路等多条公交站点，另外还有沪青专线、青枫、青蒸、青岑、青金、青商等多条公交专线从此经过，交通可谓四通八达，市民前往极为便捷。

青浦吾悦广场同时拥有上下两层的地下停车场，充足的停车位可满足喜欢自驾出游爱好者的需求。从“青浦吾悦”自驾车可直达上海人民广场，包括沿线的虹桥机场和浦东机场。周边还有沪常高速、沪宁高速等高速公路通过，可畅通无阻地抵达上海市多个消费力旺盛的地区。

青浦吾悦广场是上海青浦区首个旗舰级城市商业综合体，具有超17万平方米商业空间，囊括了国际院线、量贩式连锁KTV、国际连锁超市、大型电玩游乐场等一站式业态。

青浦吾悦广场作为一个商业经营综合体，利用商业空间打造了一个面向公众开放、可以用来举办小型活动和讲座的室内广场。

开业十年间，在这里曾举办过明星见面会、演唱会、时装发布会，异国风情巡游、英伦“行为艺术秀”、健康大课堂讲座和亲子课堂等各种别开生面的文化活动几十场。

青浦吾悦广场周边 3千米内辐射人口达60多万。庞大的人流量一直

青浦吾悦广场内景二

都是商业地产投资的重要利好因素。这里有熠熠生辉的时尚橱窗，也有咖啡吧台匆匆一饮的醇香；有书店延绵不绝的精神之旅，也有各地的美食佳肴；有丰盛的酒席家宴，也有都市风情的快餐。总之，这里的消费选项应有尽有，可供游人尽情选择享用。

“有了人，便有了商机。”庞大且稳定的客流量是商业街区成功的保障。青浦吾悦广场以其超好吃、超好玩、超时尚的一站式体验型商业模式和便捷的交通网络以及庞大稳定的人流量等优势，一经亮相便受到广大投资客的追捧，吸引了国内外商家的投资目光，他们纷纷选择青浦、选择“吾悦”，把握投资机遇，积极投资“吾悦”的商业经营，选择与青浦吾悦广场共享客源、共享商机、共享财富，携手“青浦吾悦”共赴青浦未来的繁荣。

（文/李叔年）

附录

老城厢回忆

回忆政协青浦县第一届委员会

政协青浦县第一届委员会第一次会议于1956年6月27至28日召开。当时，青浦还未划入上海市，归属江苏省领导。第一届政协委员共39人，主席由中共青浦县委书记潘烈兼任，副主席由李泉荣（县工会主席）、张瑞钟担任，秘书长由县委宣传部副部长侯更生兼任，常委包括许锦荣、曹国祥、管钧、孙季奇。1957年7月19日，政协第一届委员会召开第二次全体会议，补选委员6人，委员达45人，并增选孙凯芳（县委统战部部长）为副主席，曹修仁为常委。政协驻会办公人员有副主席张瑞钟和副秘书长李奎荣，日常工作由李奎荣主持。

县政协办公地在青浦镇西虹街大通桥堍，是一幢砖木结构的民房，包括有一厅二厢房及两层楼房。楼上是政协办公区域，楼下是县工商联所在地。楼下厅堂与厢房的墙壁被打通作为大会议室，另一厢房为工商联办公室；楼上一间厢房为政协办公室，另一厢房一半用作阅览室，另一半是工商联人员宿舍，中间一间为活动室。

县政协除了定期召开常委会和全体委员会外，还把全体政协委员分

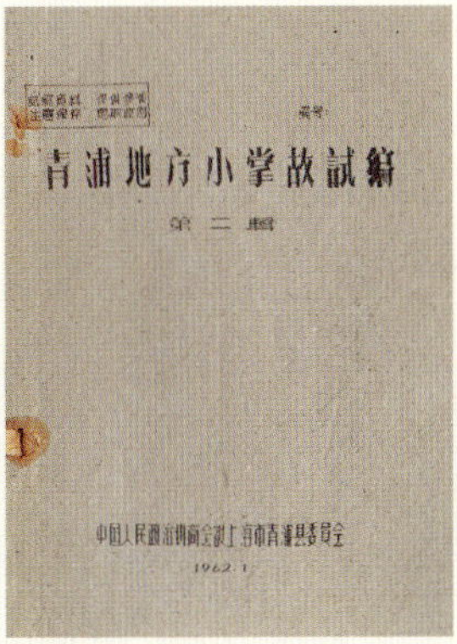

1962年1月，青浦县政协编辑的《青浦地方小掌故试编》第二辑

成三个学习小组——教卫组、社会组、工商组，每周安排一个下午为学习日。学习内容围绕当时政治中心和时事形势，讨论有关方针政策，鼓励委员们畅所欲言、各抒己见，以达到了解情况、明辨是非、统一思想、提高觉悟和自我教育的目的。每两至三个月，各小组选派代表交流学习心得和体会。青浦县划归上海市后，市政协时有提供辅导报告，青浦政协经常选派委员去上海听讲，在学习小组会上做传达，以深化学习内容并提高学习效果。

县政协还组织委员参加社会活动，如访问青浦知名人士，团结一切力量，促进政协工作。1957年三秋期间，组织部分政协委员赴朱家角庆丰参加三秋劳动和产量验收活动，以增进感情及体验劳动。政协还组织委员对市政卫生进行视察。

为了丰富委员们的文艺生活，1957年春县政协购买了一台彩色电视机，每晚在会议室放映。如有重要报告和重大题材，政协会通知委员集中收看。当时青浦彩色电视机很少，所以委员们观看彩电兴趣很高，并带家属同观，因此夜夜满场。有时，还根据有些老年委员对昆曲的喜爱，把会议室作为演唱昆曲的场所，每逢佳节组织昆曲演唱会，深受委员们欢迎。

（文 / 吴仁山）

怀念青浦的城墙

青浦县融入上海市区，青浦人变成了上海人。可是，我小时候在青浦念小学，上海十分遥远。学校里就有上海同学，那口音就不简单，把“我伲”说成“阿拉”，令人肃然起敬。青浦，光是那城墙就“阿乡”得很，而城墙常常成为作文的题目。我比较老实，总觉得城墙那么老旧，在作文里形容它“像生了几百年的癣一样”，被当时的国语教师在课堂上念了出来，弄得哄堂大笑。那时城里有两三家小报轮流发行，都有文艺副刊。有一篇文章用“斑斓驳蚀”形容城墙，我就转弯抹角用到作文里去，这得到先生称赞。说是“先生”，其实是位女士。那时对教师的尊称就是“先生”，无论男女。我的国语先生身穿阴丹士林的蓝布旗袍，微微有点卷的烫发一直垂到肩头，说“斑斓驳蚀”写出了城墙“古色古香”之美。虽然这个“斑斓驳蚀”给我带来了很高的荣誉，但是一到城墙底下，用青浦话来说，就有点“汗毛凛凛”。原因是，四五年级的时候，城门口突然挂了一个男人的头。说是一个共产党，名字叫

青浦古城墙

作者孙绍振在
青浦朱家角

做丁锡山（音），从乡下观音堂来攻打县城。

等到新中国成立，我长大了，才发现青浦离上海原并不遥远，只有一点点汽车路程。但是，上海和青浦毕竟是两个世界。

在上海可以随便看电影，而青浦却连一家电影院都没有。我第一次看电影还是在朱家角最气派的私立“一隅小学”里，一个美国人用吱吱作响的小放映机放在教室里的白墙上放映。那是一个短片，才十分钟左右。也不知道是谁通风报信的，大家像过节一样地去了，又像过节一样地回来了。后来，我又看过一次电影，是在“一隅小学”的操场上，这一回，放映的是完整的美国电影《人猿泰山》。

真正把电影看过瘾，是新中国成立以后。青浦城中心有一片很大的瓦砾场。解放军把那里修整成了广场，后来就叫“解放场”。解放场上一架起电影机，全城的欢乐节日就开始了。《钢铁战士》最为激动人心。影片中的一个小战士被俘后敌人让他写自首书。他向敌人要纸，纸拿来后，他认真地写，还问革命的“革”字怎么写。写完，他却和敌人拼命，最终壮烈牺牲。一个特写镜头显示，纸上写的是“刘海泉革命到底”。还有苏联电影《幸福的生活》：丰收、爱情、舞着花头巾唱歌，穿着哥萨克皮靴跳舞，以及结婚典礼上当着亲人接吻。

但是，节日的局限性在于它总是盼望好久才来一下，而人们天天过的还是平常日子。日常的娱乐生活还是听书。城里有两三家书场，一家叫作“金谷园”，名字挺雅的，晋朝富豪石崇和他的姨太太绿珠的浪漫典故是笔者多少年后念了中国文学史才知道的；还有一家叫作“花园书场”，其实并没有花园，窗外只放着几个鱼篓子。那篓子比我还高。到了星期天，笔者会事先钻进鱼篓子，听书场里的苏州评弹。它与解放场上的钢铁战士和幸福生活距离遥远，可是才子佳人虽然无聊，毕竟还算有点趣味。《珍珠塔》《玉蜻蜓》《三笑》，都是妈妈，妈妈的妈妈听过的本子。一旦来了说“大书”的班子，说起《岳飞大战牛头山》，那鱼篓子里的人就免不了拥挤起来。青浦城里没有自来水，好在城里有河，妈妈洗衣服、淘米、洗菜、刷马桶都在自家后门“水码头”的石头台阶上。解放军来了，营房就在河边，但他们不喝河里的水，却在一旁挖了一口井。

不久，笔者便明白了，原来是河里有一种血吸虫，虫卵通过河里的钉螺转移到人体内，人的肚子就会鼓起来，变得面黄肌瘦。这早在新中国成立前就知道了。一下子，宣传画上的大肚子的多起来了，青浦人叫作“大（读 dú）包”。说是青浦乡下有一个叫作任屯村的，个个都是“大包”，弄得全村死绝了户。当时最高学府就是青浦初级中学，检查的结果是：血吸虫病全校有 42%，当然，还没有严重到“大包”的程度。第一次治疗是自己到青浦红十字会医院去，打了许多针，却无效。一年寒假，上海医学院的教授和大学生来了，教室成了病房。那些上海“阿拉”，真不简单，一个月的工夫就顺利结束了治疗。

上课倒是很幸福，没有任何作业。有一段时间，英语课上不下去，因为一些同学相继慷慨陈词：都解放了，还上帝国主义的什么英文。女教师说，你们再闹，我就走了，不来了。后来她还是来上课了，刚刚上

张自申油画《青浦老城墙》

了几堂，就有消息说，志愿军把平壤解放了。忽然，又有号召，为了抗击美帝国主义，青年人要参加军事干部学校。轰轰烈烈的报名运动如火如荼地展开。有一个是女同学，从小学五年级就和我在一个班，还住在隔壁。她第一批加入新民主主义青年团，成绩好，把长头发塞在军帽里，是那时的时髦。几年后，我在北大读书，暑假回家，在上海火车站月台上，遇到了她。她穿着黄军服，鼓鼓囊囊的，怀里抱着孩子。背后站着一个气宇轩昂的军人。她告诉我，她没有上前线，到部队以后，分配在保育园（幼儿园）。另一个是男同学，到50年代末才见到，眉角上一道疤，说是在朝鲜开汽车，和美帝国主义的弹片遭遇的结果。

（文 / 孙绍振）

青浦解放场的记忆

在20世纪五六十年代，一提起解放场，青浦人都知道，可以说家喻户晓。我小时候就读于青浦实验小学，解放场就在学校正前面的一块空阔的操场上，长100米左右，宽40至50米一直延伸到马路上。解放场的中央有一座标准的篮球场，也许在当时青浦是唯一的。那时，文体娱乐活动较少，篮球就成为大家喜欢的一项运动。县里举办各级篮球比赛，都在这里举行，市区和外省的各个篮球队也经常来比赛，每场观众都是里三层、外三层，很是热闹。记得有一个叫宋天兰的球员，个子不高但球技却很好，三大步上篮，很轻易就晃过几个人的围堵，把球打进，赢得了大家鼓掌叫好。当时青浦有个哑巴裁判，只要有市区、外省的球队来比赛，都是他当裁判，水平很高，但吹的时候总是偏向青浦一方，大家对他也没有办法，但也高兴。后来，在小学后面造了一座灯光球场，篮球比赛都搬过去了。

学校里的老师在空余时间也喜欢打篮球，有位上海来的女老师，清纯漂亮，讲一口嗲嗲的上海话，可能是体育老师，球也打得很好。只要她在场上，许多男老师就会围过来一起打。

学生的家庭作业很少，放学后，大家一起玩，做一种游戏叫“捉犯人”。以篮球场两边的球架作为双方的阵地，出去偷偷地把对方的人抓到自己的阵地。大家每天玩得满头大汗，乐此不疲，直到家长来叫吃晚饭了才结束。

外省的一些马戏团也经常来青浦演出，在解放场安营扎寨。他们搭起了高高的舞台，用布把表演场地围了起来，高音喇叭里传出刺激的音乐，把学生们的神经都调动了起来。他们东窜西钻，专门想办法钻进围布里，不出钱看白戏。马戏团的表演有魔术、杂技、走钢丝、马术、各种动物表演以及飞车走壁等，看得观众群情激昂，喊叫声震耳欲聋。马戏团的演出，给青浦人民带来了快乐，我们这些小学生尤为高兴。

青浦解放场还有一个功能是放映露天电影。当操场上白色的大银幕挂起时，便知道今晚有电影看了。家住得较近的孩子们就忙得欢，在晚饭前搬凳子、椅子，为的是占据个好位置。晚饭后就急忙赶到操场，围着放映场地跳啊、追啊、闹啊，直到放映开始才安静下来。住得远的居民也从四面八方赶过来。记得放映的电影有《地道战》《地雷战》等战争片子为主。露天电影对当时枯燥的居民生活带来了精神文化的享受。后来，在解放场的南面造了青浦第一座电影院，但露天电影照旧放映。如今露天电影早已消失，但成了我们这一代人挥之不去的美好记忆。

解放场在新中国成立前一年由瓦砾场整修而成。到 1964 年至 1965 年间，盖起了县工业局大楼，从此，解放场从青浦人的视线中消失。在前后近 20 年的历史中，在那个娱乐生活单调的年代，解放场给青浦人民带来了快乐、幸福和精神上的享受！解放场，在我们这一代人中，在青浦人心中留下了深深的烙印，也理应在青浦的历史上留下一笔。

（文 / 陆守勤）

由青浦“医协会”想起的

青浦曾经有过一个“医师协会”（常常叫作“医协会”）。“医协会”的会址就在我家——城厢镇县前街56号。那是1951年前后的事，当时我才七八岁，上小学二年级。只记得“医协会”借用的是我家的客堂间。客堂朝南，下铺方砖地，正中顶上挂一盏戏称为“宝莲灯”的吊灯，靠北一樘板壁，下放一张长条桌，桌子中间有一个玻璃框，“福、禄、寿”三星高踞其中。两旁有青龙纹大花瓷瓶，花瓶内放有换下来的卷轴。客堂两侧墙上挂着不少字画条幅，雕花的红木中式靠椅和高脚茶几沿墙摆放。南边是一排长窗，通向一个正方形的水泥天井，天井上方有两层楼高的芦席凉棚。我们家日常起居并不用到客堂间，终年闲置，只有逢年过节祭奠祖宗时才派上用场。“医协会”要有一个活动场所，物色了几家，最后看中了我们家的客堂间。

我的伯祖父是一位老中医，“医协会”通过他提出借用，没费多少口舌就把事办成了。由于是借用，家具等物一概原封不动，“医协会”只添置了一张乒乓球台放在客堂正中作为会议桌，还有一张写字台放在板壁的另一侧，我们称为“厅背后的小间”内，供秘书办公并摆放文件账册。“医协会”虽说是个机构，但主要起交流信息、联络感情的作用。所以，平时上班只有秘书和茶房两人。秘书负责管账、筹办会议、聚餐、开会时记录、来人接待与外界联系等工作；茶房则负责泡水沏茶、打扫卫生以及通知会议或临时有事跑腿等，事实上他们的工作都不忙。

秘书方伯伯身材魁梧，皮肤黝黑，本应也算相貌堂堂，可惜他生来有生理缺陷，是个豁嘴。他戴一副黑框的老式圆眼镜，穿的总是长衫。他性格开朗，为人和善，谙熟人情世故，善于和人打交道，写得一手好字，据说还很有文采，当这个秘书实在是游刃有余。我不知道他的大号，但只要你提起“方缺嘴”，在当时青浦城里便人人皆知，当属新中国成立初期青浦的名人之一。他只有两个女儿，没有儿子，所以对我十分钟爱。可惜年龄太悬殊，他满腹经纶，我是无知顽童，无法真正相交，但他教我写字，让我受益匪浅。

茶房阿贵是个细高个儿，瘦弱，下巴和唇边稀稀拉拉有些许短胡须，张嘴时常会露出孤零零一颗黄黑的门牙，眼角边总有眼屎，平时没精打采，一副睡不醒的样子。可是，他很敬业，每天早早上班。上班后第一件事就是出我家开向新街弄的边门，往北边联合大戏院对面的“鲁班殿”灌两壶开水。回来后帮秘书在茶杯中点好茶酿，然后去挑水，再用湿抹布把所有桌椅拭抹干净。这时，方伯伯也就踱着方步上班来了。问清楚一时没有要他去办的事，他便到我家帮我们挑水。阿贵是个文盲，却很能讲故事，我与他的交往就是从讲故事开始的。他会讲的故事不少，像武松打虎、岳母刺字、济公活佛，还有文曲星包拯与武曲星狄青临下凡前匆忙中换错了头等。讲故事时，他眉飞色舞，唾沫横飞，精神十分亢奋，与平时的他判若两人。每次我总是听得津津有味，缠着他继续讲下去。等我长大后，读到相关原著时，我才知道阿贵的故事中有不少“野狐禅”，可能是因为他不识字，故事都是听来的缘故吧。

“医协会”的会议是很少的，他们的会议就事论事、比较务实，这从每次开会时间都不长可以揣度得到。出于好奇，我曾在厅背后通过板壁的缝隙偷窥过会议的情形。场面虽不排场，却也一本正经。乒乓球台上铺着白台布，北端朝南坐一个人（想来是主持人），另外三侧都坐满了人，余下的则坐在靠墙的椅子上，每人面前一杯茶。与会者神态安详，有的捧着茶杯喝茶，有的跷起二郎腿抽烟，也有的闭目养神，只有方伯伯在会议桌侧面、紧靠主持人的一端忙着记录。中医老先生们都有学究气，说话慢条斯理，轻声轻气，虽说发言不断，气氛却并不热烈。议完事，总有人因难得碰头，三三两两地在一起叙谈叙谈，并不急着离开。这时，阿贵会耐心地等着，要等到人全部走光，方伯伯或另有一两位医生走到厅背后方伯伯办公的地方后，他才打扫卫生。

“医协会”也常常举行聚餐，规模至少有三桌，也就是说，一个小小的青浦城，医生（几乎都是中医）有好几十位。没错，这虽然有些匪夷所思，却是事实。新中国刚成立的时候和前朝历代一样，中医都是真正的自由职业者。他们在家给患者看病，假如患者病情严重，可由家人去请郎中（医生早期的称谓）到患者床前号脉，只需加付“出诊费”即可。所以，中医的寓所便是门诊室，而医生寓所门前总挂有或横或竖的招牌，上面写着医生名字和擅长的专科。他们靠自身的医德、医术都拥有一定的常客，不怕竞争，相互尊重。我伯祖父和他的门生住在贴隔壁，各挂一块招牌，同一专科，各自行医，不但相安无事，而且师生情谊甚笃，两家关系也密切，世代相交。当时从鱼行桥到和平桥短短几十米的一条街上就至少有五家挂有中医的招牌，而青浦城厢镇上的中药铺就有三家：“天益堂”、朱进康家一所和小西门外一所，可见青浦中医确实是多。青浦的中医不仅人数众多，而且其中不乏名医。青浦中医院首任院长何承志，赫赫有名，用不到我多说。与他年纪相仿的中医董建华也是颇有声望的青浦名医，恐怕就鲜为人知了。董建华是青浦人，他是青浦中学孟祖勋老师的姐夫，1955 年之前一直在青浦行医，青浦城区联合诊所就是他组织筹办的。那时，他也常到“医协会”来。他高挑身材，清瘦、儒雅，讲话很风趣。我的大兄弟由于出生在 1949 年青浦解放的时候，小名就叫建中。有一次，董建华正好在“医协会”，听到我喊“建中”，跑过来蹲着，拉着我弟弟的手打趣说：“你叫建中啊？我是建华，‘中华’‘中华’，那你还应该是我阿哥呐？”众人听了，哄堂大笑，两三岁的弟弟不知所以，也跟着大笑。董建华后来定居北京，任北京中医学院东直门医院主任医师、教授、博士生导师，是中国工程院院士和多届全国人大常委会委员。青浦中医院经久不衰，人气很旺，始终能与青浦中心医院并驾齐驱，恐怕与青浦历来中医的人数多、医术精，深受青浦百姓的喜爱不无关系吧。

岁月如梭，白驹过隙；沧海桑田，世事多变。当年的“医协会”早已淹没在历史的长河中，我写此小文，一方面纪念那些可敬、可亲、可爱、可怜的故人，另一方面想为青浦的历史添上一小笔。

（文 / 董正言）

当年的青浦“文化广场”

20 世纪五六十年代，曲水园叫中山公园。大门普普通通，门厅内东侧有楼梯，通往二楼的文化馆；西侧是图书馆。一道斑驳的矮墙把公园与马路隔开，中间是荒地，稀稀拉拉长着杂草。但是，这毫不起眼的地带却是我心中的圣土，因为它是那个年代青浦人文化生活的主要活动场所。

白天，青浦最繁华的是聚星街，从南边小菜场到北边中百公司（即改革开放后青浦商厦的所在地）这一地段。晚上最闹猛的就是从复兴桥到“新洋桥”的地界了。两者同样热闹，内涵却迥然不同，前者散发出阵阵香甜的烟火气，后者则饱含着文化的韵味。

当年，这一地段不管春夏秋冬，只要不刮风下雨，复兴桥上总是人来人往或两两相对，窃窃私语；或三五成群，高谈阔论。东边庙前街路口，缝纫社和绸布店南北相对，晚上上好了排门板后静悄悄的，失去了整日响彻的缝纫机“哒哒”声。只有临近春节，缝纫社才灯火通明，忙着为顾客赶制过年的新衣。往东过了新华书店，顿时热气腾腾，人声嘈杂，那里是县工人俱乐部。工人俱乐部的围墙里是篮球场大小的旱冰场，呈椭圆形，水磨石地面，四周围着栏杆，顶上悬挂着一排排耀眼的照明灯。东侧的平房是购票、换鞋的场所。溜冰的人拿到冰鞋之后，坐在两排低于平常高度的木板长凳上把冰鞋绑好，通过一个狭窄的过道进入旱冰场。溜冰的技艺千差万别，有人一穿好冰鞋就如飞燕般穿过窄道，在场内翩翩起舞；有人却还未站稳就四脚朝天仰面摔倒在地。场内也千姿百态，各逞其能。但无论是围栏外观赏的人还是场内溜冰的人，都兴致勃勃，场内场外气氛热烈，其乐融融。旱冰场只是工人俱乐部的外围，走进大门才是真正的俱乐部。里面可以下棋打牌，还有乒乓球室。我们是学生，虽心生向往，却不敢贸然而进。

1961年5月，县文化馆组织了“红五月赛诗会”。听得消息，三五个爱好文学的同学相约而去。大门内是一个完整的院落，天井两侧是厢房，想必是下棋打牌的所在地。我们无暇顾及这些，直奔大厅。迎面墙上挂着一幅红布会标，上书“红五月赛诗会”几个大字。厅内散布着十来张方桌，与会者有老有少，三三两两围坐在桌子跟前。赛诗会十分隆重，由文化馆负责人主持，并请副县长张瑞钟致辞。他不用讲稿，侃侃而谈，语句精炼而煽情，最后还率先当场吟诗一首，引来了经久不息的掌声。随后赛诗开始，一个接着一个，此起彼伏，各不相让。我们读过诗、背过诗，对诗词格律却一窍不通。除了1958年做过一些像“肥猪赛大象，只是鼻子短，全村宰一头，足够吃半年”的打油诗之外，从来没有正式做过诗。这样的场面真出乎我们的意料。见有的老先生摇头晃脑用青浦话吟诗，心中虽觉有些好笑，但我们早已被你来我往的比赛阵势吓得惊慌失措，同时为他们的才思敏捷所折服，只恨自己才疏学浅、莽撞冒失。但我们年轻气盛，不甘于临阵脱逃。仓促之间，硬凑了一首歌颂五四精神、争当革命青年的现代诗，请同来的女同学朗诵。不知是出于长者的大度，还是出于对后进的嘉许，又或许是因为普通话的朗诵别开生面，倒也赢得了一阵掌声。

工人俱乐部东隔壁是县图书馆，狭长且只有一开间门面。晚上，那里亮着灯，不断有读者进进出出，还书、借书。图书馆工作人员不停地穿梭在高大的书架之间。我们几个好朋友常去图书馆帮忙。负责人周大勇是练塘人，当时住在三元街，他圆圆的脸蛋胖乎乎的，为人和气，笑口常开，如弥勒佛一般。慢慢地，我们和大家都成了朋友。

我第一次接触青浦图书馆时，图书馆还在公园内部。1955年秋，我考上初中，学校位于东门外（即现在青浦一中的所在地）。青浦中学新建了两幢大楼作为二部，原来南门那边校区为本部。一年级新生在二部上学，城厢镇的“通学生”每天从家到学校，早晚两个来回，都要路过中山公园。那时候，上学比较轻松，下午两节课，只要没有课外活动，便可早早放学回家。因此，中山公园便是学生们放学后最理想的活动场所。

一天，也许是因为热，我和一位同学没有像往常一样去爬假山、登盘旋而上的铁梯，进了公园就冲到后面，在高大挺拔的银杏树下纳凉。见后园清籁山房有人拿着书进出，我们不知所以，因喜好读书，便到门前探头探脑，左右徘徊。没等我们鼓足勇气闯进门去，门内走出一位女性，三十开外年纪，身材高挑，面容姣好，皮肤白皙，很有古代仕女的风韵。我们正想拔腿逃跑，她却把我们叫住，柔声问道："是不是想借书？"原来我们欲进不前、鬼鬼祟祟的样子早已被她窥见，而且猜中了我们的心意。我俩涨红了脸，低着头，嗫嗫嚅嚅，不知如何是好。见我们胸前佩戴着青中的校徽，她果断地让我们拿出学生证，办了借书卡。后来知道，这位女性叫夏彩梅，是当时图书馆的负责人。她人长得漂亮，却冷若冰霜，不苟言笑。听说了她的名字，我暗自好笑，心想真是人如其名，总是睬着面孔（青浦人把绷着脸称作"睬面孔"），不愧叫"睬面"。然而，对我来说，她真是功德无量。是她使我与图书馆结缘一生，而且还直接影响了我的职业选择。那天，她推荐给我的书是《少年电机工程师》，苏联人写的。该书深入浅出，易读好懂，而且在简单的理论之外还有实际操作，让我看得爱不释手。记得书中介绍，干电池用完之后，只要在电池中加入少许高锰酸钾，可再用一段时间。我如法炮制，果然，手电筒明亮如初。之后，家中换灯泡、修开关之类的"技术活"，我也慢慢可以自己动手了。更重要的是，受这本书的影响，当一名电机工程师的少年梦开始在我的心中浮现，而且我最终成了一名真正的电气工程师。

那时，凝和堂中部空空荡荡，毫无人气，倒是位于旁侧的一间房内天天有人。那是阅览室，极简陋，正中桌子的四周是长凳，还有两个报架。最醒目的是墙上高挂的马克思、恩格斯、列宁、斯大林、毛泽东五幅领袖肖像。尽管简陋，来看报的人还不少，不说座无虚席，十几个常客总会如期而至。

县博物馆则在得月轩，长廊的每个间隔中有两张方形的展台，陈列有青浦出土的古钱币等珍贵文物，并配以文字说明，叙述了青浦悠久的历史。当时，这些馆、所都归属文化馆管辖，所以，常会看到文化馆老张迈动长腿，在公园内外跑出跑进，忙忙碌碌的身影。不久以后，它们陆续从公园迁出，图书馆搬到了公园门厅的西屋之内，阅览室在公园的对面有了“新居”，博物馆则驻扎在城隍庙内。晚上，公园闭园之后，门厅中部自成一体，文化馆常常把公家配备给他们的电视机搬下来，与民众共享。电视节目是黑白的，影像不甚清晰，时而还雪花飘飘，即便这样，也总是人满为患。人们里三层外三层地站着，伸长脖子观看，看得津津有味，不时发出情不自禁的笑声。不放电视的夜晚，便有合唱队在那里练唱。合唱队规模很小，仅七八个人，而且几乎都是女生。她们没有统一服装，也没有钢琴伴奏，只有负责人、离休干部朱习理用手风琴伴奏。夜晚，清脆的歌声随风飘荡，令人心驰神往，常会让路人驻足聆听。

公园大门的马路对面，即之后东原商厦的所在地，那里是电影院，但青浦人常改不了口，总叫它友谊馆。

中苏友谊馆是20世纪50年代初青浦最大的室内场所，可容纳近千人。所以，除大型群众集会在解放场举行外，许多大会都在友谊馆进行，像全县三级干部大会、青中的全体师生大会等。当然，各种文艺节目也在友谊馆演出。记忆犹新的是上海下来的华特生巨型魔术团表演。在一声枪响之后，大柜打开，刚刚藏进柜中的魔术师华特生竟然已不见踪影。随着人们的惊叹声，回头一看，身穿燕尾服、头戴高式大檐帽的华特生，在后面门口手持鲜花正微笑着向你挥手，少年的我只觉得

青浦博物馆旧影

匪夷所思。在青浦剧院建成之后，友谊馆更名为青浦电影院，专门放映电影。门前是一片开阔的地坪（1960 年在其西部修建了阅览室），登上七八级大台阶，可见三扇大门。走进大门是门厅，一边是售票窗口，另一边贴电影海报，预告即将上映的影片。三面墙上挂满电影明星的大幅照片，男明星有赵丹、孙道临、舒适、王心刚、魏鹤龄等；女明星有秦怡、白杨、王丹凤、张瑞芳、上官云珠等。女明星个个露齿微笑；男明星虽有笑容，但大多紧抿嘴巴。走进两边的检票口，则是像阶梯教室一般的电影院主体，座椅也和教室中的一样，木翻板、铁椅架。两侧大窗户，备有厚窗帘，供学校包场等白天放映时使用。有时，尤其是放外国电影时，影院门外还出售说明书，每张 2 分钱，但很少有人问津。要知道，那时的电影票才 5 分钱一张，花 2 分钱买一张 32 开大小的说明书，总禁不住仔细掂量。那个年代，青浦有“无线电”（青浦人对收音机的称谓）的人家屈指可数，电视机更是寥若晨星。所以，看电影是青浦民众极喜爱的文化生活，友谊馆门前常常人头攒动，若听说要放《垃圾千金》《大女儿经》之类的香港影片，更是一票难求。放电影的是电影队，他们还时常要送电影下乡。队长郁庆尧，复员军人出身，为人诙谐活跃，爱跟小孩们打打闹闹逗着玩，是“总家爷叔”。放映员谢国强，身材健美，五官端正，鼻梁挺直，面部轮廓清晰，很有阳刚之气，是个美男子，只是稍微黑些。他走路始终腰板直挺，甚至有点僵硬，我们私下称他“石膏人”，意为石膏塑像一样的人。他业务精湛，放映时很少断片，偶尔断片，不消片刻定能妙手回春。在给千家万户带来欢乐的同时，他俩成了青浦妇孺皆知的人物。

看电影是青年男女谈恋爱的必选项目，中苏友谊馆中想必也发生过动人的恋爱故事，提起友谊馆定会让不少青浦人联想起当年甜蜜温馨的场景。

（文/董正言）

花灯如海人如潮
——1984年《青浦之春》活动及国庆灯会

改革开放以来，全国经济发展迅速，人民生活水平大幅提高。为反映党的十一届三中全会以来各条战线的崭新面貌，中共青浦县委、县政府决定于1984年元宵节举办“青浦之春”大型活动。

举办大型“青浦之春”元宵节的喜讯传遍青浦城厢和各乡镇，早在半年前，各乡镇和企事业单位都已经着手准备，老百姓欢欣鼓舞参与着，翘首以待。

春节到，城厢镇上主街道张灯结彩，彩旗飘飘，家家户贴上红彤彤的春联。青浦桥、城中路等路口，扎起彩牌楼，装点老城厢的节日气氛。

2月15日（正月十四）上午的民间文艺行街活动，拉开了“青浦之春”的序幕。清晨，从各乡镇和城厢镇所在的单位、团体参加民间文艺行街表演的队伍，在青安路老体育场集合。居民们早早就沿街驻足等候。八点整，行街正式开始。青浦公安局的摩托车队开道，四盏宫灯簇拥着“青浦之春”的会标在前，后面是锣鼓队、舞龙队、舞狮队、江南丝竹队、秧歌队、腰鼓队，还有民间舞蹈队：挑花篮、打莲湘、拜香舞、马灯舞、茶担舞等，青浦农机厂等企业的彩车缓缓随后，最后是青浦锡剧团的化妆表演队伍。行街从老体育场出发，过青浦中学、曲水园，拐到和平桥，经青浦二中，到老县政府大门结束。行街的方阵人数不等，他们一边表演一边缓缓前行，队伍长达1千多米。老城厢万人空巷，涌向沿街人行道两旁，观赏久违的行街表演，情不自禁鼓掌欢呼，呈现万众欢腾的景象。

晚上是“青浦之春”的“水上灯会”，这是几十年不遇的水上盛会。各乡镇所有参展的彩船，都集合于五库浜路老党校的后门西大盈港

1984年元宵节举办“青浦之春”活动剪影

码头，彩船巡江试航。巡江水路是沿江向南，绕城一周，再回到党校码头。沿江群众奔走相告，在岸边一睹彩船白天的风采。

晚上六点半，彩灯亮起，悠悠江面呈现一片绚丽的灯海。巡江开始，解放军驻军快艇开道，相隔50米左右，水利局的会标船随后，依次是各具特色的花船，有威武的龙船、美丽的凤凰船、灵动的鲤鱼船、白鸭船等。还有难得一见的商榻毛竹快艇、金泽的花快船等。最后，解放乡沿水路带来了放水灯表演。每家的彩船，都经过精心设计，以彩灯的装饰反映本单位的精神面貌。在几处观赏点，江中传来彩船上的锣鼓声声，丝竹悠扬，岸边则传出人们的阵阵欢呼喝彩声，把水上灯会推向高潮。

第二天是元宵节，陆上灯会拉开帷幕。从青浦桥沿曲水园、城中路，直到南门，人行道边悬挂着一盏盏居民自扎的红灯笼，延绵不断。

一路上，分段摆放着或悬挂着各有创意的大型彩灯，竞相争艳。这都是由各工厂企业职工自行设计制作的，有的还配上自动机械设备，如昂首摆尾的巨龙灯、制作精美的走马灯、卡通灯等。白天灯会展览，晚上六点半亮灯，绚丽的灯海犹如游龙，横卧在城厢镇的主街道上。灯会

江南丝竹

持续三天，并由百姓投票评选出近二百名获奖彩灯。元宵节当晚，家家户户团聚过节，扶老携幼涌上街头观灯，他们喜笑颜开，目不暇接，游弋在花灯如海的人潮中。

当人们还在津津乐道回味着“青浦之春”美好记忆时，迎来了十月一日国庆三十五周年。县委、县政府决定，利用好闹元宵留下的基础，本着“热烈、隆重、安全、节约”的原则，组织庆典活动。文化部门组织群众文艺演出，发动全县征文，举办革命烈士事迹展览；县体育运动委员会组织农民运动会，多项寓教于乐的活动相继展开。

国庆节期间，城厢镇从东门汽车站到南门的主干道上，又见彩旗招展，彩灯高悬。最醒目的是曲水园门前，装饰有一丈高的巨型花篮灯。国庆灯会暨游园活动在曲水园举行。各单位收藏的彩灯在曲水园重放异彩，同时又有许多单位送来新设计的机关彩灯。荷花池里有喷泉彩灯，九曲桥上有细致精巧的挂灯，园内增添了射灯，照得这明园景色和灯展相得益彰。曲水园的几个大厅被布置成和游人互动的游艺室、灯谜室等。国庆节晚上，曲水园灯会开幕，游人如潮水涌入园中，不乏晚辈推着轮椅带老人游园，还有市区游人闻讯赶来参与的。据统计，国庆节游园灯会观众达 5 万人次。

国庆节当晚还举行了焰火晚会。经安全查勘，焰火决定在青浦总工会大楼平台燃放。先后分批燃放了一百多只焰头，五彩缤纷的火树银花顿时把城厢镇节日的夜空装点得分外瑰丽，城厢镇人民沉浸在国泰民安的节日欢乐中。

（文 / 钱昌萍）

老城厢的夏日记忆

我入住新公房已经几十年了，炎热的夏天享受着空调的清凉，但是童年乘风凉的那快乐记忆一直伴随着我，挥之不去。

我童年住在青浦老城厢公堂街 38 号，这是新中国成立前张家所建的二层楼房，比周围二层楼明显高出一些。楼内有内天井，二楼有铸铁护栏和木扶手的回廊，回廊能绕圈行走。过天井从楼底进入一个很大的后花园。听妈妈说，这幢房子，新中国成立初期被政府没收作为青浦县红十字会医院的门诊部，后来又成为医院的家属院。

我们家住在内天井二楼南侧，北窗正对着院子的大门口，在家里朝大门口望，可以见到公堂街上过路的行人，还有街对面种葱卖葱的薛家老夫妇。房间南窗对着后花园，窗外有个斜坡屋面。平时我们晾晒衣服，特别是晒被子只要在屋面铺上旧草席，把被子平铺上即可。冬天晚上盖这被子，既松软又暖和，还散发着特别的香气，那是阳光的味道。到了夏日，我们家会把朝南六扇木窗中间二扇卸下，将麻将方桌从窗里搬过来，再在窗口和大桌之间搁上竹榻，这就成了我们兄妹睡在上面的竹榻床，享受从窗口吹进来的徐徐凉风。而我们的父母，就睡在铺有凉席的木地板上，轻摇蒲扇，渐渐入睡。

老城厢到夏天，乘凉有着五花八门的风景。有很多人在轮船码头的青浦桥、西门大桥等人行道上，铺上凉席或摆上竹椅，乘凉或通宵过夜。街边小道和弄堂里乘风凉的人更多，有的人还在楼顶上一边乘凉一边看风景。那年代，从下午三四点开始就为乘凉做准备了。先选好地方，然后从公用自来水点拎桶水，先把地皮浇透，然后等地上热气散发后，就搬出竹椅、躺椅、板凳，还有放上小方桌的。有的人家就在小方桌上吃晚饭，自家人团团围坐，男人们一边抿着老酒，一边和邻居聊着天，一脸的惬意。有的人家是搬出长条春凳，还有卸下家里木门板搁在两条长凳上，铺成一个板床，这样更好，既可睡、又可吃饭，还可放东西。

当年夏天，男人和男孩洗澡冲凉也很有趣。一般在公用水龙头边，穿着短裤头洗澡。所谓“公用水龙头”，就是在街道边，利用两幢屋子之间的空地，用天然条石围成一个四方的、近 4 平方米的洗刷区。洗刷区中间竖着一个六分白铁水管，离地近一米处用个三通接头一分为二，装上两个水龙头。怕水溅裤子上，龙头口接着橡皮管，同时围着水龙头洗刷池里放着大石头，便于洗刷的人站在上面，避免湿到鞋子。

洗澡的人蹲在水管边，提着水管从头冲到脚，然后湿漉漉回到家中换上干净的衣服。女人们是不上公共水龙头洗澡的，而是用浴盆在家中洗澡。她们先用铁皮桶提着冷水和热水瓶，先把瓶中热水倒入浴盆，然后加入冷水，调到略烫为好，然后踩进浴盆，慢慢用水湿身，等皮肤适应冷热后开始清洗。洗好后，需要二人端起浴盆将水倒入水桶，随后提桶倒入下水道。没有下水管道的地方，只能倒入雨水管边的三角大漏斗。

20 世纪 70 年代，夏天晚上比较热闹。乘凉又叫“纳凉”，政府部门会组织纳凉晚会，有学校或单位的毛泽东思想宣传队在纳凉晚会上演出。农村打谷场放电影时，有这种活动一定是人潮涌动。

乘风凉还讲究吃冷饮。那时候棒冰只要 4 分钱，雪糕是 8 分钱，奶油冰砖简装（又称小冰砖）要 1 毛 9 分钱，因为外包只有一张油纸。而大冰砖是小冰砖的双倍大小，是用薄纸板包的，售价 4 毛 4 分钱一块。所以吃冰砖还是小冰砖合算，缺点是保温效果差，容易化。那时难得“奢侈”一回，吃块小冰砖后，用舌头舔舔包装纸也是很开心的。

在桥梓湾和公园路交界的角上，这是个大商店，南北杂货齐全，是青浦老城厢最大的杂货店，我妈曾在这里工作。这店靠桥梓湾路边上是冷饮部：专营冷热饮，可以堂食。冬天是热饮，如甜羹和可可茶。夏天是冷饮，如绿豆汤和酸梅汤、橘子水。绿豆汤 7 分钱、酸梅汤 5 分钱，橘子水 6 分钱。绿豆汤是把熟糯米和熟绿豆放冰箱冷冻，然后购买时在碗里放点冷冻绿豆和糯米，加上适量糖浆和薄荷汁，然后用冰水冲调，一碗又甜又冷的绿豆汤真是透心凉。

那时，有的单位为防暑降温，已经有免费供应冰水了。我们为了省钱，自己家买了酸梅糖浆，再拎着热水瓶去有冰水的单位讨要冰水。杯子里放上糖浆，冲上冰水，酸梅汤就成了。还有薄荷加糖浆冲制薄荷汤。当年还有单位发的盐汽水，我爸的朋友钱叔叔在房管所当电工，他会送汽水券给我们。为喝汽水，我提着竹篮子放着空瓶子，去河对岸的房管所去领，每次领四瓶，拿回家整齐排列在床底下阴凉处，要吃时打开一瓶倒入几个小饭碗，全家一起分享。后来中学毕业分配工作，我自己也进了房管所当工人，盐汽水算是喝够了。

夏天家里的大床底下除了放盐汽水还有西瓜。当年西瓜大的 8 分钱、小的 6 分钱一斤，100 斤只要 8 元，可买十多个。买西瓜可以到大通桥河边，或者中山公园、轮船码头的船上购买。一般船上买西瓜总要买个上百斤，因为买多可以便宜点。用大麻袋装着西瓜，放在自行车后架上驮着回家，然后放在大床底下。一般放假后是中午午睡后才可以吃西瓜，先吃半个，留半个盖上湿毛巾放在通风篮子里，晚上乘凉时再吃另外半个。

夏天乘凉时节，正是甜芦粟成熟季。以前甜芦粟是农民晚上竖着扛到马路边的路灯下卖，记得和平桥的人行道上最多。芦粟很长，有近三米，粗的一根 5 分钱到一角钱不定，细的一根 2 分钱或 3 分钱，最细的 1 分钱二根。晚饭后，我们就带着几角钱，在和平桥路灯下，看见有近二十个卖芦粟的农民。挑芦粟有技巧，不能买坏的，又不能买不甜的。芦粟颜色淡绿，节结爆出，又没有蛀洞，说明这根芦粟味甜且汁液多。而苍白微红的不但不甜，还可能已经有病菌感染，吃了有毒。所以我们必须边挑边买，不局限于在一个农民手中买，还要讨价还价，买几根粗的，搭买几根细的。买到九到十根后，我们兄妹三人拖着长长的芦粟，在弹格路上一路拖回家。然后蹲在地上，把长芦粟按节点分开，放满一个脸盆。然后兄妹三人平分，各自找地方存放，一边乘凉，一边慢慢享用。

回想当年乘凉的经历，年轻一代很难想象和理解，但却是当时一道老城厢的风景。虽然当时大家并不富裕，但是亲人情，邻里情犹存，成为我永远的记忆。

（文 / 钱伟）

城中西路的枫杨树

来青浦定居已经二十八个年头了。我认识青浦是1994年跟着《上海商报》邱尧梓主任来采访大观园。报到的当晚，青浦县委宣传部给我们记者一行安排在青浦宾馆。青浦宾馆坐落在城中南路西侧，当时的宾馆是县委、县政府接待来宾最好地方，一个僻静的小院。当时的青浦城区道路都比较窄。晚饭后，我和《新民晚报》的老师散步，记得宾馆门前是个商场，现在的民防广场是一片居民区，都是江南特色青砖黛瓦的老房子。宾馆门前城中南路两边都是参天大树。向南走百余米便是城中西路。东边是派出所，好像还有个卫生院，派出所斜对面是现在的百货大楼，在当时是最繁华的建筑之一，也是城里数得着的高楼（六层楼）。那时城里还没有歌厅舞厅，寂静的青浦镇笼罩在暮色中，居民家里透着点点昏黄的灯光，很有烟火气。

第二天，县委宣传部安排我们去大观园采访。记得那次采访是6月份，面包车沿着老沪朱线公路开，一出青浦县城满眼的绿色就映入眼帘，车子行驶没多久就看到了湖水，听县委宣传部同志介绍，这湖叫淀山湖。车子经过一个古镇，后来才知道叫朱家角。当时的公路还没有铺设沥青，还是石子路。车子摇摇晃晃开了近一个小时才到大观园。进大观园，和刘姥姥一样，见到亭台楼阁、假山奇石、池塘飞瀑、浓荫匝地，真有“清晨入古寺，初日照高林，曲径通幽处，禅房花木深。山光悦鸟性，潭影空人心。万籁此都寂，但余钟磬音”的感受。

第一次来青浦，青浦就给我带来新奇，宜居，又处处透着生机勃勃的印象。当时我受聘为驻外记者，在沪上我还无寸土片瓦，大上海我去过霓虹璀璨的淮海路、南京路、外滩，见过金发碧眼的摩登女郎，也见过带如狗链一样粗的金项链的肥硕男人搂着娇小美女徜徉在中百一店，但是我觉得离我太遥远。我心中暗自发狠：一定要调回上海，在上海就

城中西路的枫杨树

定居青浦！1996年，我终于如愿以偿调回上海，家就安在青浦，工作在市区，周末回青浦。青浦离市区40千米，交通也很方便，青浦朋友约喝酒，提前通知两小时都能赶得上！定居青浦后，我就把青浦当成第二故乡。后来我做了责任编辑，青浦的稿子我能宣传就尽量安排版面宣传。我关心着第二故乡的民生及城市发展。世纪之交，青浦撤县建区，城市面貌日新月异。2002年，一个周一的早晨，我提着公文包去上班。当时的汽车站在公园路和青松路口，我去汽车站必须经过城中西路。城中西路拓宽，我看到建筑工人正热火朝天给道路两旁的大树放倒，我见多年的大树就这样被锯掉，十分心疼。我问工人为何不移植？工人说这

枫杨树铭牌

些都是杂木，不值钱，不值得移栽。我就制止他们砍伐，但他们都不理我。我急了，我拿出手机给青浦区绿化市容局某副局长反映，他问我是否有百年古树，我说没有鉴定过。他说如果没有古树，这是城建局管的事。我听出他有点推诿的意思，但时间不等人，每一分钟树都有可能遭殃！我马上给我熟悉的区人大卢主任反映情况，我说："一个城市没有古树，没有古宅，一个城市的历史就没有记忆了！城市要发展，但要和谐处理好新旧的矛盾！我定居青浦就是看中青浦清幽静谧、古树参天的环境！"老领导听我语气急促、火气挺大，忙问我砍伐地点在哪里。我汇报了具体是城中西路这段，他答应现在就向有关部门领导质询。因是周一我还要去工作，所以能否保住这批古树，就只有听天由命了。

周末我回青浦，特意走城中西路，只见宽阔的马路旁边立着孤零零的两棵大树，心里既心酸又欣慰。心酸的是，整个青浦镇的大树基本上都没有了；欣慰的是暂时还留下两棵！

我在青浦定居一晃近三十年了，前年突然想到我给青浦留了什么。

想到当年路边的大树，如今绿化市容局已经给其中一棵树立了保护的牌子，知道这棵树叫枫杨树，已经有八十年生命了（另一棵树没有立，故不知树种）！立了保护的牌子，我也彻底放心了。

（文 / 陈岚）

百年老城厢　唱响东方水城进行曲

我们上海有两个老城厢。

一个在上海市区老城厢，1553 年，上海县城始建环城墙，俗称上海“老城厢”。

一个是我们青浦老城厢，建于 1573 年。

青浦老城厢呈龟背形，因五浦相汇（蒲汇塘、柘泽塘、漕港、西大盈港、东大盈港）交汇于此，有着“以控淀湖而为吴门要冲”的说法，是重要的军事战略位置和水路商贸中心。围城有五门，城外挖就环城护城河，犹如金龟嬉水翔游。

水城内，十条市河纵横如织，分别为：护城河（含东大盈港及淀浦河段）、县前市河、县后市河、东门塘、中心市河（含聚星街河、码头街河及南门街河）、宝庆河、学潭河、里五库浜河、三元河。总长为 7.17 里。

有河就有桥，形态各异、小巧玲珑的石拱桥凌驾河上。据 1932 年县城图示，桥有 28 座，分别为陆家桥、县桥、学宫桥（钱仰桥）、沙家桥、化龙桥（鱼行桥）、众安桥、太平桥、棣华桥、水桥、新桥、千僧桥、杨家桥、纪青桥、登瀛桥、混堂桥、和睦桥、钟秀桥、乾寿桥、瘟司桥、三元桥、小虹桥、大通桥、西虹桥及护城河上的五座水城吊桥。其桥密度为 40 座每平方千米。据史料记载：意大利的威尼斯，桥密度为 0.66 座每平方千米；中国苏州，桥密度为 14.3 座每平方千米。可见古青浦城桥梁的密度之高。

水城厢是青浦最江南的注释！

新中国成立后，为了发展，筑路、建厂、建商场等，无奈将城墙、河流、木桥、石桥全拆除，仅剩环城河。水城厢的锦绣水景，消失在江南古城的烟雨中！

青浦老城厢在改革开放后，政通人和，商贸繁荣。17 号轨交穿城而过，老城厢新环城湖再现水城最江南图腾。

老城厢蝶变，新水城诞生。2020 年，青浦区环城水系公园全线贯通（新城东扩西建北拓，建成新环城湖）。新环城水系公园把上海之源六千年的传奇故事演绎至“上海之门”——长三角一体化示范区，使青浦再次成为上海水城最江南的典范！

公园内外圈全长 43 千米，有 200 万平方米滨水开放空间、35 处休闲运动健身场地、18 座码头，沿岸有水城门、上善广场、梦蝶岛等多个网红景点。

2024 年 10 月，上达中央公园南园（一期）开园，公园位于青浦新城中央商务区，东至青安路、西至城中北路、南至盈港东路、北至崧泽大道；东大盈港、上达河两条河流穿行而过。公园以文化为魂、生态筑底，依水而成、蜿蜒回转，楼台、亭阁、廊桥、牌坊分布其间，以北山林、西岛堤、东溪涧、中书苑组合成不同风貌的特色美景，展示了青浦独特的江南水乡风貌。

而今，漫步在新的环城湖滨水绿道上，神清气爽、鸟语花香，水鸟、草坪、拱桥、驴友、摄友，仿佛感觉在西湖之畔！

青浦新城以水为脉，以善为魂。相信在不远的将来，青浦将成为东方的一颗耀眼水城明珠！

（文 / 沈林荣）

诗文选粹

青浦建城记碑

该碑文制于明万历五年（1577 年），碑文 24 行，共 1100 余字，行书，记载明万历初年青浦知县石继芳令筑城墙、开凿护城河等情况。碑泐蚀，碑文略漫漶。原嵌在县城隍庙东厢墙上，1983 年移至戏台东墙。现存于青浦城隍庙。

碑文：

赐进士出身、资政大夫、都察院左都御史、追阶致仕前刑工二部尚书上海潘恩撰。

赐进士出身、文林郎、道监察御史邑人王圻篆。

赐进士出身、承直郎、刑部河南清吏司主事邑人陈梦庚书。

在昔世宗皇帝，御宇三纪之上，道化熙隆，图益治理。松江古称望郡，属华亭、上海二邑，东临渤海，西达嘉苏，四方不逾百里，赋税百万，逋逋岁滋。嘉靖壬寅议郡北青龙镇置青浦邑，鼎峙为三，分治之未数载，以治功不兴，邑废。又数载，隆庆壬申秋，□[1]（言）□（官）论□（之），复焉。繇是设官署吏，粤有常员。时抚院张崌崃公议桐城令石侯继芳调更新邑。侯下车至，砥砺靖共，缔鸿规之初，构坛垣，久之是图□□□，于桑田循行，偏乎区域，以旧城官廨后即界嘉定，西北五里许界昆山，僻在北偏，改择境内古聚唐行镇立城。镇居西土中央，昔周文襄公抚治江南，创唐行水□仓在镇，以道里适均，兑运便利也。遂定议成城。咨询民庶，万口一词，佥曰：唯唯。繇是变通，宜时体□，微诸鼎革，谛瞻倍美，不复仍乎故丘□□为垣，面山临水，鸠聚工作，即旷就夷，宾饯居诸，乘纳生气，树皋揆日，景正阴阳。□高协□湿之宜，溪谷涵泉流之润，疆域拟重冈之险，官□□大壮之模，天时顺而地利得焉。以言其南，天马、横云、昆冈诸岩岫，玉立瑶联，峥嵘博敞；以言乎北，青龙、西霞、艾祈诸川，各支分派，析淌□□蜒；若夫在东，风皇鼓翼，朝阳而轩翥；眺其在右，白鹤垂翅，行地以洄漩。敛苍昊之醇和，□坤灵之秀特，渺朦□□，钜观丽焉。万历甲戌□（二）月载阳，合众志以经营，乘龙见始事，工徒届期乎耦集，遐迩悦豫而□来，版筑斯兴，高墉屹立，未逾两月，上功告完。仡仡间间，实坚实好。是冬采材于山，陶甓于野，砖石备具，甃椽弥坚。城周一千三十丈有奇，高二丈有奇，□（广）□（如）之。堑广三丈，深一丈。以地里计，城方五里有奇。□工料银计一万六千三百余两。上不妄费，下不棘民，人力奋庸而（城以）告成。伊迩□，越明年，乙亥春，石侯擢锦衣□（卫）□（经）□（历）□（去）任，民咸□（愕）眙，惧□（不）能留，会郡侯熊

1 文内空白方框代替石碑上因风雨侵蚀漫漶难辨之字。

汝器来视邑篆，志□（续）往绪，劢力图维，酌免四甲徭银，三里筑铺舍一区。铺凡五十，远近绵联。□增门□□□□始也规□□□于是增加缮治，埏埴纷如，其云布丹垩，灿尔乎霞蒸。饰素以文，伏险于顺，销氛垢于藩垣，率之以义，煦之以花灯□□□□□□□悦怿，邑事落成。昔《春秋》书：城二十有九，用众必书，重劳民力也。独城邢为美词说者，谓救患分灾，上礼齐桓，近乎正矣。□音邑□城□□□头焉□万历圣主，冲龄统极，睿德中涵，神智莫及，下邑臣工，兢兢奉职。猷为殚忠赤之忱，池障保金汤之固。□春秋圣人所书□□小康之事□可并日而语矣。昔在成周，安口东都，周公克慎厥始，君陈克和厥中，毕公克正厥终，三后一道，令兹新□。石侯□达，首开慎始之勋，熊侯继之，楙树和中之绩，迩彭侯以圣，以泰兴学谕简擢于兹，升以保厘之青，行收克正之功，其在斯乎！若夫弦歌化俗，儒术饰治，帅先廉平，引奕勿替，则侯后之君子矣。邑庠誉髦之士张生执中、姚生诰、唐生文粹、潘生环辈谒予属记，至再至三，不克终辞，乃铨次厥略如右。昭哉我明，□古周室，亿万斯年，遂迈姬历，良吏继承，永永无□。表缀铭词，砻刻珉石。

万历五年岁丁丑春二月吉旦，署青浦县事、华亭县县丞崔东瞻，主镇夏廷椿，教谕□□□胡嘉□□训导萧文明同立石。

青浦重建城隍庙曲水园并凿放生池记碑

该碑文制于清光绪十八年（1893年）十二月，碑为青石质，长35厘米，宽100厘米。赐进士出身、安徽候补直隶州知州、前翰林院庶吉士、邑人熊祖诒撰文，邑人文生朱昌燕书丹。碑文37行，满行19字，正书，记载光绪年间重修曲水园并开凿放生池的经过。1993年10月出土于青浦曲水园，现藏于青浦区博物馆。

碑文：

上智之士，心有天游。虽日与湫溢嚣尘之境接，而胸中怡然廓然，六凿退听。其次神明不胜，则必借崇山大林、幽区邃宇，以洗濯其耳目，涵泳其性情。故一丘一壑，君子每乐道焉。吾邑城隍庙旧有园，曰灵园。杨邑侯东屏觞刘云房学使于此，易其名曲水。地势夷旷，一溪贯之。其间垒石为山，架水为梁，为亭、为台、为复道者，度地所宜无不备。每春秋佳日，士女之掎裳联袂至者，踵相接、肩相摩。庚申之乱，烬焉。犹忆髫龀下塾归，偕内外群从嬉戏其中，所凭依而观鱼者某槛也，所攀缘而窥雀者某树也，当时情景历历在目，而地杳不可复得矣。城中士商向有庙捐。乱平，吴书卿太夫子议：亩敛米升一，又请于地丁项下，每钱加纳钱一。创建头门、大堂、演台、库楼。自后，经理不得其人，中止者数年。光绪九年，前石门吴侯慎简董事，得宋丈思劬等数人。及今钱侯之来，事神益虔。丈承命惟谨，续成头门外左右旗令厅、舍人厅；头门内左六气司堂、右五方司堂，及塑诸神像；内建花厅、寝宫、上下楼房、御书楼、有觉堂、得月轩、左右上下走廊、旱舫、孝子堂等处，自溪以西悉复旧观。东则重建喜雨桥、坡仙阁、涌翠、玉宇二亭，旱桥廊、荷花厅即恍对飞来；

后园门正间进出之所，左为财帛司堂，右为咒诅司堂，缭以崇垣，杂植卉木。园旧无放生池，徐君景云、张君心镜、宋君思劬客省募敛银四百九十八两六钱，在园之东南隅购王姓地二亩又四分；亩之一凿而成之，涵演卵育、生趣洋溢，是又寓仁心、仁术于游观之中，呜呼，尚已！今年冬，丈介汪君锡涛属记颠末。余十年作吏，性情耳目日锢，蔽于抗尘走俗之中，方欲游逸荡姿，虽转徒之涂，而洗濯之，而涵泳之。而是园适成，乃乐得而为之记。其捐助善姓例得备书于阴，光绪十八年嘉平月。赐进士出身、安徽候补直隶州知州、前翰林院庶吉士、邑人熊祖诒谨撰，邑人文生朱昌燕谨书。

青浦甲戌修城记碑

该碑文制于民国二十四年（1935年），碑为青石质，长86厘米，宽55厘米。邑人陈龙章撰文，嘉定章钦亮书丹，吴县孙仲渊刻石。碑文约1300字，其中正文500余字，附刊名录700余字，正书，记载民国二十二年（1933年）青浦县长沈庸奉令修城的经过和捐资者的姓名。该碑原存于青浦曲水园内，现存于青浦城隍庙。

碑文：

尝考青邑城垣创建于明之万历，厥后迭经修治，均载邑乘。惟清光绪中叶之修治也，为余所目见。此后风霜剥蚀，牛羊践踏，迄今垂五十年，颓毁已甚。昔虽有人动议重修，辄以经费无着，不克见诸事实。洎吴县沈公庸之重宰青邑也，适承“九·一八”暨“一·二八”国难之后，迭奉国民政府军事委员会蒋委员长电令修城，爰于二十二年六月间，召集第八届行政会议提议重修，以固防务，佥曰：“可”，嗣由政务会议推定沈君仲芳、夏君体仁、龚君文亮、袁君采华、卫君希文、张君桂联、方君仲宁、盛君咏桐、徐君梅荪、冯君虞尊、夏君宝楚、金君良甫暨龙章十三人组织修城委员会，并分设总务、筹款、工程三股，积极进行，即于十月一日起招标，十五日开标，本城青中工场以价额最低得标承办。自是而后，各委员淬历奋发，一面劝募捐款，一面督促工程，至二十三年九月二十日完全蒇事。是役也。历时未及一载而缮修面积为一百二十九方又百分之二十九，并添修敌楼四座，加以剪伐荆榛，培壅沙土，种种整理，共耗银六千三百五十一圆有奇。惟此项经费绝不动用丝毫公帑，皆由沈县长及继任县长武进钱公家骧捐廉提倡于前，地方绅商各界踊跃乐输于后，乃提奏此肤功。未雨绸缪，幸吾围之克固；闻风兴起，树各县之先声。乌呼！急公好义若此，洵难得矣。余恐其历久而遗忘也，因略述始末情形，并将各捐户姓氏牌号及捐资数量，一一勒之于后，以留纪念而谂来兹，是为记。

中华民国二十四年七月，邑人陈龙章谨撰，嘉定章钦亮谨书。

谨将各捐户姓氏、牌号及捐资数量附刊于后，计开：沈庸、钱家骧两县长各捐银五十圆。盛咏桐、张绍桂记，以上二户各捐银七百圆。冯祖记捐银三百圆。叶德裕堂捐银二百五十圆。冯虞尊捐银二百圆。朱怀古堂捐银一百三十圆。盐公堂、祥发酱园、同济当、农民银行，以上四户各捐银一百二十圆。陶贻谷、陶寿彭、陈星若、夏宝记、盛九太太、刘馨德堂，以上五户各捐银一百圆。徐梅荪捐银九十圆。张华博堂捐银七十五圆。陈孟坚捐银七十圆。张志道堂、钱勤有堂、裕兴森木号、珠安汽船公司，以上四户各捐银六十圆。张祥瑞堂捐银五十五圆。董继梅、孙再壬、陈企周、沈尚志堂、宋惟善大房、周庸德堂、吴泰号、长源庄、协源祥、晋丰和，以上十户各捐银五十圆。盛培基捐银四十五圆。许廷侯、沈绮春、盛占记、黄馥涤记、沈雍熙堂，以上五户各捐银四十圆。奚桂馨、邵眉五、叶赞清、吴诵莪、陈文奎、汪伯清、萧衍蕃、徐景千、张永祚、金清勤堂、张敬业堂、周敦厚堂、张留余堂、陈敦伦堂、蔡聚星堂、陈云荫义庄、宋仲记、协丰、聚顺德，以上十九户各捐银三十圆。沈善华、德大祥，以上二户各捐银二十五圆。邱绍先、盛书舟、曹安中、胡祖荫、金执之、潘培钦、朱友仁、吴启明、朱幼山、朱增祺、宋宿记、杨志记、康记、潘式好堂、曹培德堂、袁墩训堂、陈种玉堂、夏凝道堂、大纶、恒昌成、锯丰、美新公司、朱恒丰，以上二十三户各捐银十五圆。高宝初、高志良捐银十三两。李慎之、天福、四达，以上三户各捐银十二圆。徐慎侯、钱金松、秦书秋、奚锦园、奚世铭、张砚甫、石耕莘、张仲垣、徐桂林、张倬儒、戴禹修、蔡颂周、沈子允、宋荫春、黄炳奎、沈关兴、顾德欢、卫人俊、张仲葵、沈企予、熊咏兰、熊国梁、许啸蝶、许原觳、陆润记、张嘉燕堂、沈履和堂、夏日新、刘藜照堂、朱承训堂、曹敦复堂、沈公记、观澜、孙成泰、茅正、泰一商店、大华、中央商店、珠浦电灯厂、庄德茂、陆同泰，以上四十一户各捐银十圆。杨赞时、张正心、广德堂、华丰，以上四户各捐银六圆。张永晖、顾毅斋、张仲贤、卓复初、王沂侯、朱国栋、许其倡、吴老太太、余俭瑞堂、章仪昌、存德堂、天益堂、协和顺、薛恒茂、丁聚顺、干豫、永春和、杨连顺、胡万昌、中兴商店、张万励、青徐机器划船公司、招商轮船局、裕青轮船局、潘尚义堂，以上二十五户各捐银五圆。以上共计银六千三百八十六圆。

吴县孙仲渊刻。

上善之城赋碑

该碑文制于2020年，碑为大理石质，长500厘米，宽150厘米。上海写作学会副会长、复旦大学社会科学高等研究院特聘教授黄玉峰撰并书。碑文共49行，满行16字，全文764个字，正书。碑文以赋体形式歌颂了“上善之城”青浦悠久的历史、多彩的文化、发达的经济、现代而个性化的城市风貌和精神气象。现立于青浦环城水系公园上善广场。

碑文：

吴越故郡，崧泽嘉土。千川百渎，枕海负江。映华亭之秀色，分昆峦之蟾光。右襟三泖，左控淀湖；辐辏淮浙，交通衡阳。九峰星布，延沃野而逾万亩；水乡泽国，富鱼米以享琴簧。先哲有云，上善若水，不争自胜。城冠上善，不亦宜乎?

稽其源头，上追太古。河山陆沉，鸿蒙顿开。先民破荒，华夏始胎。石器更替，禹迹曾驻。泰伯礼让，句吴登台。唐通海舶，宋兴商都。文昌物饶，地灵人杰。城冠上善，不亦宜乎!

揽其形胜，蔚为大观。福泉巍巍，载一方之祥祉；五浦涓涓，汇斯文于灵枢。崧泽遗址，煌煌文明熵火；课植古镇，澹澹仁风流芳。青龙禅塔，魔都独珠；曲水荷园，石鼓罗陈。桥名放生，慈悲可知。寺称报国，忠节乃见。莲湖探幽，菱馨荇香；红楼寻梦，曲诉衷肠。城冠上善，不亦宜乎!

今我桑梓，奕世重光。高楼累起，商号林立，人声沸鼎，街衢熙攘。群英逞能，百业飞觞。喜雨时至，生机无双！此青浦新城之物华也。至于五浦潮涨，白鹭闻书声而翩舞；盘龙春回，野鹜逐彩霞以相戏。虹桥晨曦，如诗如画；池杉夕照，似梦似歌。此淀湖青西之绝境也。城冠上善，不亦宜乎！

若夫水道新浚，古刹复修。三街八镇，忆百年之繁荣；水城门崇，瞰老埠之再生。清华相依，新旧毗邻。油墩稻香，示先民稼穑之艰辛；重固水暖，留杏村昔日之风韵。挥桨如雨，展盈港体坛之乐章；艺术长廊，颂淀浦文脉之流光。水系和合，人文融通，此四海之极构也。城冠上善，不亦宜乎！

嗟呼，今之崧泽，非昨可匹。进博美奂，畅胸怀以迓客；杏梅馥醇，飘五洋而蜂至。翔鸿集鹄，长三角之要地；召鸾引凰，大上海之福囿。吾悦灯影，启风溪之伟姿；复旦学子，发教育之宏愿。奥莱万达，商业添翅；华为网易，未来领航。可馆大雅，乡村美院之冠冕；佘田朴茂，劳技育人之础地。孟圣有云：所谓故国，非谓乔木，乃有仁者。举仁义以厚风俗，兴礼仪则知趋仰。嗟我世壤，贤达相望；崇实嘉真，钟灵毓秀；儒道释墨，浸乎邑乡。城冠上善，不亦宜乎！

呜呼，富庶腾达，当萃贸而引贾；长升永进，必重教而贵傅。幸我新城，学风蔚然。木铎大振，卿云灿若；老凤志笃，雏儿声琅。设高等之黉府，瞻无限之先机；倡人生教育之真谛，呈君子养成之气象。

嗟呼，绿色青浦，震欧烁美；睿智卓越，日异月新。百浦海纳，开明大度；谦和若水，曜德含光。有城若是，名冠上善，不亦宜乎！

是为赋。

公元二千二零年庚子暮春之初。

山阴黄玉峰撰并书于复旦五浦汇实验学校，时年七五。

青溪城上即事

明　沈嘉则

千家灯火出波红，泽国秋光落晚中。
清夜五衢凉似水，蓼花明月柳枝风。

青溪夜泊

明　林景旸

吴江东去片帆飞，日暮乡关动客衣。
浦口野花空寂寂，渡头春鸟自依依。
千家篝火渔歌发，百雉连云夜色微。
南望九山应咫尺，月明鸡唱到庭帏。

望江南·青溪即事

清　邵昆

青溪好，忆得是新年，传酒人家争折简，宜春门户尽垂帘，箫鼓正喧阗。

青溪好，月色近元宵，壁角迎神烧甲马，风头莲步踏仙桥，闹过几昏朝。

青溪好，小暖及春晴，社鼓远敲村里寺，纸鸢斜飏夜深灯，天气未清明。

青溪好，时节正端阳，茧子细裁钗虎健，麦茎斜织背符黄，儿女竟新妆。

青溪好，雨过晚凉移，茉莉花球簪绿鬓，芭蕉扇子缚红丝，闲立后门时。

青溪好，正是早秋天，佛阁兰盆连日会，虹桥秋社半湖船，明月照无边。

青溪好，城市又中秋，画饼街前悬月魄，卖菱担上剥鸡头，处处夜香幽。

青溪好，雅事趁时新，双钮磁盆藏蟋蟀。斗花小袋贮鹌鹑，约伴又登临。

青溪好，帘幕护霜风，额覆乌绫飘凤蜡，臂笼宫锦抹春葱，针指夜灯红。

青溪好，除夕巧安排，字写迎春粘绣户，剪裁方胜印花街，烂醉过半杯。

望江南·青溪即事

清　孙鋐

青溪好，泽国挂帆时，沪渎农歌梅雨后，淀湖渔唱晚潮迟，荇藻影参差。
青溪好，往迹两余峰，词客旧园寻子野，山人遗宅话眉公，白石落花红。
青溪好，游兴几人赊，佘岭兰香烹竹笋，干山云紫幕藤花，隔舱弄琵琶。
青溪好，北望海潮浑，牧笛几声崧泽镇，一犁细雨杏花村，流水绕柴门。
青溪好，秋月满庭梧，潘荡水肥八跪蟹，吴淞霜饱四鳃鲈，烂醉酒家胡。

后记

青浦自明嘉靖三十一年（1552 年）建县以来，已经有 480 多年历史。嘉靖三十二年（1553 年），因倭寇入侵，青龙镇被毁，青浦县建制被撤销。万历元年（1573 年）再建青浦县，移县治于唐行镇（今盈浦街道老城区），至今也有 450 多年历史了。盈浦街道所在的区域包含了原青浦县城的区域，俗称“老城厢”。这一区域是原青浦县的政治文化中心，有着深厚的文化积淀。文化是历史的灵魂，而历史是文化传承与发展的载体。在几百年相对较长的历史中，老城厢区域沉积着许多人文故事和历史遗存。

深入挖掘老城厢的人文历史并加以宣传，力争形成品牌与优势，在传承和弘扬优秀传统文化方面彰显自己的特色，有着重要的文化价值和现实意义。

2024 年是盈浦街道建立 20 周年，而且恰逢青浦老城厢旧城区改建工作进行全面启动，在这样的背景下，盈浦街道深刻认识到抢救濒临湮没的历史文物和历史人文资源的紧迫性。为此，街道组织力量，通过深入的调查、采访，搜集了大量珍贵资料，撰写出了一篇篇史实性很强的文章。同时，也吸引不少在外地工作的青浦籍专家学者，他们挥笔撰写回忆文章（或提供口述史料）。此外，更从不同渠道征集到老城厢的历史老照片、老物件等。在此基础上，组织编辑出版了《青浦老城厢》一书。

2023 年 10 月，盈浦街道正式立项《青浦老城厢》编撰工作，并向社会各界发起征集启事。域内优秀写作者纷纷积极参与，根据大纲要求分头开展采写活动。其中，下篇商贸一块，涉及城乡人民生活内容颇多，但由于资料的相对匮乏，撰写难度相对较大。为此，作者们发扬“跑材料”的精神，一条老街一条老街地走，一家商店一家商店地跑，终于获得了许多鲜活的材料。从传统老店到大型商厦、国际品牌店，被访者无不积极配合，为本书提供了珍贵的第一手材料。经过一年多时间的努力，全书 20 万字文稿经讨论修改后顺利定稿；经挑选，二百多幅照片也收入书中。书稿交由上海世纪出版集团旗下的学林出版社出版。

在此，我们要感谢中共青浦区盈浦街道工委、办事处对编撰工作的大力支持。盈浦街道党工委书记、人大工委主任李宾徐同志，街道党工委副书记、办事处主任曹秋龙同志多次提出具体的修改意见，为编撰工作明确了方向。

原青浦区文化和旅游局局长、上海文史馆馆员曹伟明先生为本书作序。众多作者发扬一丝不苟的负责精神，深入调查，积极撰稿，对撰写内容多方求证。青浦档案馆为此书提供了青浦许多珍贵老照片，不少市民也提供了部分珍贵照片，在此我们一并表示衷心的感谢。此书是老城厢第一本正式出版的人文历史书籍，相信此书的出版，对人们了解和更深入地走进青浦老城厢有着重要的作用。在日新月异的青浦新城的建设中，传承好青浦深厚文脉，用好青浦人脉，进一步焕发青浦商脉，让青浦新城提升文化品位、别开文化生面、呈现出更大的文化格局和气象，从而赋能五百年青城更快更健康地繁荣发展！

此书的出版，也是对盈浦街道成立 20 周年最好的纪念！

最后，囿于编者水平有限，本书疏漏失误之处难免，祈望读者诸君鉴谅！

《青浦老城厢》编辑组

2025 年 3 月 22 日